Luzia Giger

MEINE ERLEBNISSE

AUF DEM JAKOBSWEG

625 km von Pamplona nach
Santiago de Compostela auf dem
Camino Francés

Bibliografische Information der Deutschen Nationalbibliothek: Die Deutsche Nationalbibliothek verzeichnet diese Publikation in der Deutschen Nationalbibliografie; detaillierte bibliografische Daten sind im Internet über http://dnb.dnb.de abrufbar.

Fotografien, Illustrationen und Tabellen: Luzia Giger

Verlag: BoD · Books on Demand GmbH, Überseering 33, 22297 Hamburg, bod@bod.de

Druck: Libri Plureos GmbH, Friedensallee 273, 22763 Hamburg

ISBN: 978-3-7693-9957-8

Vorwort und Reiseübersicht

Im Herbst 2024 ging ich meinen ersten Jakobsweg: den Camino Francés von Pamplona nach Santiago de Compostela. Während dieser 44-tägigen Wanderreise durch Spanien habe ich mir jeweils einen zusätzlichen Tag Zeit genommen, um die Städte Pamplona, Estella, Logroño, Burgos, León und Astorga zu erkunden.

Ich war vor allem eine Wanderin, die einen Weitwanderweg gehen wollte – aber auch eine Pilgerin mit Pilgerpass, die in Santiago ihre Pilgerurkunde in Empfang nahm.

In diesem Buch erzähle ich von meinem ganz persönlichen Jakobsweg: von der Wanderung selbst, von Begegnungen mit Menschen, von Erlebnissen, Orten und Sehenswürdigkeiten. Meine Gedanken und Eindrücke finden ebenso einen Platz wie die Vorbereitung der Reise und die Überlegungen im Nachhinein.

Ich wünsche dir viel Freude beim Lesen – und wenn mein Bericht dich dazu inspiriert, deinen eigenen Jakobsweg zu wagen, freut mich das umso mehr.

Buen Camino!

	September				Oktober		
Mo	E. 9	16	23	30		7.	14
Di	▲3	10	17	24	1	8	15
Mi	P. 4	11	18	25	A. 2	9	▲16
Do	5	12	19	26	3	10	
Fr	6	L.13	20	27	4	11	
Sa	7	14	B. 21	L. 28	5	12	
So	8	15	22	29	6	13	

35 Wandertage in 6 Wochen → Ø 5.8 Wandertage pro Woche
625 Wanderkilometer → Ø 17.9 km pro Wandertag

Dies ist mein erstes Buch und deshalb musste ich mir beim Schreiben einige grundsätzliche Überlegungen zum ersten Mal machen.

Begegnungen und Geschichten:
Mein Jakobsweg war reich an Begegnungen und Geschichten. Viele davon haben mich zum Nachdenken gebracht und mich während des Wanderns begleitet. Ich bedanke mich für diese Bereicherung und hoffe, dass meine Wertschätzung für die Mitpilgernden genügend gut dargestellt ist. Die Erzählungen versuchte ich so weit zu anonymisieren, dass der Inhalt verständlich wird, die beteiligten Personen jedoch im Hintergrund bleiben können. Auch wenn meine Geschichten von ihnen inspiriert sind, schreibe ich dennoch aus meiner eigenen Perspektive und es handelt sich um meine persönlichen Gedanken.

Produktnamen:
Ich bin beim Schreiben dieses Buches an keine Werbeverträge gebunden. Wenn ich Produkte beim Namen nenne, dann weil sie für mich eine besondere Bedeutung haben oder zum normalen Alltag dazugehören. Als ich Informationen für meine Reise sammelte, schätzte ich oftmals konkrete Angaben zu Produkten und ich hoffe, dass meine Nennungen ebenso hilfreich sein können.

Dank:
Ein herzlicher Dank geht an meine Frau, die mich während der Entstehung dieses Buches durchgehend unterstützt und bestärkt und bei der Gestaltung der Fotoseiten tatkräftig mitgewirkt hat.
Ein weiterer Dank geht an meine Freundin seit Kindsbeinen und an meine Mutter für das Lektorat und ihre konstruktiven Rückmeldungen und an meine TCM-Kollegin für ihre gestalterische Unterstützung.

Inhaltsverzeichnis

Teil 1: Vorbereitung

Warum ein Jakobsweg? Warum der Camino Francés?

Seit Jahren stand für mich fest, dass mein Frühruhestand mit einer halbjährigen Velotour beginnen sollte. Geplant war, im Frühling alleine loszuradeln und im Sommer würde meine Frau dazukommen. Doch dann änderten sich die Rahmenbedingungen: Meine Berufstätigkeit endete mehrheitlich schon einen Sommer früher und ich hatte neu die Möglichkeit, im Herbst eine Reise zu unternehmen. Der ursprünglich geplante Nordseeküstenradweg kam aufgrund des Wetters nicht in Frage und so begann ich, mir eine Alternative zu überlegen. Dass ich in den Sommerferien zuvor die Wanderung über den Neckarsteig gut geschafft hatte, ermutigte mich, über eine Weitwanderung nachzudenken. Mein Zeitfenster umfasste sieben Wochen im September und Oktober, in denen ich mit Freude wandern und die Gegend geniessen wollte. Mir war wichtig, dabei nicht alleine zu sein – also keine tagelangen Ängste vor wilden Hunden oder Wildschweinen – und wenn ich in einen Strassengraben stürzen würde, wünschte ich mir Menschen, die mir wieder heraushelfen könnten. Die Wanderung sollte nicht schwierig sein und zudem wollte ich in bestehenden Unterkünften übernachten und mich in Gasthäusern verpflegen können. So ging meine Suche los.

Die Idee dieser Reise

Mit dieser Reise wollte ich mich von den anstrengenden Jahren erholen, die hinter mir lagen. Auch wenn dies paradox klingt, weil eine Wanderung ja auch anstrengend ist, hatte ich bisher bei mehrtägigen Velotouren gut abschalten können. Durch die einfache körperliche Betätigung hatte ich einen positiven Effekt auf Körper und Geist erhalten und dasselbe erwartete ich auch vom Wandern.

Meine Idee war, mir Zeit zu lassen, um von Druck und Beanspruchungen loskommen. Unterwegs wollte ich mir möglichst wenig Stress machen und meine Reise geniessen können. Dafür plante ich, neben dem Wandern auch Städte anzuschauen und Sehenswürdigkeiten zu besichtigen. Es sollte eine Wanderung mit Sicherheitsnetz und Auflockerung sein, auf der ich in meinem Tempo und in meinen Rhythmus gehen würde. Anders gesagt wollte ich meinen eigenen Weg gehen.

Die Wanderetappen plante ich auf Basis meiner bisherigen Erfahrungen. Die Wander-Ruhetage in Städten würden gleichzeitig auch meine Besichtigungstage sein, ganz ähnlich, wie sonst auch in meinen Ferien. Zumindest zu Beginn wollte ich meine Unterkünfte im Voraus buchen, um mir während der Wanderung keine Gedanken über die Unterkunft am Abend machen zu müssen.

Streckenentscheid und Vorbereitung

Vor allem wegen der unzähligen Mitwandernden entschied ich mich für einen Jakobsweg. Als Alleinwanderin würde ich hier nur eine von Vielen sein. Mit dem Camino Francés suchte ich mir einen vielbegangenen Jakobsweg mit einer dichten Infrastruktur aus: zahlreiche Menschen, genügend Unterkünfte und gute Wegmarkierung. Zudem führte der Weg durch mehrere Städte, die ich noch nicht kannte und gerne näher erkunden wollte.

Einen Wanderführer[1] hatten wir bereits einige Monate zuvor gekauft. Vor allem die eingezeichneten Wasserhähne hatten mich fasziniert, aber auch der Massstab der Karten und die zahlreichen Unterkunftsangaben passten mir gut. Ich las ihn durch und machte mir eine Skizze mit den Orten, die ich neben dem Weg besonders interessant fand. Mit Online-Informationen zum Camino Francés, zu UNESCO-Welterbe-Stätten und zu spanischen Tourismuszielen[2] ergänzte ich meine Zeichnung. So entstand eine grobe Übersicht meiner Tour mit möglichen Orten für meine Besichtigungstage.

---

[1] Cambriels, 2023
[2] u.a. Reisen nach Spanien

Parallel dazu stellte ich meine Ausrüstung zusammen. Es fehle mir noch einiges: je ein grosser und kleiner leichter Rucksack, ein Schlafsack, Wäschesäcke für die Kleider, eine Trinkblase, leichtere Sandalen und viele Kleinigkeiten. Zudem bestellte ich bei einer Schweizer Pilgerherberge einen spanischen Pilgerpass, „Credencial del Peregrino" genannt, weil mir dessen Aussehen besonders gut gefiel.

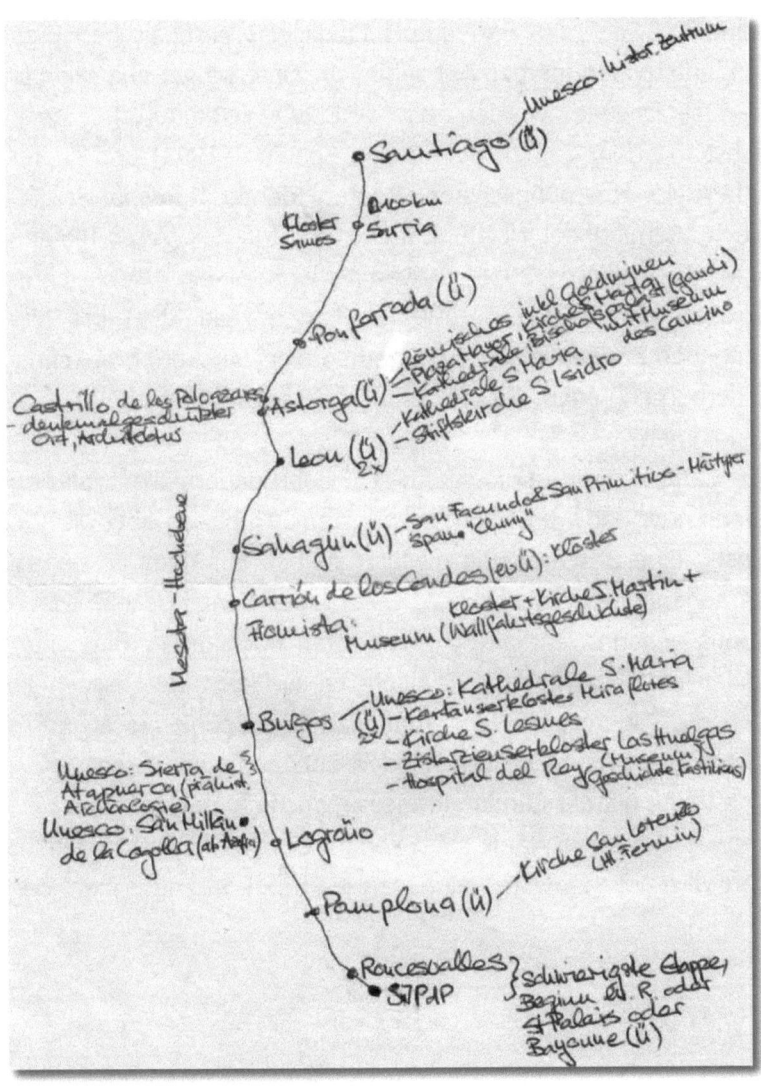

Jakobswege

Im 9. Jahrhundert entstand der Pilgerort Santiago de Compostela, wo in der Kirche die Gebeine des Apostels Jakobus verehrt wurden. Innert kurzer Zeit gewann der Ort an Bekanntheit und entwickelte sich zu einem der bedeutendsten christlichen Wallfahrtsorte, vergleichbar mit Rom oder Jerusalem. Die Wege zu diesen Reliquien wurden Jakobswege genannt. Da Pilgernde von unterschiedlichen europäischen Orten her kamen, entstanden mit der Zeit zahlreiche unterschiedliche Jakobswege.

Die Jakobswege wurden als UNESCO-Weltkulturerbe anerkannt, zunächst mit dem Camino Francés in Spanien (1993) und später auch mit den vier ursprünglichsten Routen durch Nordspanien (Camino Primitivo, Camino del Norte, Camino del Interior Vasco-Riojano, und Camino Lebaniego, 2015).[3] Damit wurde ein Netz christlicher Pilgerrouten von beinahe 1'500 km Länge zusammen mit historisch bedeutenden Baudenkmälern wie Kathedralen, Kirchen, Krankenhäusern, Pilgerherbergen oder für Pilgernde gebaute Brücken in die Liste aufgenommen.

Der Camino Francés löste im 11. Jahrhundert die ursprünglichen Nordrouten ab und wurde zum wichtigsten Jakobsweg über die Iberische Halbinsel. Eine Beschreibung dieses Caminos aus dem 12. Jahrhundert ist im sogenannten Jakobsbuch, auch Liber Sancti Jacobi oder Codex Calixtinus genannt, enthalten.[4] Im fünften Buch dieser mittelalterlichen Urkundensammlung über die Wallfahrten zu Ehren des Heiligen Jakobus werden die Pilgerrouten von Frankreich und Spanien beschrieben, die zwischen dem 10. und 12. Jahrhundert entstanden waren.

Auch heute gilt der Camino Francés manchmal noch als „der Jakobsweg". Wie sein Name sagt, kommt er von Frankreich her und als Startort wird üblicherweise Saint-Jean-Pied-de-Port angesehen, der

---

[3] UNESCO Jakobswege: Spanien
[4] Liber Sancti Jacobi - Codex Calixtinus - Jakobsbuch

letzte französische Ort vor den Pyrenäen. Von dort bis nach Santiago de Compostela misst die Strecke gemäss meinem Pilgerpass 775 km.

Übrigens wurden auch die durch Frankreich verlaufenden vier Jakobswege Via Lemovicensis, Via Podiensis, Via Tolosana und Via Turonensis von der UNESCO als Weltkulturerbe anerkannt (1998).[5]

Mein Camino Francés

Nachdem der Entscheid für den Camino Francés gefallen war, ging ich an die detaillierte Planung der Wanderstrecke. Ich verwendete die Angaben des Wanderführers und informierte mich online auf Pilger-Webseiten und bei Streckenbeschreibungen. Zudem machte ich Hochrechnungen:

- 7 Wochen = 51 Reisetage
- minus 3 Tage Anreise + Besichtigung Pamplona = 48 Reisetage
- minus 2 Tag Abreise + Besichtigung Santiago = 46 Reisetage
- alle 4 Wandertage ein Ruhetag = 37 Wandertage / 9 Ruhetage
- 775 km / 37 = 21 km pro Wandertag.

Zwei Monate zuvor hatten wir auf dem Neckarsteig einen Ruhetag pro 1.5 Wandertage eingelegt und waren über 10 Tage hinweg durchschnittlich 14.5 km gewandert. Das konnte ich als Basis nehmen. Ausserdem ging ich davon aus, dass ich zunehmend längere Strecken würde wandern können. Bisher legte ich jedoch kaum je 20 Tageskilometer zurück oder gönnte mir anschliessend einen Ruhetag. Welche Strecke würde ich also täglich mit Freude wandern können und wie viele Ruhetage würde ich benötigen?

Die üblicherweise erste Etappe des Camino Francés führte von Saint-Jean-Pied-de-Port über die Pyrenäen nach Spanien: rund 25 km Länge mit 1340 Höhenmetern Aufstieg und 580 Höhenmetern Abstieg. Auf dieser Strecke entdeckte ich nur eine einzige kleine Herberge nach etwa 7 km und ich befürchtete, dass sie bereits voll belegt sein könnte. Das

---

[5] UNESCO Jakobswege: Frankreich

schien mir ein beschwerlicher Einstieg in meine Weitwanderung und machte den Eindruck einer starken Beanspruchung der Knie. Online wurde die Etappe als „Schwere Wanderung. Sehr gute Kondition erforderlich."[6] beschrieben, eine Einordnung, die ich nicht einschätzen konnte. Zudem wusste ich noch nicht, wie sich der unüblich schwere Rucksack auf meine Kondition auswirken würde. Deshalb beschloss ich, in Pamplona zu starten und die Pyrenäen für das nächste Mal aufzusparen. Diese Entscheidung gab mir ein gutes Gefühl für den noch ziemlich ungewissen Start der Wanderung. Vom neuen Startort aus konnte ich meine Etappen passender planen, denn es standen mehr Unterkünfte in kürzerer Distanz zur Verfügung.

Meine neue Hochrechnung hiess also folgendermassen:

- Pamplona – Santiago de Compostela: 708 km
- 708 km / 37 = 19 km pro Wandertag
- anders gesagt: 708 km / 7 = 101 km pro Woche.

Ich rechnete damit, regelmässig von der Route abzukommen und wegen dieser Umwege Zusatzkilometer gehen zu müssen. Deshalb sollte meine Hochrechnung nicht an der obersten Grenze liegen. Die 19 Tageskilometer empfand ich jedoch bereits als zu viel. Zudem lag eine Wanderstrecke von 708 km ausserhalb meines Vorstellungsvermögens. Deshalb überlegte ich mir, allenfalls einen Abschnitt mit dem Bus zurückzulegen. Auf der Wanderkarte schien mir ein Teil in der Mitte dafür am besten geeignet: Die Strecke führte dort geradeaus entlang der Strasse, an der sich nur wenige Ortschaften befanden. Ich wollte etwa in der Hälfte der Wanderung über die Busfahrt entscheiden, denn ich stellte mir vor, bis dann meine Tagesetappen deutlich besser einschätzen zu können.

Egal wie ich den Weg zwischendurch zurücklegte: Wenn ich so weit kam, wollte ich als Schlussstrecke sicher die letzten 100 km bis Santiago de Compostela wandern.

---

[6] Kirchmann: Komoot-Collection

Anreise – Rückreise

Mein Camino Francés sollte also in Pamplona beginnen und ich wollte ab Santiago de Compostela wieder nach Hause in die Zentralschweiz reisen. Für den Hinweg gab es verschiedene Möglichkeiten, die ich mir online auf einer Reisewege-Plattform[7] anschaute. Ich wählte eine günstige und für mich gut vorstellbare Variante aus: einen Flug von Zürich nach Bilbao mit anschliessender Busfahrt von Bilbao nach Pamplona. Da der Flug erst am späten Nachmittag landete, würde ich einmal in Bilbao übernachten, um eine allfällige Verspätung des Hinflugs auffangen zu können. Erst am Folgetag würde ich weiterreisen. Diese Planung ermöglichte es mir, die ersten Unterkünfte im Voraus zu buchen. Die rund zweistündige Busfahrt von Bilbao nach Pamplona wollte ich mir vor Ort organisieren.

Für die Heimkehr buchte ich einen verschiebbaren Direktflug von Santiago de Compostela nach Basel - verschiebbar, da ich mir noch viel Unvorhergesehenes vorstellen konnte. Von Basel würde ich mit dem öffentlichen Verkehr wieder nach Hause fahren. Gut und günstig.

Warum es nicht klappen könnte auf dem Jakobsweg

Meine Hinreise nach Pamplona war geplant und ich konnte die ersten drei Übernachtungen in Bilbao und Pamplona reservieren. Ich sollte also bis nach Pamplona kommen, den ersten Stempel holen und loslaufen können.

Wie es auf dem Jakobsweg weitergehen würde, war für mich jedoch noch recht unklar. Wie würde ich mit dem Wandern zurechtkommen? Wie realistisch würde ich Etappenlängen einschätzen können? Wie gut konnte ich Essen und Übernachtungsorte für mich organisieren, irgendwo unterwegs? Wenn ich müde oder angeschlagen war? Wenn ich abgewiesen wurde? Wenn ich einen Hungerast hatte? Was würde

---

[7] Reisewege-Plattform A

passieren, wenn ich mich verletzte? Würde ich in Mehrbettzimmern übernachten können? Würde ich Kontakt finden, mich mit anderen gut verständigen können? Wie würde ich es bewältigen, alleine unterwegs zu sein?

Meine Fragen konnte ich noch nicht beantworten, aber immerhin schien mir nichts davon wirklich lebensbedrohlich. Mein Plan war, mich bewusst nur auf den nächsten Schritt zu konzentrieren. Was später daraus entstand, würde sich zeigen. Immerhin hatte ich den Beginn meiner Reise vorbereitet: Ich konnte wie geplant aufbrechen. Auf dem Jakobsweg hatte ich ja auch nicht den Druck, eine bestimmte Leistung erbringen zu müssen. Wenn ich es mir einfacher machen wollte, konnte ich sogar noch kürzere Tagesetappen einplanen, als ich mir zutraute. Oder einen zusätzlichen Pausentag einlegen.

Meine Vorstellung vom Jakobsweg war, ganz flexibel den Tag durch zu wandern und mich erst um eine Unterkunft zu kümmern, wenn ich weit genug gegangen wäre. Ich wollte jedoch nicht Herbergen und Hotels abklappern müssen, wenn ich bereits müde wäre und möglicherweise weitere Stunden gehen müssen, bis ich ein freies Bett finden würde. Für diese Art der ungewissen Übernachtungsmöglichkeiten und fraglichen Etappenlängen war ich noch nicht bereit.

Deshalb legte ich in einer zweiten Runde meine ersten Wanderetappen und Unterkunftsorte fest. Die Stadt Estella bestimmte ich als ersten Besichtigungsort, in dem ich zweimal übernachten wollte. Für die Strecke zwischen Pamplona und Estella - gemäss Credencial 46 km - plante ich drei Tage ein. So konnte ich meine Wanderung mit etwa 15 Tageskilometern beginnen. Diese drei Tage traute ich mir zu, wenn ich danach einen Wander-Ruhetag einlegen konnte. Ich fand zwei Übernachtungsorte, die diese Strecke mehr oder weniger gleichmässig aufteilten, fand dort freie Unterkünfte und buchte die Betten.

Wenn ich den Weg mit eher kurzen Etappen gehen wollte, würde ich in kleineren Ortschaften übernachten müssen. Dort waren oft keine Hotels, sondern nur Herbergen verfügbar. Also musste ich entweder in

Mehrbettzimmern übernachten können oder meine Etappen würden deutlich länger werden. Ich buchte vorerst einmal in Herbergen und würde erst zu Plan B übergehen, wenn ich nicht damit zurechtkäme.

Auch für die weitere Planung ging ich von den Städten aus, in denen ich eine Nacht länger bleiben wollte. Gemäss meiner Skizze legte ich Logroño als zweiten Besichtigungsort fest. Für die 50 km zwischen Estella und Logroño plante ich vier Tage ein, um die Etappen bestimmt locker gehen zu können. Schliesslich wusste ich noch nicht, wie ich auf die mehrtägige Wanderung mit relativ schwerem Rucksack reagieren würde, denn auf dem Neckarsteig hatten wir uns alle ein bis zwei Tage einen Ruhetag gegönnt. Von Estella aus fand ich entweder nach 11-13 km oder aber erst nach über 20 km eine Übernachtungsmöglichkeit. Ich entschied mich für die kürzere Distanz und organisierte mir per Mail ein Bett. Die Übernachtungen in Logroño buchte ich ebenfalls und zwar in einem Hotel. Mir war die Aufbewahrung des Gepäcks in den Mehrbettzimmern zu unklar und im Hotel fühlte es sich für mich eher wie Ferien an.

Dank dieser bisherigen Planung und der bestätigten Reservationen konnte ich ruhiger und zuversichtlicher auf den Start meines Jakobswegs zugehen.

Meine Stärken

Hin und wieder ergriffen mich Bedenken: Was hatte ich denn hier nur vor, so lange alleine und wandernd unterwegs zu sein? Wie würde ich diese Reise – abgesehen vom physischen Aspekt – bewältigen können? Um nicht in diesen Bedenken stecken zu bleiben, versuchte ich, meine Gedanken zu ordnen. Was waren denn meine Knackpunkte und Sorgen? Welche Lösungen konnte ich mir dafür vorstellen? Bei den erkannten Schwächen versuchte ich mich abzusichern und machte mir gleichzeitig meine Stärken bewusst.

Was die Stärken anging, kamen mir zuerst meine finanziellen Mittel in den Sinn. Meine Rücklagen waren für den halbjährigen Nordseeküstenradweg gedacht gewesen und auch wenn ich eher bescheiden budgetiert hatte, waren sie für diese viel kürzere Reise dennoch recht grosszügig bemessen. Nach und nach fielen mir weitere Stärken ein: gesunder Menschenverstand, Organisationstalent, Pragmatismus, zumindest rudimentäre Spanischkenntnisse, nicht zu schlechte Fitness und einiges an Wandertraining, die Fähigkeit, Karten zu lesen und Wanderwegzeichen zu sichten sowie gute Ausrüstung und Erfahrung mit Auslandreisen. Zudem konnte ich besonders bei gesundheitlichen Notfällen eine Freundin und Homöopathin kontaktieren und mit meiner Frau hatte ich von zuhause aus insgesamt oder auch für Notfälle eine ausgezeichnete Unterstützung.

Mit diesen Überlegungen konnte ich meine Bedenken glücklicherweise verringern. Tatsächlich hat mir der Gedanke an meine finanziellen Reserven mehr als einmal das Leben erleichtert: Ich hätte damit zum Beispiel meine Reise jederzeit abbrechen und unverzüglich heimkehren können. Auch meine Fitness und die Einschätzung meines Wandervermögens waren dankbare Stärken. Am meisten jedoch unterstützte mich der Gedanke an meine beiden Menschen zuhause.

Vorsorge

Diese Reise unterschied sich für mich grundlegend von einer Ferienwoche auf Mallorca oder am Gardasee: einerseits wegen der beabsichtigten Dauer von sieben Wochen, andererseits wegen der Länge der geplanten Wanderung und auch wegen des Aspekts, dass ich alleine unterwegs sein würde.

Im Gegensatz zu anderen Ferien ging ich dieses Mal nicht automatisch davon aus, dass ich sie bis zum Schluss würde durchziehen können. Ich rechnete eher damit, dass ich abbrechen müsste – wegen Unfall, körperlichen Beschwerden, Einsamkeit oder anderem. Auch Diebstahl meines ganzen Hab und Guts hätte ich mir vorstellen können. Diese Bedenken führte ich mehrheitlich darauf zurück, dass ich die Reise allein unternahm.

Mir wurde klar, dass mir etwas mehr Zuversicht gut tun würde und Zuversicht konnte ich mit Wissen bestärken. Deshalb klärte ich das Vorgehen bei Notfällen unter anderem bei der Krankenkasse und der Reiseversicherung ab. Ich erstellte Unterlagen mit den verschiedenen Massnahmen bei Notfällen und ergänzte sie mit Kopien meiner Ausweise (Bank-/Kreditkarte, ID, Krankenkassenkarte, Reiseversicherung, Mobiltelefon). Diese Dokumente liess ich bei meiner Frau zuhause für den Fall, dass ich selber die Massnahmen nicht mehr gut ergreifen könnte oder mir tatsächlich alles wegkommen würde. Was ich möglicherweise für unterwegs benötigte, nahm ich als Ausdruck auf Papier oder als Foto auf dem Mobiltelefon mit.

Meine Motivation

Warum gehst du auf den Jakobsweg? Dies wurde ich mehrmals gefragt und eine knappe Antwort zu geben war für mich nicht einfach. Meine Gründe dafür waren vielfältig oder einige davon gehören auch eher zur Kategorie der Hintergründe.

Zu diesen Hintergründen zähle ich eine Erfahrung, die ich während meiner Zeit als TCM-Therapeutin mehrmals machte. Ich erlebte, dass der Umgang mit Stress aus dem Arbeitsleben 1:1 in den Ruhestand übernommen wurde. Ein Beispiel dafür: Aufgrund der kurzen Mittagspause musste hastig gegessen werden. Nach der Pensionierung wurde weiterhin hastig gegessen, obwohl genügend Zeit vorhanden gewesen wäre. Die früher nötige Angewohnheit wurde weitergeführt, obwohl der Stressauslöser nicht mehr vorhanden war. Vielleicht war man sich des Verhaltens nicht einmal bewusst und es wäre auf alle Fälle ein Aufwand, sich umzugewöhnen.

Ich wollte etwas tun, um möglichst wenige solcher Verhaltensweisen weiterzuführen. Mein Anliegen war es, alles loszulassen, was mir im Arbeitsalltag das Leben schwer gemacht hatte. Dazu gehörte das Gefühl, Aussenansprüchen gerecht werden oder Leistung erbringen zu müssen. Mein Verpflichtungs- oder Verantwortungsgefühl anderen gegenüber würde ich nicht mehr haben müssen, also würde ich es loslassen können. Über die Jahre hinweg hatte ich beispielsweise mit der finanziellen Unsicherheit als Selbständigerwerbende meine Mühe gehabt und die unregelmässigen Arbeitszeiten waren mir immer schwerer gefallen. Die negativen Auswirkungen davon wollte ich wiedergutmachen können.

Diese Reise sollte eine Zeit sein, in der ich nur für mich alleine Verantwortung tragen würde. Ich wünschte mir einen Abschluss des Berufslebens und wollte mich daran gewöhnen, nicht mehr nach Leistung beurteilt zu werden. Der Jakobsweg gab mir ein Ritual für den Übergang: physisch, psychisch, zeremoniell, spirituell.

Vorgängig konnte ich mir die Reise nur bis zum Beginn der Wanderung vorstellen. Wie eine Schwelle, auf die ich zugehen würde - mit der Idee, nicht mehr Benötigtes loszulassen und unbeschwert in den neuen Lebensabschnitt gehen zu können.

Was mir beim Wandern ganz konkret vorschwebte: meinen eigenen Rhythmus finden, im eigenen Tempo gehen, vor allem körperlich Sicherheit und Stabilität erlangen, mich erholen, durchatmen können, um voller Elan, Kraft und Zuversicht weiterzugehen.

Andere Motivationen

Während der Vorbereitung meiner Reise erhielt ich einen Jakobsweg-Newsletter[8], der mir die Motivation von anderen präsentierte. Es war eine Auszählung der meistgenannten Gründe auf die Frage, weshalb man den Jakobsweg gehen möchte.

---

[8] Kirchmann: Jakobsweg-Newsletter

1. Eine Auszeit vom Alltag
2. Seinen Lebensweg finden
3. Beginn einer neuen Lebensphase
4. Bewältigung einer Krise
5. Spirituelle und religiöse Gründe

Unabhängig davon, wie viele Personen hinter dieser Auszählung steckten, sah ich es als bereichernde Information an. Mich selber fand ich am ehesten im dritten Punkt wieder. Vor dem Lesen dieses Newsletters hätte ich vermutet, dass die meisten durch eine solche Reise mit sich selber ins Reine kommen möchten. Das wäre hier jedoch erst vielleicht unter Punkt fünf als spirituelle Entwicklung einzuordnen.

Unterwegs ging es in vielen Gesprächen unter anderem auch um die Motivation für den Jakobsweg. Die meisten hätten wohl einen der 5 Punkte nennen können, aber die Lebensgeschichten dahinter waren so viel umfassender, dass sie mich oft sehr berührt hatten. Von einigen davon wird in meinem Reisebericht zu lesen sein.

Eine Angabe von Beweggründen wird auch in den Online-Statistiken des Pilgerempfangsbüros[9] ausgewiesen. Ich nehme an, dass in diesen Statistiken die Angaben von Personen ausgewertet werden, für die in Santiago de Compostela eine Pilgerurkunde ausgestellt wurde. Hier wird eine Aufteilung in Bezug auf die Religion dargestellt, wie sie auch für den Erhalt der Compostela erhoben wird:

Anzahl Pilgernde (mit Angabe eines Caminos)	Total 2024: 498'887	Total 2023: 442'123	Schweiz 2024: 1'905	Schweiz 2023: 1'855
Religiöse Gründe	47%	43%	40%	33%
Religiöse + andere Gründe	33%	35%	44%	42%
Nicht religiöse Gründe	19%	23%	16%	25%

---

[9] Pilgerbüro Santiago: Statistiken

Es wird deutlich, dass die grosse Mehrheit religiöse Gründe angegeben hat, auch wenn andere Gründe ebenfalls eine Rolle spielten – sowohl über alle Pilgernden hinweg wie auch bei jenen aus der Schweiz. Spannend, nicht?

Orientierung

Welche Hilfsmittel würde ich benötigen, um mich in Spanien zu orientieren, den Jakobsweg jeweils zu finden und darauf zu bleiben?

Auf dem Neckarsteig hatten wir ein GPS-Navigationsgerät benutzt, das uns den Wanderweg als Track anzeigte. Den Informationen zum Camino Francés entnahm ich, dass dank der guten Kennzeichnung des Wegs ein solches Gerät nicht nötig wäre. Deshalb entschied ich mich, es zuhause zu lassen

Zur Planung der Etappen und für die Vorbereitung der Wandertage benutzte ich den Papier-Wanderführer. Hier wurde der Weg auf Karten dargestellte: Eine Strecke von etwa 8-10 km beziehungsweise 2½ Stunden Weg pro Seite. Das bewährte sich für mich, denn auf Papier bekomme ich einen besseren Überblick als auf dem Mobiltelefon-Display. Für den Notfall hatte ich den Camino Francés in einer Outdoor-Routenplaner-App[10] auf dem Mobiltelefon verfügbar. In dieser App wie auch mit der allgemeinen Navigations-App[11] konnte ich bei Bedarf meinen eigenen Standpunkt anzeigen lassen und mich damit orientieren.

Weil es mir den Start in den Wandertag vermiest, wenn ich mich schon beim Einstieg in den geplanten Weg verlaufe, bereitete ich mich normalerweise gut darauf vor. Unterwegs studierte ich meistens kurz vor der Etappe die Route im Wanderführer. In kleineren Ortschaften war die Strecke mehrheitlich klar, aber in grösseren ging ich zusätzlich oft am Vortag los, um die entsprechenden Wegzeichen zu suchen oder behalf

---

[10] Kirchmann: Komoot-Collection
[11] Google Maps

mir in Städten mit der App oder mit Stadtplänen, auf denen der Jakobsweg eingezeichnet war.

Damit war ich während der Reise von der Orientierung her gut abgedeckt. Das GPS-Navigationsgerät hatte ich getrost zuhause lassen können und meistens genügten mir die Jakobsweg-Wegweiser und – Pfeile zur Orientierung.

Die Unterkünfte buchte ich, wenn verfügbar, per Online-Buchungsplattform[12]. Dort standen mir auch die privaten Herbergen zur Auswahl. Es hätte sicher kostengünstigere Varianten gegeben, aber die grosse Buchungssicherheit war es mir Wert. Weitere Unterkünfte reservierte ich schriftlich per Nachrichtenaustausch oder per Telefonat.

Was die Orientierung angeht, waren viele Pilgernde nur mit einer der verschiedenen Jakobsweg-Apps unterwegs. Wenn mir mein Wanderführer nicht so gut gefallen hätte, wäre ich unterwegs wohl auch auf eine App umgestiegen, denn Karten, Distanzen und Unterkünfte waren darin auch gut ersichtlich. Mit dem Wanderführer, der Outdoor-Routenplaner-App und der Unterkunftsbuchungs-App war ich eher die Ausnahme.

Ausrüstung

Bequeme und leichte Wanderschuhe, gepolsterte Socken, der bequeme Rucksack und die Wanderstöcke waren für mich wichtig beim Wandern. Für die Übernachtungen in den Herbergen benutzte ich einen Schlafsack. Da ich in meinen beiden Reisemonaten September und Oktober sowohl sommerliches Wetter als auch einen Wintereinbruch erwarten musste, hatte ich von kurzen Hosen bis zur Sturmhaube und von Regenjacke bis zum Sonnenhut alles dabei. Zusätzlich zur Wanderbekleidung trug ich ein Set Alltagskleider mit. Für die warmen Stadttage und für die Herbergen nahm ich ein Paar Sandalen mit. Ich hätte sie im Bedarfsfall sogar als Alternative zu den Wanderschuhen

---

[12] Booking.com

anziehen können. Zusätzlich hatte ich Necessaire, Duschtuch, Tagesrucksack, Wertsachentasche mit Bargeld und Bank-/Identitäts-/Krankenkassenkarte, Mobiltelefon mit Ladegerät, Tagebuch-Heft mit einem Kugelschreiber, Trinkblase, Pinkelröhre, Wanderführer und Pilgerpass dabei - alles möglichst leicht und geordnet und vieles davon in Zip-Beuteln. Wohl eher ungewöhnlich war, dass ich eine Notfall-Apotheke und das Frühstück mitführte.

Mein Mobiltelefon stattete ich vor Ort mit einer zusätzlichen spanischen SIM-Karte[13] aus und war damit gut und günstig mit lokalen mobilen Daten und Telefonie versorgt.

Da ich kein GPS-Navigationsgerät dabei hatte, mass ich Wegdistanz und Gehzeit mit meiner Fitness-App[14]. Die Gehzeiten notierte ich mir jeweils auf Viertelstunden gerundet. Ich hatte weder ein Messgerät für die Aussentemperatur noch für die zurückgelegten Höhenmeter dabei. Deshalb sind entsprechende nachfolgende Angaben geschätzt oder stammen aus unterschiedlichen Quellen. Die Temperaturen wurden bei Apotheken und in der Wetter-App angezeigt oder ich verglich sie mit den Vortagen. Wenn mich die Höhenmeter wegen der teilweise recht hügeligen Strecken interessierten, entnahm ich sie meinem Wanderführer oder auch der Streckenbeschreibung in der Outdoor-Routenplaner-App.

Reiseerlebnisse teilen

Mir war wichtig, meine Reiseerlebnisse schon unterwegs mit meiner Familie und guten Bekannten zu teilen. Damit war mir ein lockerer Kontakt mit meinem Umfeld zuhause möglich, der mir das Gefühl gab, nicht alleine zu sein. Diese Reiseerlebnisse wollte ich auch später noch ansehen können. Unter diesen Bedingungen suchten meine Frau und ich eine Plattform, die dafür passte. Wir entschieden uns für Polarsteps, das

---

[13] Lebara, Prepaid, 50 Gb Internet im September, 7 Gb Internet im Oktober
[14] Google Fit

geeignet schien. Installation und Bedienung waren nicht zu kompliziert und die Darstellungen der Reise auf der Weltkarte visuell sehr ansprechend. Hier konnte ich während der Reise meine Bilder und Texte veröffentlichen und Rückmeldungen dazu erhalten. Zudem zeigte die App meinen Standort an und die Plattform bot die Möglichkeit, nach der Reise ein hübsches Blog-Fotobuch zu erstellen.

Neben dem Reiseblog zeigte ich per WhatsApp-Status für einen grösseren Bekanntenkreis ebenfalls Bilder, wenn auch nur gelegentlich: für kurze Zeit sichtbare Eindrücke meiner Reise. Vor allem im Nachhinein habe ich auch dafür positive Rückmeldungen erhalten, was mich sehr freute.

Freude und Genuss

„Ich möchte das kommende Rennen geniessen.", hörte ich Spitzensporttreibende schon sagen. Ich bin weder Spitzensportlerin noch nehme ich an einem Rennen teil. Trotzdem habe ich bei dieser Wanderung ein sportliches Ziel, das ich nicht ohne physische und psychische Anstrengung werde erreichen können. Könnte ich denn die geplante Weitwanderung ebenfalls geniessen?

Es ist eindeutig nicht meine Art, voller Begeisterung an meine Grenzen zu gehen oder eine Erschöpfung voll auszukosten. Was auf mich jedoch zutrifft, ist die Freude am Wandern. Ich kann mich freuen, morgens locker aufzubrechen. Ich kann mich auch freuen, einen anstrengenden Weg zu gehen. Ich kann mich freuen, meine Grenzen auszuloten. Auch wenn es mich fordert, kann ich mich trotzdem für das Wandern entscheiden und mich daran freuen.

Was das Geniessen angeht: das empfinde ich bei der Kaffeepause, dem Apéro unter Leuten, bei gutem Essen, einer warmen Dusche, wenn ich rundherum Ruhe habe oder auch im eigenen Rhythmus gehen kann. Dabei kann ich zurücklehnen und das Gefühl haben, ein Traum sei wahr geworden. Genuss hat für mich auch damit zu tun, meine momentanen

Wünsche und Bedürfnisse zu spüren. Herauszufinden, was mir gut tun könnte. Musse haben und nicht müssen. Um mir den Genuss zu erleichtern, schenkte mir meine Frau vor der Reise sogenannte „Genussscheine". Nach unserer Schätzung sollte ich mir mit diesen Geldscheinen etwa dreimal pro Woche einen Aperitif oder ein Dessert gönnen können. Auf der Reise entpuppten sich diese Genussscheine als sehr wertvoll, denn sie motivierten mich, auch alleine und abseits des Wanderlebens hinauszugehen und zu geniessen.

Angst vor dem eigenen Mut

Mitten in den Vorbereitungen tauchte auf einmal die Frage auf, ob ich mich mit meinen Reiseplänen übernahm. Ob dieses Projekt mir mehr Energie nahm, als es mir gab. Ob ich mich damit überforderte? Würde ich meine Ziele besser erreichen können, wenn ich zuhause blieb?

Darauf angesprochen meinte meine Frau, dass mir dieser Jakobsweg gut tun würde. Vor Jahrzehnten einmal war ich alleine auf Reisen gewesen und damals hatte ich keine Lust auf eine Wiederholung gehabt. Aber jetzt war es an der Zeit für mich: Ich wollte nicht bereuen müssen, diese Reise nicht unternommen zu haben und erst unterwegs würde ich sehen, wie ich damit klar kam.

Es war Sommer und ich hatte einen freien Herbst vor mir. Meine Praxis hatte ich bereits einige Monate zuvor geschlossen und eine Restanstellung würde ebenfalls bald zu Ende gehen. Den Arbeitsalltag mit all seinen Verpflichtungen gab es nicht mehr. Ich hatte Zeit, die ich einteilen konnte anstelle von Zeit, die mir fehlte – auch wenn ich es noch nicht so empfand. Der Gedanke an eine Auszeit auf dem Jakobsweg fühlte sich positiv an. Schliesslich wollte ich mein Arbeitsleben gut abschliessen können und voller Freude und Energie in den Frühruhestand eintauchen. Der Wechsel von „beruflich stark eingebunden sein" zu „Zeit nach Lust und Laune verbringen" sollte möglich werden. Ich wünschte mir, auch gefühlsmässig in der Zeit anzukommen, in der ich nicht mehr berufstätig war.

Nur brauchte es für diese Reise Mut und Mut aufbringen war nicht einfach. Einfach wäre gewesen, im wohlbekannten Alltag wie gewohnt weiterzumachen. Einfacher wäre die Reise zusammen mit meiner Frau gewesen, nur konnte sie keinen Urlaub nehmen. Also würde ich mutig sein müssen. Zudem würde es mir bestimmt gut tun, meinen eigenen Weg zu gehen und etwas für mich selber zu tun.

Deshalb fasse ich mir ein Herz und sage: Hallo Herbstweg!

Anfang September bis Mitte Oktober, sieben Wochen, 708 km Camino Francés von Pamplona bis Santiago de Compostela, allenfalls einen Teil davon per Bus, unbekanntes Gebiet in Spanien mit Städten und Sehenswürdigkeiten zum Erkunden. Ich würde für den Camino Francés rekognoszieren, den meine Frau und ich später gemeinsam wandern wollten. Meine Vorfreude war gross, auch wenn immer wieder Befürchtungen auftauchten. Dank letzteren merkte ich, dass es wirklich an der Zeit war, mich einmal alleine und ausserhalb meiner Komfortzone organisieren zu müssen. Bei diesem Jakobsweg konnte ich sagen, dass ihn schon Millionen vor mir ebenfalls geschafft hatten. Natürlich hatten es auch einige nicht geschafft oder nur in der Gruppe oder nicht über eine so lange Strecke, aber sie waren zumindest losgezogen. Dann sollte es für mich wirklich auch möglich sein, auf diesen Weg zu gehen. Für mich war es sogar leichter, denn ich konnte von der Erfahrung vieler anderer profitieren.

Von Erfahrungen anderer profitieren

Wen kannte ich also, der schon Erfahrung mit einem Jakobsweg hatte?

Ein befreundetes Paar aus meinem Bekanntenkreis war vor Jahrzehnten einen Jakobsweg mit dem Velo gefahren. Eine ehemalige Arbeitskollegin war über Jahre hinweg x-fach verschiedene Jakobswege gewandert und hatte dort sogar ihren Partner gefunden. Eine weitere frühere Arbeitskollegin teilte in Pausengesprächen ihr Leben in eine Zeit vor beziehungsweise nach dem Jakobsweg ein. Alle drei Parteien schienen mir positive Erfahrungen damit gemacht zu haben.

Eine unvergessliche Lebenserfahrung würde ich mit der Reduktion auf Laufen, Essen, Schlafen, den drei Aufgaben auf dem Jakobsweg, machen können. Dies schrieb Peter Kirchmann[15], von dem ich regelmässig Jakobsweg-Newsletter erhielt und auf dessen Webseite ich viele hilfreiche Informationen fand. Nach einiger Zeit wurde mir bewusst, dass es bei mir vier Aufgaben sein würden: Laufen, Essen, Schlafen und als Viertes den Kontakt mit meiner Frau halten, also Lebenszeichen geben. Mit dieser Vorstellung konnte ich mich gut anfreunden. So hatte ich meine vier Aufgaben, an die ich zuversichtlich und mit Freude herangehen konnte. Das wäre alles. Das bedeutete auch, dass ich viel anderes – zumindest für eine gewisse Zeit – sein lassen könnte. Und obwohl mich Loslassen abschreckte, hatte ich doch genau das vor. Wenigstens teilweise.

---

[15] Kirchmann: Jakobsweg-Webseite

Teil 2: Unterwegs

Reise nach Pamplona

Es ist Zeit, auf den Bus zu gehen. Mit meiner Frau habe ich vorgängig besprochen, dass ich durch das Garagentor aus dem Haus gehe, denn ich nehme keine Schlüssel mit. Mein Respekt davor, alleine zu reisen, ist gross. Wie schon in den letzten Tagen rede ich mir gut zu und gehe Schritt für Schritt: zuerst auf den Bus, dann im Zug zum Flughafen Zürich, schliesslich der Flug nach Bilbao. Im Flugzeug ist mein Platz schon belegt, aber ich erhalte einen Ersatzsitz zugewiesen. Den Rucksack habe ich wegen der Wanderstöcke und dem Sackmesser als Gepäck aufgegeben – gut in Folie eingewickelt, damit auch sicher nichts schief läuft. Auf der Waage werden 7.4 kg angezeigt, noch ohne Wasser und Tagesrucksack. Alles klappt und so lande ich am späten Nachmittag in Spanien. Der Bus vom Flughafen in die Stadt fährt bald, ein Ticket dafür erhalte ich an einem Schalter. Unerwarteterweise hält der Bus nicht nur einmal, nein, er hat sogar vier Haltestellen. Die erste wäre am nächsten bei meinem Hostel gewesen. Das weiss ich jedoch erst, als ich beim vierten Halt im Busbahnhof aussteige. So kann ich gleich jetzt schon mit dem Wandern beginnen, schliesslich bin ich ja dafür nach Spanien gekommen. Ich checke im Hostel ein und beziehe mein Bett im 4er-Frauen-Zimmer mit eigenem WC, Dusche und Schminktisch. Es ist eine recht noble Variante eines Mehrbettzimmers: stabile Bettgestelle, Vorhängen vor den Betten und Schubladen für das Gepäck. Für mich fühlt es sich aber trotzdem sehr ungewohnt an, denn in Mehrbettzimmern habe ich seit Jahrzehnten nicht mehr geschlafen. Auch dass ich manchmal schnarche, ist mir in diesem Zusammenhang unangenehm. In dieser ersten Nacht meiner Reise kann ich trotzdem recht gut schlafen und höre jemand anders schnarchen, so wäre ich zumindest nicht die einzige gewesen. Am Morgen hole ich heisses Teewasser an der Bar und frühstücke im Zimmer. Den schlechten Geruch – jemand hat sich übergeben müssen – versuche ich auszublenden.

Mein Bus nach Pamplona soll vom Busbahnhof aus fahren, den ich vom Vortag bereits kenne. Ich wandere also wieder dorthin und suche den entsprechenden Fahrkartenschalter, den ich dank mehrmaligem Nachfragen auch finde. Um 10 Uhr bekomme ich tatsächlich noch eine Fahrkarte für den nächsten Bus, der eine halbe Stunde später direkt nach Pamplona fährt. Ich bin erleichtert, denn online ist mir die erste mögliche Verbindung erst für den Abend angezeigt worden und ich hätte nicht gerne auf mein gebuchtes Zimmer in Pamplona verzichtet. In der Wartehalle des Busbahnhofs bemerke ich, dass ich im Hotel meine Wasserflasche nicht aufgefüllt habe. Erfreulicherweise steht ein Getränkeautomat an der Wand, bei dem ich mir ein Getränk für die zweistündige Fahrt kaufen kann. Als ich im Bus sitze, legt sich meine Anspannung und ich denke mir: Es kommt wie es kommt.

Stichworte zu Bilbao:
- Über 347'000 Einwohnende (2023), ca. 90% Spanier:innen
- Zentrum: sehr belebt, abends unzählige gut besuchte Bars mit Gästen draussen an Tischen, bei Tapas & Wein
- Zentrum: breite Strassen/Alleen mit 5-8 stöckigen Wohnhäusern, z.T. Jugendstil oder Ziegelsteinbauten
- Guggenheim-Museum, Fussballstadion
- Liegt inmitten von Hügeln, an einem Fluss (Ría de Bilbao) und hat etwa 15 km entfernt einen Meereshafen

Pamplona

Beim Busbahnhof Pamplona sehe ich keine Wegweiser zur Altstadt, also gehe ich mit der ausgedruckten Wegbeschreibung in der Hand auf gut Glück in eine Richtung los. Ich ertappe mich dabei, dass ich möglichst rasch in die relative Sicherheit des Hotels eilen will, obwohl eigentlich höchste Zeit für den ersten Kaffee des Tages wäre. Also entscheide ich mich um und suche zuerst einmal ein schönes Café für meinen ersten „Café con leche" – im Innern, denn draussen ist es mir zu kalt.

Später, auf dem Weg zum Hotel, fallen mir die ersten Pilgernden mit Stab, Pelerine und schlammigen Schuhen auf. Der Hotelempfang ist besetzt und so kann ich anstatt per WhatsApp-Anleitung bei der Rezeptionistin einchecken. Nachträglich realisiere ich, dass ich das Hotel nicht als WhatsApp-Kontakt aufgenommen und dem Hotel damit den Empfang der Mitteilung nicht bestätigt habe. In der Nachricht ist sogar das WIFI-Login des Hotels angegeben, damit der Online-Zugang sicher funktioniert. Auch meinen individuellen Code für Haupt- und Zimmertür habe ich bereits erhalten: Es ist alles für den vollelektronischen Zugang vorbereitet. Ähnliche Zugangsarten zu Unterkünften werde ich auf der Reise noch mehrmals antreffen. Mein Einzelzimmer gefällt mir und ich richte mich umgehend ein. Hier kann ich mich ungehindert ausbreiten, ohne jemand anderem zu nahe zu kommen. Das letzte der Sandwiches von zuhause gibt es als Mittagessen, bevor ich losgehe, um die Stadt zu erkunden.

Die Tourismusinformation finde ich erst im zweiten Anlauf, dafür hat sie dann glücklicherweise geöffnet. Ausgestattet mit Stadtkarte und Informationen zu den Sehenswürdigkeiten mache ich mich auf zur nahen Kathedrale. Direkt bei ihrem Eingang kann ich meinen ersten Stempel in den Pilgerpass und in meinen Wanderführer machen: hier ist Selbstbedienung. Dank des Pilgerpasses erhalte ich ein vergünstigtes Eintrittsbillett, was ich eine schöne Geste gegenüber kostenbewusst

Länger-Reisenden wie mir finde. Gemächlich besichtige ich die Kathedrale und weitere Teile der Anlage wie den Kreuzgang oder das Kirchendachgestell und gehe durch die interessanten Ausstellungen. Vor allem dort erfahre ich, dass die ersten Belege für das Christentum in Pamplona aus dem 6. Jahrhundert stammen, die Kirche im Jahr 924 durch die Mauren zerstört und 1004 durch den König von Navarra wieder aufgebaut wurde, um das Jahr 1100 die Kathedrale und das Kloster gebaut wurden, die in der Folge erneut durch Krieg und Erdbeben beschädigt und wieder aufgebaut wurden. Die Kathedrale war der Ort für Taufe, Krönung und der Grabstätten des Königshauses Navarra. Davon zeugt die relativ kleine Grabstätte im Hauptschiff, die mir ausserordentlich gut gefällt. Mein Eindruck der Anlage: herrschaftlich, schön, gross, gepflegt - interessant zum Besichtigen, aber auch ein Ort des Glaubens.

Danach spaziere ich entlang der hohen und mehrfach befestigten Stadtmauern Richtung Stierkampfarena. Zeit für eine Pause. In einer Bar bestelle ich am Tresen einen Kaffee, den ich gleich bezahle und selber zum Tisch trage – wie dann meistens in den nächsten Wochen. Als nächstes besichtige ich die Stierkampfarena, die Plaza de Toros. Wie schon in der Kathedrale befinden sich auch in der Arena nur relativ wenig Besucher:innen. Zusammen mit einer spanischen Familie schaue ich im Eingangsbereich den eindrücklich gestalteten Film zu Stierlauf und Arena an, der an drei Wände projeziert wird. Die nicht deutschen Online-Erklärungen erspare ich mir, stattdessen lasse ich mir viel Zeit beim Rundgang. Der vorgegebene Weg führt durch die grosse Arena mit ihren stabilen Holzabschrankungen und hinüber zu den Stierkoppeln, wo Filme und Geruch einen plastischen Eindruck der Tiere vermitteln. Im Vorbereitungs- und Betraum der Toreros werden meine gemischten Gefühle zum Stierkampf besonders deutlich. Schon stehe ich wieder im Zentrum der Arena. Ich mache noch ein Foto mit einer bereitstehenden Stierattrappe und dann ist mein Besuch hier beendet.

Der Stierlauf von Pamplona, bei dem rennende Männer zwischen rennenden Stieren durch die Altstadtstrassen hetzen, war mir schon länger ein Begriff. Die Risikobereitschaft der Teilnehmenden wie auch die kaum artgerechte Behandlung der Tiere sind für mich nur wenig nachvollziehbar, aber trotzdem wird die Tradition des Stierlaufs und Stierkampfs hier gepflegt. Um ein Gefühl für diesen Stierlauf zu bekommen, gehe ich seine Strecke durch die Strassen bis zum Start ab, wo sich Koppeln für die Stiere befinden und auch Teile der stabilen Holzabschrankungen zu sehen sind. Im Museum Espacio Sanfermin Espazioa daneben wird deutlich, dass der Stierlauf nur ein Teil des neuntägigen Festes zum Schutzpatron von Pamplona San Fermin ist, das seit über 400 Jahren Anfang Juli gefeiert wird. Im dortigen Spiegelsaal lasse ich die Filme des farbigen und vielfältigen Festes auf mich wirken.

Heute ist nicht nur Zeit für Sehenswürdigkeiten, sondern ich kümmere mich auch um einen günstigen Internetzugang für unterwegs. In einem Telekommunikationsladen kaufe ich eine SIM-Karte mit grossem Internet-Guthaben und unbeschränkten Telefonminuten für Spanien. Es klappt alles wie gewünscht und ab jetzt verfüge ich über eine zusätzliche spanische Telefonnummer. Für Internetzugang sorge ich, um auch irgendwo im Nirgendwo per Mobiltelefon-Ortung sicher wieder an einen gewünschten Ort zurückzufinden. Schliesslich weiss ich noch nicht, wie gut ich den vorhandenen Wegweisern folgen kann oder wie bevölkert der Weg sein wird und fühle mich mit dieser Möglichkeit sicherer.

Vor dieser Reise habe ich mich – inspiriert von Christine Thürmer und Christina Ragettli – mit dem Ultraleichtprinzip für meine Ausrüstung befasst. Ich beabsichtigte, mich auf das Nötigste zu beschränken und dieses sollte möglichst wenig wiegen. Schliesslich wollte ich mir das Wanderleben so leicht wie möglich machen. Einiges konnte ich nur wenig beeinflussen, zum Beispiel die Schuhe. Ihr Gewicht wurde vor allem durch die enorm eingeschränkte Erhältlichkeit von leichten Modellen bestimmt. Ich hatte Glück, denn mir passte das eine Modell. Anderes wie den relativ leichten Rucksack konnte ich online bestellen.

Aus Zeitgründen kaufte ich den Schlafsack lokal ein und achtete dabei auf ein gutes Leistungs-Gewicht(-Preis)-Verhältnis. Den Inhalt des Rucksacks bestimmte dann vor allem mein Bedürfnis nach bestimmten Dingen wie Kleidung zum Wechseln, die Notfall-Apotheke, eine Regenpelerine oder das Frühstück. Wo möglich, versuchte ich mich einzuschränken. So musste ich beispielsweise bei den Unterhosen die grundsätzliche Frage, ob ich darauf verzichten könnte, verneinen. Mehr als zwei Unterhosen sollten es schon sein, denn ich wollte keine nassen anziehen müssen, wenn sie nach dem Waschen noch nicht getrocknet wären. Also entschied ich mich für die bescheidene Anzahl von vier Unterhosen.

Es ist der zweite Tag meiner langen Reise und schon hat eine meiner Unterhosen ein Loch bekommen. Eigentlich überhaupt kein Problem, weil ich ja sogar Ersatz kaufen könnte. Aber wahrscheinlich mache ich mir Gedanken darüber, weil ich erst am Anfang der Reise stehe und gefühlt nur sehr wenig Ausrüstung dabei habe. Da ist eben kein Schrank, wo Ersatzunterhosen nur einen Griff weit weg sind. Da mir drei Unterhosen im Moment zuwenig sind, entscheide ich mich, jene mit Loch weiter zu tragen, einfach mit Fassung.

Rabas und patatas bravas, media ración

Die Frau an der Bar ruft mir zu, ich könne mich gerne zu ihr an den Zweiertisch setzen. Es ist etwa 19 Uhr und für mich Zeit für Abendessen. Mit meinem Glas Wein setze ich mich hin, das Essen ist bereits bestellt. Wobei: die Bestellung war nicht so einfach, da in Spanisch und die Speisen teilweise unbekannt. Auf einem Tisch habe ich eine Schale Tintenfischringe gesehen und dort nach dem Namen gefragt. So konnte ich dann die kleine Portion (media ración) Rabas bestellen. Patatas bravas, also Bratkartoffeln, kannte ich schon vorher. Dazu bestellte ich einen kleinen Happen (Tapa) vom Buffet: Jamón Ali-Oli, Schinken mit Sauce auf Brot. Auf einer Tafel über der Bar sind die Weine aufgelistet, so konnte ich mein Glas bestellen. Als es vor mir stand, fragte mich ein anderer Gast, was ich bestellt hätte. Er versuchte sich wohl ähnlich zurechtzufinden, wie ich vorher.

Unsere Gerichte werden uns an den Tisch gebracht. Mit meiner belgischen Tischnachbarin habe ich ein spannendes Gespräch, denn sie ist auf dem Jakobsweg und bereits über die Pyrenäen gewandert. Ich erzähle von Pamplona und sie vom Unwetter am Vortag, vom gut markierten Weg, dem wiederholten Aufeinandertreffen mit einigen Mitwandernden, von der Ruhe und von einem Pferd auf einer Alpwiese, von ihrer heutigen Wanderung, ihrer Ankunft kurz vorher, von der Übernachtung im bequemen Einzelzimmer und dem Weitermarsch am nächsten Tag. So haben wir während der kurzen Zeit des Essens angenehme Gesellschaft und gehen danach wieder unserer Wege.

Meinen zweiten Besichtigungstag in Pamplona beginne ich in den grosszügigen Strassen der Neustadt. Auf Anregung meiner Frau schaue ich mir dort die eindrückliche moderne Skulptur „Encierro" (Stierlauf) an. Wieder zurück in der Altstadt besuche ich als nächstes das Museo de Navarra. Auf sechs Etagen und in der angebauten Kirche finde ich eine attraktive Ausstellung mit Kunst und Geschichte, von Prähistorisch, Römisch, Mittelalter, Renaissance und Barock bis Neuzeit. Es hat nur wenige Besuchende, das Personal grüsst freundlich. Mir fällt das Gemälde einer Stadtansicht von Pamplona aus dem 18. Jahrhundert auf. Als ich eine Angestellte darauf anspreche, zeigt sie mir aus dem Fenster die Wahrzeichen der Stadt, die immer noch in etwa gleich aussehen wie auf dem Gemälde von damals.

Nach einer Kaffeepause suche ich das Jakobsweg-Zentrum Ultreia auf. Hier bin ich definitiv die einzige Besucherin, die Angestellte ist sehr zuvorkommend. Die Ausstellung zum Jakobsweg und seinem Einfluss auf Pamplona wirkt klein, informativ und interaktiv. In einem Film wird gezeigt, wie ich mir ein Leben im mittelalterlichen Pilger- und Fremdenverkehrsort Pamplona plastisch darstellen kann.

Der Begriff „Ultreia" sagt mir noch nichts. Erst viel später lese ich nach und sehe, dass er als aufmunternder Pilgergruss benutzt wurde[16].

Stichworte zu Pamplona:
- Römersiedlung; ab 905 Hauptstadt des Königreichs Navarra, mit Unterbrüchen wegen Zerstörung und Fremdherrschaft; heute Hauptstadt der autonomen Region Navarra
- Im 11. Jh. Aufschwung dank Jakobsweg
- Verbot bis Ende 19. Jh., ausserhalb der Stadtmauern zu bauen
- Schöne Altstadt mit charmanten, kleinen Läden, wenig Verkehr, belebt, 5-6 stöckige Stadthäuser mit Balkonen
- Gefühlt übersichtlicher Ort, trotz ca. 206'000 Einwohnenden (2023)
- Sehenswürdigkeiten in Gehdistanz: Kathedrale, Kirchen, Stierkampfarena, Museum von Navarra, Jakobsweg-Zentrum Ultreia, Museum Espacio Sanfermin Espazioa, Stierlauf-Skulptur, Wehr-/Parkanlagen

---

[16] Santiago Ways

„Prolog" Pamplona

Donnerstag, 5.9.24: 3.3 km, ¾ h Gehzeit, ca. 17°

Da ich ein wenig nervös auf die erste Wanderetappe bin, entscheide ich mich heute für einen Prolog, wie ich es von Radrennen her kenne. Als Auftakt meines Jakobswegs will ich etwa eine Stunde stadtauswärts bis zu einer Bushaltestelle gehen, die ich daheim ausgekundschaftet habe. Damit kann ich die etwa 17 km von morgen aufteilen und habe mehr Reserven, falls Umwege oder beschwerlicher Untergrund dazukommen würden. Vom Jakobsweg-Zentrum Ultreia aus gehe ich den Weg, wie er im Stadtplan eingezeichnet ist. Die Wegweiser fallen mir sofort ins Auge: Im Boden sind stilisierte Jakobsmuscheln eingelassen und bei Richtungsänderungen finde ich aussagekräftige Wegweiser. Neben Schildern für den Fussweg wird auch der Veloweg (Teil des Eurovelo 3 – Pilger-Route[17]) ausgewiesen. Nach 3.3 km und ¾ Stunden stehe ich an der vorhergesehenen Bushaltestelle am Rio Elortz und bin schon ruhiger, was die Wegzeichen angeht. Obwohl ich hin und wieder auf den Stadtplan schaute, konnte ich auf Sicht beziehungsweise nach der Beschilderung gehen.

---

[17] Eurovelo

Busfahrt offeriert

Da stehe ich nun an der Busstation und versuche herauszufinden, wann der nächste Bus ins Zentrum zurückfährt - erfolglos. Kurz vorher waren die beiden anderen Wartenden von einem nicht angeschriebenen Kleinbus abgeholt worden. Er war schon wieder angefahren, bevor ich nachfragen konnte und ich wurde unsicher, ob ich gerade meinen Bus Nummer 1 verpasst hatte. Als wieder jemand zur Haltestelle kommt, spreche ich ihn an. Er gibt mir schön langsam und deutlich auf Spanisch Auskunft, dass der nächste Bus bald kommen wird: Er hat dann die erwartete Grösse und ist deutlich angeschrieben. Der nette Herr bezahlt mir sogar die Fahrkarte, da sie mit seiner Zahlkarte nur ein Viertel meines Preises kostet und auch als Entschädigung dafür, dass er mir nicht auf Englisch hat antworten können. Er erzählt, er komme aus Südamerika und arbeite an der Universität, der Kleidung nach beim Werkdienst. Sehr sympathisch.

In einem Supermarkt kaufe ich Brot, Käse und Trockenfleisch ein, je eine Portion für heute und für morgen, denn gemäss Wegbeschreibung scheint es an der morgigen Strecke keine Möglichkeit für die Mittagsverpflegung zu haben. Am Abend gönne ich mir dann noch ein paar Tapas mit einem Glas Wein - ich bin so früh dran, dass ich in der Bar noch beinahe die einzige bin.

Im Lavabo wasche ich ein erstes Mal meine drei Unterhosen, hänge sie im Bad auf und kann sie unbeobachtet trocknen lassen.

Die Hotelrezeptionistin ist so freundlich und schaut mir den Fahrplan für den Bus von morgen nach. Ich weiss ja jetzt, wo ich ihn nehmen kann und wie ich da hinkomme.

Von Pamplona nach Uterga

Freitag, 6.9.24: 14 km, 3¾ h Gehzeit, ca. 12-13°

Es ist kurz nach 8 Uhr morgens. Ich stehe im Halbdunkeln an der Bushaltestelle, bei der mein Prolog von gestern endete. Nach wolkenbruchartigem Regen in der Nacht nieselt es jetzt glücklicherweise nur noch. Hier bin ich jetzt also in Pamplona am Anfang meines Camino Francés, auf dem ich in den nächsten knapp sieben Wochen Richtung Santiago de Compostela unterwegs sein will. Ich bin gespannt, wie meine Reise aussehen wird. Aber zuerst einmal geht es um heute: Meine Tagesetappe geht bis Uterga, wo ich ein Bett in einem 24er-Zimmer reserviert habe.

Gemäss Wanderkarte stehen mir heute etwa 3¾ Stunden Gehzeit mit der Überquerung eines Passes auf 766 m.ü.M. bevor, also mindestens 350 Höhenmeter mittelsteiler Auf- und Abstieg. Eine Einkehrmöglichkeit wird einzig nach rund ¾ Stunden angegeben, deshalb will ich dort sicher einen Kaffee trinken.

Bevor ich losgehe, frage ich eine Passantin, ob sie ein Foto von mir machen könne: mit Pelerine, ein wenig angespannt, aber auch mit Vorfreude. Schon bald ist die Wegstrecke getüpfelt mit farbigen Regenjacken und Rucksackhüllen und andere Wandernde überholen mich. Im Ort, wo ich einkehren wollte, gibt es leider keine Bar am Weg. Es macht mir etwas aus, denn ich hätte gerne ein warmes Getränk gehabt. Mir wird sehr bewusst, dass ich alleine die Entscheidungen für mich treffe. Wenn ich Konsequenzen zu tragen habe, so sind es ausschliesslich jene meiner eigenen Entscheidungen. Hier gibt es keine Kompromisse, denen ich eine kleine Unzufriedenheit anlasten könnte. Wenn ich also eine Bar am Weg ausgekundschaftet habe und sie existiert nicht, bin ich alleine und selber dafür verantwortlich. Ob ich einem Bar-Schild folge und dabei eine zusätzliche Strecke zu einem eventuell geschlossenen Lokal gehe, ist meine eigene Entscheidung und wie auch immer ich mich entscheide, trage nur ich die Konsequenzen daraus. Ich gehe also ohne Kaffee weiter. Umso mehr freue ich mich, als überraschenderweise dann nach etwa zwei Stunden ab Wanderstart in einem kleinen Ort zwei Kiosk-Läden offen haben. So komme ich doch noch zu einem schmackhaften Milchkaffee mit feinem Gipfeli und die Verkäuferin kommt nach draussen, um mir einen gedeckten Sitzplatz zu zeigen. Da wird mir doch warm ums Herz. Sogar ein WC finde ich, auch wenn es nur eine Box hinter der Kirche ist. Da die Sitzgelegenheit schmutzig ist, kommt prompt mein Pibella, ich nenne sie für mich „Pinkelröhre", zu seinem ersten und erfolgreichen Einsatz. So kann ich sogar den Rucksack anbehalten und muss nur Wanderstöcke und Pelerine draussen im Nieselwetter hinstellen.

Ich gehe weiter, immer auch auf der Suche nach meinem eigenen Tempo. Der Wanderweg hat Pfützen und Bächlein, ist matschig und steht teilweise unter Wasser. Schuhe und Hosen werden dreckig vom Matsch und ich fragte mich, ob der immer wiederkehrende Regen den Dreck wegschwemmen wird. Mir wird klar, dass ich meine Hosen hätte hochbinden sollen, damit sie in den Pfützen weniger nass geworden wären. Bei einer grossen Pfütze ist es dann soweit: Ich verliere beim (kaum möglichen) Umgehen das Gleichgewicht und tauchte mit dem ganzen linken Schuh ein. Im Nachhinein hätte ich gerne von dieser Pfütze ein Foto gehabt, nur war ich dort mehr mit dem Wasser im Schuh beschäftigt. Immerhin wollte ich mich zukünftig achten, das Spezielle der Reise trotz allem auf Bild zu bannen.

Der langgezogene Aufstieg auf den Pass del Perdón bereitet mir kaum Mühe, was mich für die Einschätzung der Wegbeschreibung im Wanderführer zuversichtlich stimmt. Auf der Passhöhe sehe ich trotz Regenwolken auf beiden Seiten auf Hügel hinunter und die Windräder auf den Hügelkuppen rotieren. Hier beim Pilgerdenkmal macht ein Mitwanderer Erinnerungsfotos von mir und ich von ihm. In der Herberge werde ich ihn dann wieder treffen, er belegt das Bett neben meinem. Nach dem Pass geht es über grosses Geröll recht steil hinab, dann flacht die Strecke ab. Auch Leute von hier sehe ich später in der Unterkunft wieder. Kurz vor meinem Übernachtungsort Uterga esse ich auf einem Heiligenstock-Rastplatz mein Sandwich. Es ist 12 Uhr, als ich bei meiner Herberge ankomme – eine Stunde vor Check-in-Beginn. Zu meiner Freude hat die Bar gegenüber geöffnet, so kann ich mich im Trockenen und recht windgeschützt ein wenig aufwärmen.

Meine Unterkunft habe ich über die Buchungs-App reserviert. Obwohl ich damit bisher gute Erfahrungen gemacht habe, bin ich nicht sicher, wie verlässlich diese Reservation ist. Schliesslich kostet das Bett nur 16 Franken und es gibt mehr interessierte Übernachtungsgäste als vorhandene Betten. Einige stellen ihre Rucksäcke vor dem Eingang hin, um dann in dieser Reihenfolge die freien Plätze zu bekommen. Ich stelle mir vor, dass ich irgendwo zuhinterst in der Kolonne stehe und meine Reservation sich aufgelöst hat, bis ich an die Reihe komme. Es kommt jedoch anders: Zuerst wird nach Reservationen gefragt und dann genau nach der Reihenfolge der Ankunft eingecheckt. Wie ich im Verlauf der Reise erfahren werde, ist dies ein übliches Vorgehen, das mir zu deutlich stressfreieren Tagen verhilft. Was meine weiteren Reservationen und Voraus-Buchungen angeht, werde ich mich durchwegs darauf verlassen können. Die Rucksack-Kolonnen werde ich unterwegs kaum mehr sehen.

Der Herbergsangestellte findet meine Reservation im Mobiltelefon und scannt meine Identitätskarte. Er drückt den Stempel der Herberge in meinen Pilgerpass und informiert mich über das Menü des Nachtessens, das ich sogleich buche. Dann weist er mich an, die Wanderstöcke im Ständer bei der Türe zu deponieren. Die Wanderschuhe muss ich im hinteren Eingangsbereich ausziehen und ins dafür vorgesehene Regal stellen. Ich fülle sie mit den bereit liegenden Papierknäueln, damit sie über Nacht besser trocknen und ziehe die Sandalen an. Erst dann werde ich zu meinem Bett im gemischten Schlafsaal geführt: 24 Übernachtungsplätze in 12 Kajütenbetten, die einen längs entlang der Aussenwand, die anderen mit dem Kopfende an der gegenüberliegenden Wand, jeweils etwa ein Meter Abstand dazwischen.

Es ist meine erste Übernachtung in einer Pilgerherberge und ich schlafe auch zum ersten Mal in meinem neuen Schlafsack. Ich versuche eine gute Lösung für Gepäck und Rucksack zu finden und schaue auch bei anderen, wie sie damit umgehen. Wo ich die nassen Kleider trocknen kann. Wie Duschen und Umziehen funktioniert. Für eine Nachbarin ist ganz klar: Duschen ist ihr Highlight des Tages. Für mich war eigentlich auch die heutige Wanderung ein Highlight. Mit einer frischen Unterhose und dem Mikrofaser-Handtuch zum Abtrocknen gehe ich in eine der beiden Duschkabinen, die mit Schemel und Kleiderhaken gut ausgerüstet sind. Das Wasser fliesst angenehm warm aus der Brause und dank der Kabinentür bleiben Kleider und Sandalen trocken. Um das Duschtuch zu trocknen, klemme ich es zu den anderen nassen Kleidern unter die Latten des oberen Bettes. Dann bereite ich das Bett zum Schlafen vor und lege Necessaire und Pyjama inklusive ein trockenes Paar Socken bereit. Den Rucksack stelle ich auf den Boden neben meinem Kopfkissen, was möglich ist, weil ich ein Bett unten zugewiesen bekommen habe. Das Mobiltelefon kann ich an einer Steckdose an der Wand in Griffnähe laden. Es ist etwa 14 Uhr und alles ist erledigt, bis zum Nachtessen um 18 Uhr habe ich freie Zeit: Herumlümmeln, WhatsApp Status erstellen, Reiseblog und Tagebuch schreiben, durch das Dorf auf und ab spazieren (dauert etwa 5 Minuten), Spanisch üben, meditieren, lesen (Bücher in der Bibliotheks-App[18] auf dem Mobiltelefon).

Um 18 Uhr sind die Tische im Essraum bis zum letzten Platz besetzt. Es gibt gemischten Salat mit Thon und als Hauptgang für mich Poulet, Spiegelei, Pommes und Reis. Gut gewürzt und eine grosse Portion, aber für mich ungewohnt, dass alles auf einem einzigen Teller serviert wird. Zum Dessert bekommen wir ein Waffeleis.

Um halb neun wird die Haustüre abgeschlossen. Der Herbergsangestellte und einige Gäste haben deswegen eine Diskussion, die Gäste gehen nochmals hinaus, er schliesst schon früher ab, sie

---

[18] Bibliotheks-App Onleihe

stehen vor der verschlossenen Tür, er öffnet die Tür erst verzögert und sie können dann doch wieder hinein. Ein peinliches Machtspiel des Mannes mit dem Schlüssel, die Türschliessung für mich eine fragwürdige Angelegenheit: Schliesslich sind wir ja nicht Gefangene der Herberge und sicherheitstechnisch scheint es mir sowieso ein No-Go. Wenigstens hat unser Zimmer einige Fenster zur Strasse hin, durch die wir uns bei einem Feuer hätten retten können.

Ich habe vollkommen unterschätzt, wie stark mich mein Schlafsack wärmt. Den Faserpelz mit Mobiltelefon und Geld in den Taschen lege ich schon bald neben mich, aber auch so gibt er mir noch warm. Ich schwitze in Leggins, T-Shirt und Socken die halbe Nacht. Socken ausziehen ist bei der Enge des Schlafsacks schwierig. Ausserdem möchte ich mich wegen der Geräusche und wegen des schwankenden Betts möglichst nicht bewegen oder den Reissverschluss hin und her fahren. Es ist mir vor allem unangenehm, die oben liegende Person damit zu stören. Sie hatte nämlich bei ihrer Ankunft erfolglos versucht, in ein unteres Bett zu wechseln. Meine guten Ohrstöpsel hingegen verhelfen mir dazu, dass ich zumindest von den vielen Schnarchgeräuschen nur wenig gestört werde.

Heute war es während der Wanderung kalt und nass und ich freue mich, dass ich trotzdem gut und ohne Umwege zu meinem Übernachtungsort gekommen bin.

 ## Von Uterga nach Cirauqui

Samstag, 7.9.24: 13.9 km, 3½ h Gehzeit, ca. 15-25°

Um Viertel nach sechs erwache ich durch Nachbars Wecker. Überall im Schlafsaal ist Gewusel. Mein Nachbar auf der anderen Seite ist schon weg, ich habe davon nichts mitbekommen. Noch eine Viertelstunde bleibe ich liegen, bis ich mit meinen Morgenverrichtungen beginne. Was, wie, in welcher Reihenfolge? Also ziehe ich mich als Erstes an. Ich habe mir vorgängig überlegt, wie ich es mit dem stark dehnbaren Unterhemd machen soll und entscheide mich, es beim Bett zu versuchen: Ich schlüpfe mit Kopf und Armen in die Kopföffnung des Unterhemds, dann ziehe ich es unter dem Schlaf-Shirt bis über den Busen hoch, damit ich dann sittsam bedeckt das Schlaf-Shirt ausziehen und in die Träger des Unterhemds schlüpfen kann. Es gelingt mir wie gewünscht. Danach ziehe ich die weiteren Kleider an, die ich im Rucksack zuoberst hineingelegt habe. Als Zweites packe ich alles aus dem Rucksack aus. Ich rolle den Schlafsack zusammen und lege ihn mit den Sandalen zuunterst hinein, um ihr Gewicht nahe am Hüftgurt zu haben. Am Lavabo fülle ich die Trinkblase auf und montiere sie im Rucksack, dann lege ich das restliche Gepäck wieder hinein. Dass ich die Sandalen schon eingepackt habe, ist dann doch nicht so praktisch, weil mir der Boden in der Zwischenzeit zu nass und dreckig für die Socken geworden ist. Ich finde es aber nicht so schlimm und entscheide, es morgen einfach anders zu machen.

Frühstück ist inbegriffen und wird um Punkt 7 Uhr serviert, die Sitzplätze im Esssaal sind wieder voll besetzt. Der Tee schmeckt mir, der Toast und das trockene Ei weniger, auf den Orangensaft und das Gipfeli aus dem Plastikbeutel verzichte ich. Meinen Saft biete ich dem Herrn neben mir an, der aber darauf verzichtet, um nicht vor der nächsten eingeplanten Toilette pinkeln zu müssen. Nach 20 Minuten bin ich bereits fertig mit dem Frühstück. Ich putze mir noch die Zähne und wasche das Gesicht. Um mich abzutrocknen, benutze ich das Duschtuch. Erst danach merke ich, dass es sich zum Trocknen nicht gut aussen am Rucksack hinhängen lässt und lege es in den Zip-Beutel zurück – ungeschickt, denn es wird natürlich immer noch feucht sein, wenn ich es am Nachmittag wieder zum Duschen brauchen werde. Neben den Socken und Hosen konnten auch die Schuhe über Nacht trocknen, wofür ich dankbar bin. Um 7.30 Uhr marschiere ich als eine der Letzten los, obwohl man bis 8 Uhr abreisen könnte. Zuhause wäre es für mich um diese Zeit noch deutlich zu früh, aber in den Jakobsweg-Herbergen scheint dies normal zu sein. Besser, ich gewöhne mich daran.

Bereits nach einigen Schritten sehe ich jemanden mit Wanderstöcken und merke glücklicherweise gleich dort, dass ich meine nicht mitgenommen habe. So kann ich rasch nochmals zurück und sie holen gehen. Mir fehlt scheinbar noch eine gute Checkliste für den Aufbruch.

Der Wandertag beginnt mit einer schönen Morgenstimmung im Grünen, irgendwo unterwegs ist Sonnenaufgang über der leicht hügeligen Landschaft. Das eigene Tempo gehen und beibehalten finde ich sehr schwierig, vor allem, wenn andere ähnlich schnell sind. Nach etwas mehr als einer Stunde beginnt mich das Gewicht des Rucksacks langsamer zu machen – ähnlich wie gestern. Schon bald danach durchquere ich Puente la Reina, bis ich zur namensgebenden Brücke komme. Mein Plan: Ich mache hier Pause und trinke in einem Lokal mit Blick auf die „beeindruckende romanische Brücke"[19] einen Kaffee. Die Realität: Die Brücke ist ausserhalb des Stadttores, kein Lokal mit diesem Ausblick in Sicht und zudem finde ich die Brücke hübsch, aber nicht ausserordentlich. So gehe ich zurück und kehre in ein Café an der eher nüchternen Calle Mayor ein – mit Ausblick auf den Tresen und Mitpilgernde. Den Ort nehme ich als eine lange Strasse mit aneinandergebauten etwa dreistöckigen Steinhäusern wahr, deren Eingangstore geschlossenen sind und deren Zweck ich bis auf die wenigen kleinen Läden und Lokale nicht erkenne. Was sich alles neben der Hauptstrasse befindet, habe ich natürlich nicht gesehen.

Ortsausgangs steht eine Kirchentür offen und ich höre kurz dem schönen Gesang von Nonnen bei einer Messe zu. Weiter geht es oft auf Kieswegen über Land. Am Wegrand sehe ich unzählige Häuschenschnecken an den Stängeln von Pflanzen, die nach Anis riechen – so hübsch, dass ich viele leider unscharfe Fotos davon mache. Bald führt der Weg einen steilen, aber nicht zu langen Anstieg zwischen Büschen und Bäumen hoch, Schwitzen und Keuchen inbegriffen. Es ist der anstrengendste Abschnitt von heute. Nach dem nächsten Ort, an

---

[19] Cambriels, 2023: Legende zu Karte 15

dessen einladender Bar ich vorüber gehe, halte ich einen kurzen Schwatz mit der ersten Schweizerin, die mir auffällt. Ihr Wandergefährte „rettet" unterdessen alle Wasserschnecken aus einer Pfütze.

Erste Schweizerin getroffen

Nach kurzem Gespräch in Englisch merken wir, dass wir beide aus der Schweiz kommen, sie aus Biel. Ich erzähle auf ihre Frage hin, wie weit ich gehen möchte und wie lange ich dafür Zeit habe. Sie erwidert, die sieben Wochen würden gut reichen, um bis nach Santiago de Compostela zu kommen.
Da frage ich mich: Wie weiss sie das?

Um halb zwölf komme ich in meinem Übernachtungsort Cirauqui an, wo ich mir bis zum Check-in um 13.30 Uhr die Zeit vertreibe. Am Marktplatz setze ich mich auf eine steinerne Bank in der Arkade des Rathauses und esse den Rest meines Sandwiches aus Pamplona. Der Jakobsweg, der in Gesprächen auch einfach „Camino" genannt wird, führt hier in einem Durchgang unter dem Rathaus zum hinteren Teil des Ortes durch. Auf einem Tischchen steht ein Stempel für alle bereit, die den Ort im Pilgerpass verewigen möchten. Ich bediene mich und stemple auch den Wanderführer noch eines der letzten Male.

Pünktlich ruft der Herbergsleiter auf den grossen Vorplatz vor der Unterkunft, ob jemand bei ihm eine Übernachtung gebucht habe. Wie ich es schon kenne, erfolgt dann die Registrierung und Abklärung fürs Nachtessen (ich melde mich an und bezahle), die Anweisung um Wanderstöcke und Schuhe im Hauseingang zu deponieren und dann die Führung durchs Haus und zum Zimmer. Die Herberge ist geschmackvoll eingerichtet, die Doppelstock-Betten aus Holz und stabil. Das Bett im 8er-Zimmer kann ich selber auswählen und da ich die erste bin, sind alle noch zu haben: Ich entscheide mich für das untere am weitesten weg vom Fenster. Das Bad ist getrennt nach Geschlechtern, hat zwei Lavabos und Duschkabinen mit Klarglastüren. Von Privatsphäre sehe ich wenig, zumal die Kleider ausserhalb der Kabinen deponiert werden müssen, wenn sie nicht nass werden sollen. Es geht hier ja allen gleich, aber irgendwie ist es mir doch angenehm, dass ich während der Dusche alleine im Bad bin.

Cirauqui ist auf einem Hügel gebaut und meine Herberge befindet sich beinahe auf dem höchsten Punkt. Auf der Suche nach einem Laden gehe ich wieder abwärts. Darauf angesprochen erklärt mir ein Einheimischer, dass es im Ort keinen gibt. Stattdessen finde ich eine Bar: Ich gönne mir ein Fanta auf Genussschein.

Unter Leuten

Frisch geduscht mache ich mich auf, mein Tagebuch unter Leuten zu schreiben. Dafür suche ich mir eine Bar und finde eine, die drinnen und vor der Tür von Einheimischen gut besucht ist. In der Bar ist es laut, die Gespräche hören sich eher wie Lärm an, aber ich bin in Gesellschaft. Während ich schreibe, kehrt langsam Ruhe ein – ein Genuss. Der Barmann kommt zu mir und sagt, dass die Bar schliesst. Ich realisiere, dass es nur ruhig ist, weil alle anderen das Lokal bereits verlassen haben. Draussen kann ich noch sitzen bleiben und mein Fanta austrinken – auf dem Tisch die Bierreste der vorherigen Gäste.
Wohltuende Ruhe rundherum, aber leider alleine.

Zurück in der Herberge begegne ich neuen Gästen, die zum Teil am langen Tisch auf der Terrasse sitzen. Beispielsweise ein älterer umtriebiger Herr, der heute scheinbar weit über 40 km gewandert ist. Er fragt mich nach meiner Tagesstrecke und verliert das Interesse an mir sofort wieder, als er meine heute zurückgelegten Kilometer erfährt. Ich bin stolz, hierher gewandert zu sein, aber für ihn scheinen meine rund 14 km kein weiteres Wort wert. Ich fühle mich auf meine Tageskilometer reduziert, was mich verletzt – schliesslich hätte ich mich ja auch nicht an seinen 40 km gestört. Dieser englischsprachige Herr zeigt mir deutlich mit welcher Leistungsorientierung man auf dem Jakobsweg unterwegs sein kann. Er wendet sich von mir ab und drei Französinnen zu, wobei sie die jeweils andere Sprache kaum verstehen.

Später tausche ich mich auf Englisch ganz normal mit einem bestimmt auch weit gewanderten Mitpilger über die Sitten in Herbergen aus: Wir kennen sie beide noch nicht gut. Er fragt beim Herbergsleiter nach und ich vernehme, dass zum Beispiel der Rucksack nicht aufs Bett gestellt werden soll. Diesen Mitpilger habe ich abends ohne Schlafsack mit seinen Tageskleidern im Bett liegen sehen. Als ich morgens aufwachte, war er schon weg – ich nehme an, mit deutlich leichterem Gepäck als ich und kaum aufgestanden schon aufbruchbereit.

Um 19 Uhr gibt es in der Herberge ein feines und mit Liebe gekochtes Nachtessen. Das englisch geführte Tischgespräch ist interessant und geht weit über Tageskilometer und Beginn/Ende des eigenen Jakobswegs hinaus. Auf meine Frage hin erzählt mein Gegenüber aus Belgien, sie wolle hier herausfinden, was sie mit und in ihrem beruflichen und familiären Leben weiter tun wolle. Vor Antritt der Reise hatte sie ihre Arbeitsstelle nach 18 Jahren Anstellung gekündigt und liess ihren Mann mit den beiden Kindern im Teenager-Alter zuhause zurück. Das Gespräch berührt mich. Auch die anderen am Tisch erzählen von sich, zum Beispiel die Koreanerin, die ebenfalls ihren Job gekündigt hatte und hier wieder zur Ruhe kommen wollte. Bei mir bleibt ein Gefühl von gegenseitigem Vertrauen, eine Begegnung, wenn auch nur für kurz.

Nach dem Nachtessen ist es Zeit für das tägliche Telefon mit meiner Frau, denn den Kontakt mit ihr halten ist neben Laufen, Essen und Schlafen meine vierte Säule auf dem Jakobsweg.

Als ich ins inzwischen voll besetzte Zimmer komme, sind die meisten anderen schon im Bett. Ich trinke noch einen Kaffee auf der Terrasse und dann ab in den Schlafsack. Ab heute nehme ich Mobiltelefon und Geldbeutel in der kleinen Umhängetasche mit in den Schlafsack, wenn ich in Mehrbettzimmern übernachte – das passt für mich so und entspricht meinem Sicherheitsbedürfnis.

Von Cirauqui nach Estella

Sonntag, 8.9.24: 15.7 km, 4 h Gehzeit, ca. 15-20°

In der Herberge bin ich eine der wenigen, die frühstücken. Auf der Terrasse geniesse ich den Tee, aufgebrüht mit Wasser aus dem Getränkeautomaten. Nach 8 Uhr gehe ich los, in die Ruhe der Sonnenaufgangsstimmung. Jemand kommt schwitzend wieder zurück den Hang hinauf, weil sie ihre Wanderstöcke vergessen hat, als sie vor etwa einer halben Stunde aufgebrochen ist. Ein paar Häuser weiter sehe ich Schwalben fliegen und bestaune unter einem Dach ihre vielen Nester, jemand anders bleibt ebenfalls neben mir stehen. Nach dem Dorf geht es leicht auf und ab meistens auf Feldwegen weiter. Wieder ist es eine Herausforderung, im eigenen Tempo zu gehen. Eine Abzweigung verpasse ich – wie andere auch – und so gehe ich bestimmt zwei Zusatzkilometer auf dem Velo-Camino. Inzwischen ruft meine innere Kaffee-Stimme immer lauter. An einer Strasse entlang werde ich unsicher, ob ich noch auf dem Jakobsweg bin. Als mir dann aber ein einheimischer Velofahrer „Buen Camino" zuruft, weiss ich wieder, dass ich richtig bin. Wieder auf einem Feldweg steht am Wegrand ein Stand mit liebevoll hergerichtetem Essen: geröstetes Brot mit Öl, Käse, Trauben, Nüsse. Da greife ich doch gerne zu. Weiter vorne schneidet ein Bauer eine seiner Melonen auf und bietet sie an. Hier ist nun schon das Dorf sichtbar und mich zieht es direkt in eine der offenen Bars zu Milchkaffee, Kuchen und WC. Während meiner Rast ziehen dunkle Wolken auf. Es sieht nach heftigem Regen aus, nieselt dann aber nur hin und wieder und ich ziehe jeweils die Pelerine an – aus – an – aus. Als ich mich dem nächsten Ort nähere, habe ich etwa alle 10 Meter Mitwandernde vor und hinter mir. So bekomme ich auch Gespräche von anderen gut mit. Beispielsweise jene Frau, die die Strassenseite bereits wechselt, bevor ein Pfeil dies anzeigt – sie kennt wohl den Weg. Als jemand daneben sich über den Schlenker wundert, erklärt sie ihm, jeder Zentimeter zähle. Ihr Satz ist eingängig und gefällt mir, auch später auf dieser Reise werde ich ihn immer einmal wieder denken, wenn irgendwo zum Beispiel bei einer Kurve ein paar Zentimeter eingespart werden können.

Ich realisiere, dass ich die Geschwindigkeit von Überholenden annehme und gebe mir etwas Ähnliches wie ein Timeout bei der Einsiedelei San Miguel, dem Nachfolgebau eines Klosters aus dem 10./11. Jahrhundert, wie ich dem in die Jahre gekommenen Schild entnehme. Die Kirche ist nur vielleicht 100 m vom Camino entfernt, aber ich bin sofort beinahe alleine. Sie ist das einzige Gebäude der früheren Anlage, das ich sehe: stabil, schmucklos, kaum Lichtöffnungen, als Inneneinrichtung ein einfacher Altartisch. Als ich zurück auf den Weg komme, habe ich andere Menschen als vorher um mich herum und kann wieder neu versuchen, mein Tempo zu gehen.

Eingangs Estella führt der Weg an der Kirche Santo Sepulcro vorbei, deren Aussenfassade auf der Wegseite eindrücklich mit Statuen verziert ist. Um in der weitläufigen Stadt in der Altstadt zu meinem Hostel zu gelangen, benutze ich die Karten und Routen meiner Unterkunftsbuchungs-App und der Mobiltelefon-Navigation. Es klappt gut und ich nehme diese Art der Suche in mein Repertoire für Orte auf, in denen ich nicht direkt an meiner Unterkunft vorbeilaufe oder sie mit Wegweisern finden kann.

Es ist erst halb eins, aber der Check-in ist schon möglich. Mein Hostel wird eher wie ein Hotel geführt: Es gibt einen Empfang, wo ich die nötigen Informationen und den Einweg-Bettanzugs für Matratze und Kopfkissen erhalte. Vor mir checkt mein Gegenüber vom gestrigen

Nachtessen ein und wir vereinbaren, das Gepäck aufs Zimmer zu stellen und dann gemeinsam im Aussenbereich der Hotelbar etwas zu Mittag zu essen. Der frittierte panierte Tintenfisch schmeckt mir besser als ihr und mit Brot – es sind leider keine Kartoffeln erhältlich – wird immerhin eine kleine Mahlzeit daraus.

In Estella[20] lege ich einen Besichtigungstag ein. Deshalb übernachte ich zweimal im Hostel, die erste Nacht im Mehrbettzimmer, die zweite alleine in einem grosszügigen Doppelzimmer. Es ist leider auch vor Ort nicht möglich, für die erste Nacht auf ein Doppelzimmer zu wechseln, denn sie sind vollkommen ausgebucht. Wieder im Zimmer beziehe ich das Bett mit Vlies-Fixleintuch und Vlies-Kissenanzug und gehe Duschen. Es ist zum Geniessen: Ich bin noch alleine, habe das ganze Bad für mich und alles ist frisch gereinigt.

Das Hostel bietet uns Gästen eine Küche mit Esszimmer an, die mir einen tipptoppen Eindruck machen. Deshalb gehe ich auf einen ersten Stadtspaziergang und kaufe für ein kleines, selbst gekochtes Nachtessen ein. Klein, weil Sonntag ist und ich zuerst nur einen kleinen Laden mit rudimentärem Angebot finde. Auch sonst ist vieles geschlossen: Tourismusinformation, Kirche San Miguel, die ich nur umrunden kann, weitere Kirchen, das Museum, später sogar auch die Bar des Hostels. Das Museum im Palast der Könige von Navarra hat auch morgen Montag geschlossen, was ich bedaure, denn ich hatte mich auf diesen Besuch gefreut. Meine Etappenplanung habe ich nicht auf die Wochentage abgestimmt, aber jetzt wird mir bewusst, dass Montag als Besichtigungstag nicht ideal ist, da Sehenswürdigkeiten dann oft ihren Ruhetag haben.

Von zuhause aus hatte ich die zehn Übernachtungen bis Villamayor de Monjardin plus Logroño geplant und reserviert/gebucht. Für die 50 km Wanderstrecke zwischen Estella und Logroño habe ich zuhause vier Tage eingeplant. Inzwischen bin ich drei Tage gewandert und habe die

---

[20] Quellen zu Estella

Tageskilometer gut bewältigen können. Deshalb entscheide ich mich, meine Übernachtungen in Logroño um einen Tag vorzuverschieben.

Auf der übersichtlichen Streckentabelle meines Wanderführers (hier schematisch dargestellt) suche ich mir einen Ort möglichst in der Mitte zwischen Villamayor de Monjardin und Logroño, um dann dort ein Bett oder Zimmer zu suchen. In meiner Unterkunftsbuchungs-App finde ich in Sansol ein Bett in einem Hostel mit guter Bewertung. Damit kann ich die Gesamtstrecke auf zwei Tagesetappen von 19 und 21 km aufteilen. Im Führer markiere ich den Ort mit einem „H", das verhilft mir mit der Zeit zu einer raschen Einschätzung der Streckenlänge, wenn ich den kommenden Tag vorbereite. Zudem führe ich eine Liste mit den Unterkünften, um im Überblick zu behalten, wo ich wann bin, ob Zimmer oder Bett, mit Frühstück oder ohne, wie ich gebucht habe, was es kostet, ob schon bezahlt ist und wann

die Ein-/Auscheckzeiten sind. Es ist ein ganz einfaches System auf Papier, das für mich gut funktioniert und mir hilft, bei den Buchungen das richtige Datum anzugeben.

Ich schaue mir heute aber auch eine der Camino-Apps an, die mir eine Mitwanderin empfiehlt. Obwohl ich Gewicht reduzieren könnte, wenn ich meine Planung auf dem Mobiltelefon weiterführen würde, entscheide ich mich dagegen. Ich vermisse in der App die Übersichtlichkeit meiner Papier-Variante.

Als Nachtessen koche ich mir in der Gästeküche Tomatenragout mit Teigwaren und Reibkäse, was ich an einem schönen Tisch im Essbereich geniesse. Danach gebe ich mir einen Ruck und gehe auf ein Glas Wein mit Aussicht nochmals los, statt mich bereits um 19 Uhr ins Bett zu legen. Auf der Plaza de los Fueros, dem Hauptplatz in der Altstadt, setze ich mich an einen Tisch mit Sicht auf die grosse Kirche San Juan und schaue dem Treiben zu. Der Wein kommt aus der Gegend und ist gut, gehört aber noch nicht zu meinen Lieblingen – da werde ich das nächste Mal wieder einen anderen probieren. Als es langsam eindunkelt und kühler wird, gehe ich retour ins Hostel und lege mich in den Schlafsack. Für einmal gibt es mehrere andere, die erst deutlich später ins Bett gehen. Ich nehme an, sie haben in einem Restaurant mit spanischen Nachtessenszeiten gegessen.

Estella

Ausschlafen geht schlecht, denn ich erwache, als die anderen frühmorgens aufbrechen. So mache ich es mir bald einmal mit einem ausgiebigen Frühstück im Esssaal bequem. Danach muss ich im Hostel auschecken und kann erst am Nachmittag wieder einchecken, aber ich kann immerhin den Rucksack beim Empfang deponieren.

Die Tourismusinformation im schön restaurierten ehemaligen Bahnhofsgebäude ist nun geöffnet und ich erhalte einen Stadtplan und Informationen über meine heute möglichen Unternehmungen. Zuerst gehe ich über den Fluss zum älteren Jakobsweg-Stadtteil mit den diversen Herbergen, nochmals zur Kirche Santo Sepulcro und hinauf zur Judería, dem ehemals jüdischen Stadtviertel – ich nehme es als ehemalige Burg wahr, umgebaut und heute als Altersheim genutzt. Zum wiederholten Mal fällt mir an einer Türe eine Distel-Dekoration auf. Ich mache ein Foto und ein Vorbeigehender erklärt mir, es handle sich um die Blume Navarras. Wieder zurück am Palast der Könige von Navarra gehe ich die Treppe zur Kirche San Pedro hoch, als sie um 10 Uhr öffnet.

Sie ist mir schon gestern aufgefallen, ein Blickfang, mir diesem Treppenzugang und der prächtigen Fassade. Nach einem langsamen Rundgang halte ich einen kurzen Schwatz mit der Aufseherin: „Turista?" – „Sî" – „Peregrina?" – „Sî". Danach möchte sie mir aus lauter Freude einen Stempel in den Pilgerpass machen, was möglich ist, weil ich ihn für allfällig vergünstigte Eintritte bei mir trage. Zuerst zögere ich, aber schliesslich spielt es ja keine Rolle, dass ich dann zwei Stempel vom selben Ort habe. Von sich aus beschreibt sie mir noch, wie ich hinter der Kirche in den gepflegten Klosterinnenhof komme – ein Ort der Ruhe und Kraft für müde Pilgernde oder im Moment auch für mich.

Anschliessend gönne ich mir eine kurze Kaffeepause und gehe dann zu einem Anlass, der um 11 Uhr beginnen soll. Auf einem Plakat habe ich Werbung für Konzerte gesehen und zusammen mit der Angestellten der Tourismusinformation die Veranstaltungen des Tages durchgeschaut. Sie meinte, es würde sich um eine Ausstellung handeln. An der angegebenen Adresse gehe ich gespannt hinter einigen Älteren mit Rollatoren und in Rollstühlen her in ein grösseres Haus mit Innenhof. Es ist ein Kulturzentrum und die Veranstaltung entpuppt sich als Konzert im Rahmen einer Mittelalter-Musikwoche. Die beiden internationalen Kleinformationen begeistern mich mit Musik und Gesang: ein tolles Konzert. Im kurzen Gespräch mit der einen armenisch-stämmigen Musikerin aus New York erfahre ich, dass sie einige Zeit in Basel gelebt hatte. Spannend.

Anschliessend beziehe ich an einem Bankomaten Bargeld und bin erleichtert, dass es hier in Spanien klappt – anders noch als vor ein paar Monaten in den Sommerferien. Das zugehörige Bankkonto habe ich erst im letzten Frühling eröffnet, als ich ein gutes Wechselkurs-Spesen-Verhältnis für Zahlungen und Bargeldbezug im Ausland suchte. (Kontaktlos) bezahlt habe ich auf meiner Reise bereits damit und nun auch Bargeld erhalten: Alles klappt nach Wunsch.

Zurück im Hotel kann ich nun mein Einzelzimmer beziehen. Ein richtiger Luxus gegenüber den Mehrbettzimmern, mit seiner Grösse und dem eigenen Bad. Das Hotel verfügt über eine Gäste-Waschmaschine und so wasche ich meine Kleider mit der vorher gekauften Grosspackung Waschmittel - Kleinportionen waren nicht im Angebot. Ich lasse die Flasche stehen für die nächsten, die kein Mittel dabei haben. Als Mittagessen koche ich mir Pasta mit Champignon-Rahm-Sauce, was mir schmeckt und zudem Gemüse enthält. Zum Dessert gibt es ein Caramelköpfli.

Bevor ich wieder in die Stadt gehe, buche ich die auf Logroño folgenden zwei Unterkünfte (Ventosa und Azofra). Damit habe ich nun wieder für sechs Übernachtungen ab hier vorgesorgt.

Mein Nachmittagsrundgang führt mich hinauf zur Basilika Nuestra Señora del Puy, einem unerwartet modernen Bau von 1954, der mir wie gemacht für Gläubige scheint. Bevor ich zum Hostel zurück schlendere, schaue ich von der Aussichtsplattform aus, wo ich auf dem Jakobsweg hergekommen bin und wohin ich morgen gehen werde.

Meine restlichen Teigwaren koche ich mit Sauce für das Nachtessen und pur als Picknick für morgen. Von Pasta habe ich für die nächste Zeit genug gehabt, aber ich möchte die Küche noch ausnützen. Schliesslich weiss ich nicht, ob und wann mir wieder eine Küche zur Verfügung stehen wird. Ausserdem muss ich mich nicht um Öffnungszeiten von Gaststätten kümmern, wenn ich selber koche. Beim Essen sehe ich an Nachbarstischen verschiedenen interessante Menüs, zum Beispiel ein Viererpack Caramel-Creme als Nachtessen oder zu zweit ein Sechserpack gekochte Eier. Eine chinesische Frau fällt mir besonders auf: sie kocht für ihren Mann im Wasser gebrühte Pouletflügel und diverse weitere Gerichte, von denen die beiden dann kaum etwas essen, weil es viel zu viel ist.

Ich entdecke nun auch Löcher in den Leggins, die ich heute getragen habe und setze sie auf die Einkaufsliste. Auch meine feinen Ärmlinge haben Laufmaschen von den Klettverschlüssen, aber damit kann ich leben.

Von Estella nach Villamayor de Monjardin

Dienstag, 10.9.24: 8.9 km, 2½ h Gehzeit, ca. 15-20°

Heute hindern mich weder Check-out-Zeit noch Geräusche um das Bett herum noch eine lange Tagesetappe daran, in meinem Einzelzimmer bis 9 Uhr auszuschlafen. Nach einem friedlichen Frühstück im Zimmer wandere ich um 10 Uhr los, heute ausnahmsweise mit leichten Anlaufschwierigkeiten: schwere Füsse. Nach rund einer halben Stunde nehme ich die gut ausgeschilderte Alternativroute zum Weinbrunnen von Irache. Wie einige andere auch bediene ich mich am Zapfhahn der Bodegas Irache mit Rotwein. Das Paar vor mir lässt ihn in ihre Jakobsmuscheln fliessen und schlürft ihn daraus. Da es für mich für Alkohol noch zu früh am Tag ist, fülle ich für später ein wenig in meine Pet-Flasche ab. Ich finde es äusserst grosszügig von diesem Weinproduzenten, einen Weinbrunnen zu unterhalten. Schliesslich gehören wir Menschen auf dem Jakobsweg sicherlich nicht zu den Grosseinkäufer:innen und die unzähligen Ausländer:innen werden auch in Läden zuhause diesen Wein kaum kaufen können.

Das Kloster Irache daneben ist gross und ich hätte es gerne angeschaut, aber leider sehe ich keinen Besuchseingang. Später finde ich heraus, dass es wohl doch nicht geschlossen gewesen wäre.

Nach dem Kloster geht es bald einmal durch einen Wald und irgendwann fällt mir auf, dass ich hier zum ersten Mal für etwa eine halbe Stunde niemand anderen gesehen habe. Auch auf diesem Streckenabschnitt fallen mir immer wieder Wasserhähne auf, die bei Rastplätzen oder einfach so am Wegrand bereit stehen, damit wir Pilgernden unseren Trinkwasservorrat auffüllen können. Eigentlich eine unglaubliche Dienstleistung.

Schon von weitem sehe ich mein heutiges Ziel, einen Hügel, langsam näher kommen. Vor dem letzten halbstündigen Anstieg kehre ich bei René's Bar zu einer friedlichen Kaffeepause ein. Ich muss dann nicht ganz bis zur Burg auf der Spitze des Hügels hinauf, denn das Dorf und damit auch meine Unterkunft sind weiter unten am Hang. Im Nachhinein sehe ich dies auch auf meiner Karte, aber ich habe mir für heute eher gemerkt, dass es am Schluss hinauf geht – immerhin: lieber so, als noch den Restanstieg bewältigen zu müssen. Gleich bei Ankunft um 13 Uhr kann ich in der Herberge einchecken, das Nachtessen buchen, bekomme die sanitären und weiteren Einrichtungen des Hauses gezeigt, beziehe das Bett mit den Einweg-Bezügen und nehme eine Dusche. In der Bar am Hauptplatz kaufe ich nach geduldiger Wartezeit ein Fanta, mit dem ich meinen Irache-Wein zu einem „Tinto de verano" mische. Zusammen mit meinen Teigwaren „sin nada" aus dem Plastiksäckchen ergibt das ein sehr einfaches Mittagessen, das ich auf einer Bank am Dorfplatz zu mir nehme. Nicht schlecht, vor allem das Getränk, denn pur hatte der Wein zu viel Säure für mich.

Bis zum Abendessen beschäftige ich mich mit Reiseblog und Tagebuch schreiben, Kaffee trinken, lesen und mit zuhause telefonieren. Solange es geht, bin ich draussen in der Sonne und suche dafür immer wieder einen anderen, weniger kalten Sitzplatz.

Im Eingang der Herberge fällt mir ein Schemel mit Werbung auf. Bei genauerem Hinsehen wird mir klar, dass es sich um den Gepäcktransport auf dem Jakobsweg geht. Wie ich auch später immer wieder sehe, kann der Rucksack für 6 Euro unkompliziert von Unterkunft zu Unterkunft transportiert werden. Es stehen mehrere Anbieter zur Auswahl, bei denen man den Transport bei Bedarf über Internet anmelden kann. Eine Etikette mit persönlichen Angaben wird am Gepäck befestigt und dieses im gut zugänglichen Eingangsbereich der Unterkunft deponiert. Wenn man bei der neuen Unterkunft ankommt, ist der Rucksack dann meistens schon da, wie mir Mitwandernde erzählen, die sehr zufrieden mit dieser Dienstleistung sind. Ich höre auf meiner ganzen Reise von keinem Diebstahl und an den kleinen Rucksäcken oder Täschchen der Wandernden unterwegs sehe ich, dass dieser Transport wohl häufig benutzt wird.

Um 19 Uhr ist es dann Zeit für das feine Pilgernachtessen in der Herberge: Zucchetti-Suppe, gebratene Kartoffeln mit Würstchen und Spiegelei und als baskisches Dessert eine Hartkäse-Scheibe (Muh und Mäh) mit Quittenkonfitüre-Belag und Baumnüssen. Dazu wird Wasser und ein Rotwein namens „Viñedos Peregrinos" eines lokalen Produzenten serviert – vom Namen her ungemein passend für uns Pilgernde. Die Gastwirtin ist sichtlich erfreut, dass es uns so gut schmeckt. Wir sitzen als zusammengewürfelte Gesellschaft an einem langen Tisch und unterhalten uns mehrheitlich in Englisch, aber auch Französisch. Mir gegenüber sitzen zwei Norditaliener, von denen der eine dem anderen Teile des Tischgesprächs übersetzt. Am anderen Ende des Tisches sitzt eine Dänin und erzählt unter anderem von ihren Knieschmerzen, von denen sie mir schon am Nachmittag berichtet hat. Jemand macht ein Foto von der Tischrunde, das auf Wunsch auf die anderen Mobiltelefone übertragen wird und bald danach gehe ich nach oben ins Zimmer.

Den Wecker stelle ich auf 6.40 Uhr, da bis um 8 Uhr Check-out ist. Nach der Abendtoilette lege ich mich in den Schlafsack und lese, bis ich mich etwa um 21 Uhr zur Trennwand drehe, um zu schlafen.

Nie mit Knieschmerzen gerechnet

Nirgends habe sie von Knieschmerzen gelesen, erzählt die Dänin um die 40 der Tischgesellschaft. Dabei habe sie alle möglichen Bücher über den Jakobsweg gelesen. Zum ersten Mal in ihrem Leben habe sie Knieschmerzen und hätte nie damit gerechnet, sie sei vollkommen überrascht davon. Von dieser Möglichkeit müsse man doch wissen. Sie wolle ein Buch darüber schreiben, damit es niemandem mehr so gehen müsse wie ihr. Gemäss einer lokalen Fachperson sollte der Schmerz inzwischen bereits wieder weg sein, aber es tue immer noch weh.

Dies erzählt sie etwa 5 Tage nach ihrer ersten Jakobsweg-Etappe ab Saint Jean Pied de Port (rund 25 km/1340 hm hinauf/580 hm hinab), gefolgt von Tag 2 (etwa 21 km/300 hm hinauf/700 hm hinab). Auf der 1. Etappe hatte sie Sturm und viel Regen, sogar ihre Pelerine wurde weggewindet und es war kalt. Nach dieser Etappe kam der Schmerz. Sie liess sich medizinisch versorgen und trug daraufhin eine Kniebandage.

Bei ihrer Erzählung kann ich nur staunen. Die Erfahrung von Auf- und Abstiegen bei einer Wanderung scheint ihr zu fehlen und entsprechende Bergwander-Informationen sind scheinbar nicht zu ihr gelangt. Auch ihr Vorstellungsvermögen, ihre Lebenserfahrung oder eine realistische Selbsteinschätzung haben sie nicht auf die Idee gebracht, dass diese Anstrengung der ersten Etappen eine solche Auswirkung auf ihren Körper haben könnte. Mich erstaunt eher, dass sie im bisherigen Leben noch nie Knieschmerzen hatte. Für mich ist einfach klar, dass eine ungewohnte und starke Belastung körperliche Auswirkungen haben kann.

Damit es schon einmal in einem Buch steht, schreibe ich es hier ganz deutlich.

Achtung: Wandern kann Knieschmerzen verursachen!

Auf- und Abstiege können Knieschmerzen verursachen, umso mehr in Kombination mit ungewohnt langen Distanzen. Gewicht, sei es der eigene Körper oder auch der Rucksack, belasten vor allem beim Abstieg besonders auch die Knie.

Ausserdem zu bedenken: Schonung kann bei der Heilung helfen, weitere Belastung gemäss meiner Erfahrung als TCM-Therapeutin eher weniger. Übrigens: Mir fallen auf dem Camino häufig Kniebandagen aller Art auf.

Harte Wanderung

Mein Sitznachbar Patrick aus Irland fragt mich beim Nachtessen, ob ich denn die Etappen gut wandern könne. Ich bejahe, denn meine Tageskilometer kann ich mit Freude bewältigen. Er hingegen empfindet die Wanderung als hart. Er geht die Standardetappen von 20-40 Tageskilometern, wie sie in Wanderführern, auf diversen Jakobsweg-Webseiten oder bei Internet-Planern von Outdoor-Aktivitäten als normal beschrieben werden. Er hat sich wohl vorgängig auch nicht überlegt, ob es für ihn so passt. Auch jetzt, wo es hart für ihn ist, scheint er keine Alternative zu sehen. Macht man es einfach so, weil es als Normalität vermittelt wird?

Von Villamayor de Monjardin nach Sansol

Mittwoch, 11.9.24: 18.6 km, 4¼ h Gehzeit, ca. 15-19°

Am Morgen ziehe ich mich an, gehe zur Toilette, lüfte den Schlafsack und nehme währenddessen in der Wohnküche mein Frühstück ein. Ich könne mir selber Wasser aufkochen, hat die Gastwirtin Ana gestern gesagt, die sich mit der Anrede Señora zu alt vorkommt. Auf dem Tisch stehen auch Frühstückstüten bereit für jene, die ein Morgenessen bestellt haben. Danach gehe ich ins Bad, koordiniere das Packen mit dem Spanier, der über mir geschlafen hat und ebenfalls mein Bett zum Packen braucht, gehe nochmals kurz aufs Klo und marschiere dann los.

Heute habe ich mit etwa fünf Stunden Gehzeit gemäss Wanderführer eine lange Etappe vor mir. Ausserdem werden etwa drei Stunden bis zur ersten Einkehrmöglichkeit angegeben. Immerhin kann ich gemessen an den bisherigen Etappen damit rechnen, dass ich die Strecke in dieser Zeit schaffen werde.

Der Camino führt meist auf Feldwegen über leicht hügeliges Land. Neben einem Staudenstreifen beginnen landwirtschaftlich genutzte Felder, die durch Büsche abgegrenzt sind. Es gefällt mir, in der schönen Morgenstimmung durch diese Landschaft zu gehen, mal mit mehr Bewölkung, mal mit ein wenig Sonne. Nur die Temperatur ist mir zu niedrig und auch wegen des Windes hätte ich gerne mindestens fünf Grad wärmer. Andere fühlen sich jedoch sehr wohl damit.

Vom Randstein einer kleinen Brücke her winkt mich Melody, eine südkoreanische Bekanntschaft aus der letzten Herberge, zu sich. Ich setze mich für eine Weile zu ihr und wir plaudern ein wenig. Schön zu sehen, wie sie vor Freude strahlt, trotz ihrer eingebundenen Knie.

Als einmal höhere Sträucher den Wegrand säumen, sehe ich viele kleine Vögel auf den Ästen sitzen. Ich gehe näher und will sie genauer anschauen, da fliegen sie auf und setzen sich auf einen Strauch weiter vorne. Dieses Spiel wiederholen wir noch ein paarmal, bis die Sträucher enden und die Vögel davonfliegen. So haben sie mich einen kurzen Teil meines Jakobswegs begleitet und mir damit das Herz leicht gemacht.

Tatsächlich bin ich schon nach gut 2½ Stunden bei der ersten und einzigen am Weg liegenden Bar in der Ortschaft Los Arcos. Die zurückgelegte Strecke fühlt sich schon nach grosser Leistung an und ein kleiner Hunger meldet sich, weshalb ich zusätzlich zum Milchkaffee ein Sandwich und ein Madelaine bestelle. Hier sehe ich auch einige Mitwandernde aus der letzten Unterkunft wieder und freue mich, irgendwie jemanden zu kennen.

Entlang der Strasse zum Hauptplatz sind mir mit Gittern und Brettern verstärkte Haustüren aufgefallen. Ich habe mich gefragt, ob hier wohl gegen Einbrüche vorgesorgt wird. Während ich in der Bar sitze, laden Gemeindearbeiter herumstehende Holzgatter auf ihren Transporter und allmählich begreife ich den Zusammenhang mit den Türverstärkungen. Nicht nur in Pamplona, sondern auch hier in Los Arcos gibt es einen Stierlauf. Gemäss kaum verstandener Auskunft der Barfrauen und ergänzenden Online-Informationen wird hier im August ein mehrtägiges Fest für die Stadtpatrone gefeiert, bei dem Stiere – gemäss Barfrau jedoch nicht „Toros" – durch die Strassen getrieben werden.

Auch nach der Ortschaft geht es auf Feldwegen weiter über Land. Irgendwo sehe ich linkerhand eine Schafherde, die von zwei Hirten mit Hilfe einiger Hunde in meine Richtung getrieben wird. Es sieht idyllisch aus, aber wie würden sich wohl die Hunde mir gegenüber verhalten? Vor mir sehe ich einen anderen Wanderer, den die Hunde nicht bedrängen und so schaue ich in relativer Ruhe zu, wie die Herde mir entgegen kommt. Weiter vorne sehe ich einen der Hirten rechts auf dem Feld etwas holen. Sein Hund bleibt still und wachsam sitzen, als ich an ihm vorbei gehe.

Was Tiere angeht, hätte ich ab Pamplona eigentlich Stierherden auf Weiden erwartet, aber von denen sehe ich keine.

Von den insgesamt rund 7 km oder 1½ Stunden von der Pause bis zu meinem Übernachtungsort Sansol ist eigentlich nur der letzte Kilometer ein wenig zäh, weil er auf Asphalt und ansteigend ist. In diesem kleinen Ort habe ich zum ersten Mal auf meiner Reise Mühe, die Unterkunft zu finden. Die Ortung per Mobiltelefon funktioniert nicht und es gibt auch keine Strassennamen oder Wegweiser, die ich sehen würde. Einheimische wie der Ladenbesitzer ca. 50 m entfernt oder ein späterer Gast der Bar kennen den Namen meiner Herberge nicht, aber sie schicken mich einfach zur nächsten Unterkunft. Als ich dort eintrete, erkenne ich anhand der Buchungsfotos, dass ich hier richtig bin. Der Besitzer meint jedoch, ob ich nicht eher in einer anderen Unterkunft mit ähnlichem Namen gebucht hätte. Auch gegenüber dem anderen schon anwesenden Gast äussert er sich so. Ich bin irritiert und hätte angemessener gefunden, wenn er uns nach unseren Namen gefragt und nachgeschaut hätte.

Irgendwann ist dann seine Zeit für Check-in gekommen und wir können die Formalitäten erledigen, schön in Reihenfolge der Ankunft. Es ist nicht möglich, das Nachtessen mit Karte zu bezahlen, obwohl die Zahlstation direkt vor mir auf dem Tresen liegt. Zu WIFI gibt er keine Angaben und es hängt auch keine Information wie sonst üblich an der Zimmertür. Den Internetzugang muss ich später extra bei ihm abklären gehen. Der absolute Tiefpunkt ist jedoch, dass es beim Duschen nur Kaltwasser gibt. Leider realisiere ich es erst, als ich schon nass bin und dusche dann halt kalt. Als ich dem Besitzer das Kaltwasser melde, bin ich erstaunt, dass er sich nicht einmal dafür entschuldigt. Später hat er dann Erklärungen über einen Defekt für mich und dankt mir – es ist mir unklar, was ich davon halten soll. Der andere Gast duscht ebenfalls kalt und kann sich danach sogar im Schlafsack und mit Wolldecken zugedeckt über Stunden kaum mehr aufwärmen. Auch mir ist bis zum Nachtessen kalt, denn im Haus drin ist es kalt und die Kälte steckt auch in den Mauern des Gebäudes. Der Schlafsaal mit 24 Betten befindet sich über dem Restaurant. Der Raum kommt mir wie eine ehemalige kleine Scheune vor. Über eine Treppe kommt man vom Restaurant hoch, zusätzlich gibt es jedoch auch ein grosses undichtes Holztor als direkten

Eingang von Draussen. Immerhin bekommen wir die besten zwei Betten zugewiesen, da wir die ersten Gäste sind: unten und zuhinterst in der Ecke, am weitesten von Tor und Fenstern entfernt.

Trotz der heutigen langen Wanderstrecke fühle ich mich gut und im Moment tut mir nichts weh. Ich bin zügig vorwärts gekommen und bereits vor 13 Uhr bei der Unterkunft eingetroffen.

Im kleinen Laden kann ich knapp vor Ladenschluss ein Fanta und nach einfachster Beratung auch eine beliebte Snackmischung kaufen. Ich setze mich damit an einen der wenigen Tische, die vor dem Laden stehen. Eine Koreanerin wendet sich dann einfach an mich, als der Laden zu ist. Sie braucht Münzen für die Waschmaschine und ich erhalte im Gegenzug einen kleinen koreanischen Notenschein von ihr.

Später, wieder in der Herberge, setze ich mich an einen Tisch im Restaurant-Bereich, um Tagebuch zu schreiben. Ich bekomme Gesellschaft und werde ich von einem älteren Einheimischen in ein Gespräch verwickelt, das sich von Small Talk bald einmal zu einem Verkupplungsversuch mit einem spanischen Pilger entwickelt - sogar Tapas werden offeriert. Ich sage deutlich, dass ich kein Interesse habe und verabschiede mich. Muss ich jetzt Bedenken wegen eines Übergriffs im Schlafsaal haben? Ich gehe davon aus, dass hier die Anwesenheit der anderen 22 Pilgernden den nötigen Schutz gäbe, sollte der wohl interessierte Pilger mir zu nahe kommen wollen.

Als Hauptgang des Nachtessens gibt es eine Paella in der grossen Pfanne. Das Kochen wird im Esssaal zelebriert und wäre toll zum Miterleben gewesen, hätte ich nicht schon deutlichen Hunger gehabt. Wir bekommen als Vorspeise Salat, dann die Paella und als Dessert Schwarzwälder Torte. Dazu gibt es Wasser und Wein. Das Essen schmeckt mir, die Tischgespräche sind vielfältig und die Portionen gross. Ich unterhalte mich längere Zeit mit meinem Sitznachbarn aus Taiwan und erfahre unter anderem, dass er durch den Film „The Way" auf den Jakobsweg aufmerksam geworden ist. Auch das Paar aus den USA vis-à-vis kennt den Film und es wird wieder einmal deutlich, wie länderübergreifend wir uns heutzutage informieren können. Auf meiner anderen Seite erzählt eine junge Slowakin, sie habe starke Knieschmerzen und sei deshalb mit dem Bus nach Sansol gereist. Obwohl ihr Rückreisetermin offen sei, wolle sie in etwa 30 Tagen in Santiago de Compostela sein. Morgen wolle sie wieder zu Fuss weitergehen.

Meine Nacht ist sehr unruhig, denn der Franzose im Bett über mir bewegt sich viel und hustet stark. Ich hoffe, dass ich mir – so direkt unter ihm – nichts einfange. Mein Schlafsack gibt mir auch ohne Wolldecke und nur mit leichter Bekleidung immer noch genügend warm.

 # Von Sansol nach Logroño

Donnerstag, 12.9.24: 22.2 km, 5¾ h Gehzeit, ca. 15-18°

Schon um 6.15 Uhr weckt mich ein fremder Wecker. Da ich nicht mehr schlafen kann, stehe ich auf und mache mich wie üblich bereit für den Wandertag. Im Wanderführer schaue ich mir nochmals die Strecke an: Ortschaften, Auf- und Abstiege, Distanzen, Sehenswürdigkeiten. Die heutige Etappe wird wiederum länger als gestern, gemäss Wanderführer insgesamt etwas über sechs Stunden und gut drei Stunden bis zum ersten Kaffee. Morgen folgt dann ein Besichtigungstag, an dem ich mich vom Wandern erholen kann.

Schon einen knappen Kilometer nach Sansol komme ich durch das Nachbarsdorf Torres del Río, das mir für ein nächstes Mal um einiges besser als Übernachtungsort gefallen würde. Der Weg führt weiter durch leicht hügeliges Gebiet und Agrarland. Die unterschiedliche Bepflanzung der Felder sieht wie ein Mosaik aus, das sich stetig ändert. Vogelschwärme fliegen vorüber und ich frage mich, ob es für sie bald Zeit für den Flug Richtung Süden ist. Vor mir humpelt jemand stark und bleibt dann stehen. Es ist die Slowakin vom Abend zuvor, die für mich auch heute eher nach Bus oder Taxi aussieht. Bei einem leeren Rastplatz steht ein Baum, der mit vielen farbigen Bändern und Flaggen behängt ist

– ein Ort für Pilgernde, ein Ort voller hinterlassener Wünsche und Gedanken.

Ich habe mich auf den dreistündigen Marsch bis zur ersten Pause eingestellt und staune, als ich schon nach etwa zwei Stunden irgendwo im Nirgendwo neben einem Picknickplatz einen Camper mit Getränke- und Snack-Service sehe. Das gefällt mir so gut, dass ich für einen Milchkaffee anstehe und als Betrag, den ich frei wählen kann, den üblichen Preis aufrunde. Während dieser Pause überholen mich einige, die ich in den letzten zwei Tagen kennen gelernt habe. Als ich nach meiner Pause weitergehe, schliesse ich erneut zu ihnen auf. So sehe ich die beiden Italiener von der Herberge in Villamayor wieder und wir unterhalten uns über die vergangene Übernachtung. Auch Melody treffe ich wieder, ihre Schritte sehen äusserst mühevoll aus. Auf meine Frage hin antwortet sie, ihre ganzen Beine mitsamt allen Gelenken würden schmerzen. Im nächsten Ort will sie nochmals bei einer Apotheke oder Ärzt:in vorbei, um danach zu entscheiden, wie und ob der Jakobsweg für sie weitergeht.

Im Städtchen Viana, meinem eingeplanten Pausenort, führt der Weg wie schon gewohnt mitten durch die Altstadt. Auf dem Rathausplatz sind Tribünen um eine temporäre Stierkampfarena herum aufgebaut und auch Türschutzeinrichtungen und Holzabschrankungen säumen die schmale Calle Mayor. Demnach wird also auch hier ein Stierlauf veranstaltet. Im Zentrum kann ich aus mehreren Cafés und Bars auswählen und sehe Läden und mehrere Unterkünfte: Hier hätte es mir sicher auch gut zum Übernachten gefallen. Als ich den Ort verlassen will, muss ich auf einem Platz kurz die Camino-Wegweiser-Pfeile suchen. Kaum stehen geblieben, rufen mir Mitpilger von ihrer Picknick-Bank her zu, wo ich hin muss. Ich bin also auf keinen Fall alleine oder verloren auf meinem Jakobsweg.

Heute Morgen habe ich die Langarm-Wanderbluse getragen, aber bisher nicht genügend warm bekommen. Deshalb ziehe ich nach der Kaffeepause zusätzlich die Regenjacke an. Doch schon nach etwa zehn

Minuten bin ich am Schwitzen, denn inzwischen windet es weniger und es ist wärmer geworden. Also ziehe ich die Jacke wieder aus und meine Bekleidung passt dann für den Rest der Strecke. Normalerweise ziehe ich morgens nur die Wanderkleider ohne zusätzliche Jacke an. So habe ich zu Beginn eine kurze Zeit frisch, aber wenn ich auf Wander-Betriebstemperatur bin, ist es mir wohl damit. Mit Jacke würde ich schon bald mehr schwitzen, als mir angenehm wäre und hätte unvorteilhaft feuchte Kleider, wenn ich die Jacke dann ausziehen würde.

Für einen ähnlich kühlen Tag wie heute hätte ich gerne ein zusätzliches leichtes Kleidungsstück zu Wanderbluse mit Unterhemd, deshalb setze ich ein Kurzarm-T-Shirt auf meine Einkaufsliste: nach Möglichkeit leicht, schnell trocknend und wenig Wasser aufsaugend.

Etwa eine Stunde vor meinem Übernachtungsort Logroño verlasse ich theoretisch die Provinz und autonome Gemeinschaft Navarra und komme in die Provinz und autonome Gemeinschaft La Rioja. Praktisch merke ich jedoch kaum etwas davon.

In der Stadt Logroño finde ich nur wenige Jakobsweg-Markierungen und sie führen mich auch überhaupt nicht zur Kathedrale, wo ich hin möchte. Deshalb setze ich wieder auf das inzwischen bewährte Mobiltelefon-Routing. Auf einer Bank mit Sicht auf die grosse Plaza del Mercado und die Fassade der Kathedrale picknicke ich ein Pack Vollkorncracker, das ich als Notfallverpflegung von zuhause mitgenommen habe. Über Jahrzehnte trug ich ein solches Pack in der Handtasche mit mir herum, um bei einem Heisshungeranfall nicht kratzbürstig zu werden. Jetzt fühle ich mich soweit, dass ich auch ohne unterwegs sein kann: irgendwie ein symbolischer Akt von Loslassen. Natürlich habe ich immer noch Haferflocken, Mandeln und Rosinen bei mir – mein Überleben könnte ich wohl für einige Tage abdecken. Diese Nahrungsmittel sind jedoch weniger mit Vergangenheit belegt, also emotional eher neutral.

Um zu einem Stadtplan mit schön eingezeichneten Sehenswürdigkeiten zu kommen, folge ich den Wegweisern des

Tourismusbüros – was mich leider ziellos im Kreis herum führt. Ich verschiebe meine Suche auf später und gehe Richtung Unterkunft.

Über einen Kilometer bin ich nun bereits von der Kathedrale weg. Ich befinde mich in der Neustadt und wie es heisst, immer noch zentral in der Stadt, neben dem Bahnhof. Meine Pension finde ich auch mit Mobiltelefon-Routing kaum, da sie sich in einzelnen Wohnungen eines grösseren Wohnblocks befindet und aussen unglaublich unauffällig angeschrieben ist. Ich fühle mich hier ausserhalb der Camino-Community und momentan verloren in der Grossstadt (ca. 150'000 Einwohnende), die ich gefühlsmässig am ehesten mit Zürich vergleichen würde. Pamplona mit seinen über 200'000 Einwohnenden erschien mir dagegen viel übersichtlicher, kleiner und weniger weitläufig, vielleicht wie ein grosses Solothurn.

Ich suche mir eine Bar in der Nähe der Unterkunft, um die Zeit bis zum Zimmerbezug mehr oder weniger windgeschützt zu verbringen und die Verlorenheit gibt sich langsam wieder. Als die Check-in-Zeit gekommen ist und niemand auf die Türklingel reagiert, ist immerhin ein telefonischer Kontakt mit der Pension möglich und ich werde herein geholt. Mein kleines Zimmer mit herzigem Wintergarten-Balkon und Bad auf dem Gang passt, der Empfang ist freundlich. Es gibt eine Wasser-/Tee-/Mikrowellenecke, aber keinen Empfangsbereich oder Aufenthaltsraum, deshalb habe ich während des Aufenthalts hier nicht automatisch Kontakt mit anderen. Ich fühle mich eher auf einem Solo-Städtetrip anstatt wie bisher auf einer Reise in lockerer Gesellschaft.

Nach der Dusche wasche ich Kleider und hänge sie auf dem Balkon auf. Ich suche einen Supermarkt und kaufe ein: niedere Socken für meine Sandalen, ein dreigängiges Nachtessen und Nachschub an Zahnpasta, Tee und Haferflocken. Zum Essen setze ich mich auf den Balkon und nehme mir Zeit – die habe ich ja einfach.

Wie meine Frau mir am Telefon sagt, sieht sie in unserer Reiseblog-App genau, wo ich bin. Meine Ortung haben wir im Voraus mit verschiedenen Apps ausprobiert, haben meinen jeweiligen Aufenthaltsort jedoch nicht zufriedenstellend sehen können. Deshalb haben wir es dann sein lassen und sehen jetzt, dass meine Wege unerwarteterweise in dieser App oft sichtbar sind. Sollte ich also auf einmal verschwunden sein, dann wüsste meine Frau, wo sie mit der Suche beginnen könnte.

Heute habe ich zum ersten Mal auf meiner Reise über 20 Wanderkilometer beziehungsweise 5¾ Stunden Gehzeit geschafft und bin stolz darauf. Ich bin müde und habe heisse Fusssohlen, aber ich bin zuversichtlich, dass ich diese Distanz ab jetzt einplanen kann.

Logroño

Beim Aufstehen fühlt sich mein Körper ungewohnt steif an, wohl wegen der Etappe von gestern. Auch meine Waden melden sich und wollen unbedingt gedehnt werden. Aber ansonsten habe ich das Gefühl, nichts tun zu müssen. „Süsses Nichtstun", „hang loose" oder „dolce far niente": Gibt es einen ähnlichen Spruch in Spanisch? Spontan fällt mir keiner ein, aber mein Spanisch ist ja auch rudimentär. Zum Frühstück gibt es heute einen zweiten Tee und ausgiebig Zeit dafür. Danach wasche ich meine Haare, denn hier kann ich sie gut föhnen und in der Wärme des Zimmers trocknen lassen.

Online suche ich mir in der Umgebung Läden mit Sportbedarf für meine heutigen Besorgungen – einige Errungenschaften des Internets liebe ich ungemein. Dank Mobiltelefon-Ortung finde ich einen davon und im Kleiderladen daneben kann ich dann passende Ersatzleggins und ein T-Shirt kaufen. In einem grösseren Supermarkt bekomme ich Kondensmilch und Taschentücher, um meinen Vorrat wieder aufzufüllen. Von beidem hat es nur Grosspackungen, deshalb lasse ich dann aus Gewichtsgründen die meisten Päckchen Taschentücher in der Pension zurück. Auch von den Teebeuteln und den Haferflocken lasse ich einen Teil im Zimmer. Nur bei der Kondensmilch bringe ich es nicht über mich, einen Teil davon auszuleeren, also werde ich sie mittragen.

Von der Neustadt aus gehe ich wieder ins Zentrum der Altstadt, um die Kathedrale zu besichtigen. Wie schon von aussen, wirkt sie auf mich auch von innen majestätisch und schmuckvoll. Vor dem eher kleinformatigen Bild von Michelangelo haben sich einige Besuchende versammelt. Ich schaue mich weiter um und bekomme von einer Nonne einen Stempel in den Pilgerpass gesetzt, denn in meiner Pension steht ausserordentlicherweise einmal kein Stempel zur Verfügung.

Danach suche ich mir ein schönes Café und widme mich der Planung meiner weiteren Reise. Die Kloster San Millán de la Cogolla, UNESCO-Weltkulturerbe, wäre mein nächstes Zwischenziel gewesen. Ich finde jedoch keine Besichtigungstour ab Azofra, meinem Übernachtungsort davor. Also überlege ich mir, hinzuwandern und studiere die Wegstrecke. Es wäre eine Alternativroute zum normalen Camino mit einer Länge von etwa 12 km und damit eine relativ kurze Tagesetappe. Ich schaue die Öffnungszeiten der beiden Klöster nach und realisiere, dass ich am nächsten Montag ankommen würde: der Wochentag, an dem dort alles zu ist. Ausgesprochen schade. Einen Tag darauf warten möchte ich nicht, deshalb bleibt mir nur, den Besuch auf meinen nächsten Camino Francés zu verschieben. So buche ich auf der Original-Camino-Strecke zwei weitere Unterkünfte (Grañón und Belorado), einmal per hoteleigenem Buchungssystem, einmal per Unterkunftsbuchungs-App. Ich lasse mir so viel Zeit und bin so vertieft dabei, dass inzwischen sogar – unbemerkt von mir – das Personal gewechselt hat.

Auf dem Rundgang durch die Altstadt komme ich am Museo de Rioja vorbei, einem eindrücklichen Gebäude an einem übersichtlichen Platz. Im Museum wird Historisches und Kunst der Provinz gezeigt, ab frühzeitlicher Besiedelung über Römer zu Mauren, von kirchlicher bis zu zeitgenössischer Kunst. Den Rundgang über dreieinhalb Etagen empfinde ich als gut geführt, die Ausstellung geschmackvoll und sachlich.

Heute finde ich nun das Tourismusbüro und lasse mir die Sehenswürdigkeiten der Stadt empfehlen. Eine davon ist die Markthalle, die jedoch Mittagspause hat, als ich hinkomme. Unterwegs gehe ich durch mehrere Strassen mit gut besuchten Bars. Angeregt davon suche ich für eine kleine Mahlzeit eine Bar auf, die mir die Pensionsangestellte empfohlen hat. Hier geht nichts mit Englisch. Der Barmann bringt mir die kleine Karte, als ich kein Menü im Esssaal möchte. Ich entscheide mich für Croquetas variadas, sechs Stück, mit Brot und Fanta. Die Menge hätte mindestens für zwei Personen gereicht. Ich rätsle über den Inhalt der Kroketten: sicher einmal mit Käse, Tintenfisch-Tinte, Fisch und Fleisch. Zurück im Zimmer lasse ich den Tag ausklingen und als Nachtessen reicht mir dann ein Rest Kabissalat.

Stichworte zu Logroño:
- Ca. 150'000 Einwohnende (2023), in den vergangenen 75 Jahren etwa um 100'000 Einwohnende gewachsen, (nur) etwa ¾ davon in Spanien geboren
- Stadtgründung vor rund 2000 Jahren, wechselhafte Geschichte, ab 11. Jh. wiedererstarkt
- Hauptstadt der Provinz La Rioja
- Weitläufige Grossstadt mit grosser Alt- und Neustadt
- Selbstbewusste, gemischte Stadt-Bevölkerung
- Altstadt, Ausgeh-Strassen, Kathedrale und Kirchen, diverse Museen, Markthallen, Parks und Naherholungsgebiet

Von Logroño nach Ventosa

Samstag, 14.9.24: 18.2 km, 4¼ h Gehzeit, ca. 10-22°

Gleich frühmorgens treibt mich meine Verdauung aufs WC, ich schreibe es den ungewohnten Croquetas zu. Trotzdem frühstücke ich wie üblich meinen Tee mit Haferflocken. Nicht dass ich hätte rennen müssen, aber danach habe ich gleich nochmals dünnflüssigen Stuhlgang und frage mich, wie das wohl auf der heutigen Wanderung gehen soll. Normalerweise kann ich nach dem Frühstück auf die Toilette und brauche dann erst wieder bei der Kaffeepause ein WC. Dazwischen sind ja oft nur freie Felder, meist ohne Sichtschutz und mein Rucksack wäre definitiv zu klein, um mich dahinter zu kauern. Momentan hoffe ich auf die positive Wirkung der Haferflocken auf meine Verdauung und gehe los.

Von meiner Pension aus habe ich etwa 20 Minuten Anmarsch zum Jakobsweg und da mir dieser Zugang durch die Stadtstrassen unbekannt ist, halte ich dabei Wanderführer und Mobiltelefon-Ortung in den Händen. Den Camino finde ich dann ohne Probleme, denn schon von weitem sehe ich die farbenfrohen Wandergruppen der Pilger-Gemeinschaft. Zuerst geht es durch Wohngebiete und Grünanlagen, dann durch ein Naherholungs- und Naturschutzgebiet. Meine Verdauung meldet sich nun doch langsam und ich bin erleichtert, als das Toilettenhaus eines Parkgebäudes offen ist.

Im Nachhinein realisiere ich, dass ich etwa hier im Grajera Park meine ersten 100 km auf dem Jakobsweg überschritten habe. Ich bin stolz, dass ich diese Marke geschafft habe und dass es mir gut geht dabei.

Ein Eichhörnchen kommt in Sicht und ich freue mich darüber. Bisher habe ich oft Raupen auf den Wegen gesehen, hier gibt es jedoch mehr Heuschrecken. Weiter geht es auf und ab über Land, viel an Rebenfeldern entlang. Die meist roten Trauben hängen mehrheitlich noch an den Weinstöcken. Auf Plakaten habe ich von Weinlesefesten in der zweiten Septemberhälfte gelesen. Ich hoffe, dass ich bei einem der kommenden Übernachtungsorte auf ein solches Fest treffe. Spannend finde ich auch, dass ich keine Weinlese sehe. Die Zeit für das Ablesen der (roten) Trauben ist also scheinbar noch nicht gekommen.

Nach etwa 2¾ Stunden komme ich nach Navarrete, meinen Ort für eine Kaffeepause. Wie an vielen Orten steht auch hier eine grosse Kirche: reich geschmückt und mit goldverzierten hohen Aufbauten in der Apsis. Die einzige sichtbare Bar am Weg ist gleich daneben, die Pilgernden stehen Kolonne vor dem Ausschank. Auf der Suche nach einer Alternative gehe ich weiter, folge einem unscheinbaren Schild durch einen teuer aussehenden leeren Empfang und finde hinten hinaus eine trotzdem günstige Bar. Zum Fenster hinaus sehe ich die Sonnenschirme der Terrasse und weitere Strassen des Ortes, von denen ich nichts mitbekommen hätte, wenn ich auf dem Camino-Strässchen geblieben wäre. Ich bin beinahe alleine im Lokal, widme mich meinen Milchkaffees und schaue wie üblich die bisher geschossenen Fotos durch.

Bei meinem Aufbruch am Morgen war es etwa 10 Grad, also sehr frisch. Deshalb habe ich heute als Variante gegen kalte Ohren eine Zopffrisur gemacht. Weil mir mehrere Selfies nicht gelingen, wende ich mich an die Barfrau, die freundlicherweise ein Foto davon schiesst. Dieses veröffentliche ich gleich anschliessend in meinem Reiseblog. Warum ich meinen Kappenschlauch (einen Halswärmer, den ich auch als Kappe oder Ohrenwärmer benutzen kann) noch nicht angezogen habe? Ich bin für einen verlängerten Sommer in den Süden gegangen und will mich einfach noch nicht von dieser Vorstellung verabschieden.

Es erstaunt mich, dass ich 2¾ Stunden durchgehend bis zur ersten Pause wandern kann. Bis dahin trinke ich einige Schlucke Wasser und das war's. Tee und Haferflocken zum Frühstück bewähren sich sehr, sie halten mich sprichwörtlich bis zur Pause am Laufen. In Logroño habe ich Milch dafür gekauft, aber jetzt unterwegs verwende ich einfach wieder Kondensmilch, was Gewicht spart und mir auch gut schmeckt.

Der Weg führt weiter durch Landwirtschafts- und Weinland. Ich sehe erstmals eine Töpferei-Fabrikation und merke, dass mir bisher nur wenige Handwerksbetriebe aufgefallen sind.

Heute sehe ich wieder verschiedentlich Velos auf dem Weg – der Camino Francés-Veloweg entspricht hier den Eurovelo 1 + 3 und ist teilweise zusammen mit dem Fussweg geführt: Rennvelos, Mountain Bikes oder Tourenvelos, mit und ohne Gepäck, mit oder ohne Unterstützung, mit und ohne Jakobsmuschel und „Buen Camino". Ich würde hier nur gut gefedert durchfahren wollen, viele der gemeinsamen Wege haben groben Steinbelag.

Planung im Voraus

Ein kurzes Stück gehe ich zusammen mit einem gebürtigen Polen, der vor 30 Jahren in die USA ausgewandert ist. Er erzählt, er habe schon vor einiger Zeit von zuhause aus die ganze Reise mitsamt allen Unterkünften gebucht: 30 Tage ab Saint-Jean-Pied-de-Port bis Santiago de Compostela und 5 Ruhetage in den grösseren Städten. Er scheint sich diese Distanzen gewohnt zu sein. Als wir uns trennen, zieht er davon.

Bei einem Wegabschnitt entlang einer Schnellstrasse muss ich den Camino verlassen, um in meinen Übernachtungsort zu gelangen. Es gibt sogar ein Schild bei der Abzweigung, wie gemacht für mich. An diesem Weg sind bis zum Dorf Skulpturen und Bilder aufgestellt, irgendwie eine Kunstmeile am Feldweg. 1½ Stunden nach meiner Vormittagspause komme ich in Ventosa an, wo ich wieder die Herberge suchen muss. Jetzt um 14 Uhr sackt mein Energielevel ab und ich merke, dass ich keine Essenspause gemacht habe, sondern einfach weiter gelaufen bin. Das hole ich im hübschen Garten der Herberge nach und bleibe mit meinem Sandwich sitzen, bis ich mich wieder ein wenig erholt habe. Meinen Platz im 5-Bett-Zimmer habe ich zugewiesen bekommen. Zum ersten Mal übernachte ich im oberen Bett. Auf der einen Seite habe ich die Wand, was super ist, aber gegen den Gang gibt es leider keine Bettgitter als Fallschutz.

Nach der Dusche gehe ich zur vorher entdeckten Bar und löse ein Getränk auf Genussschein ein. Wieder versuche ich erfolglos, einen süssen Wein zu bekommen, aber dann höre ich jemanden am Nebentisch einen Tinto de verano bestellen und realisiere, dass dieser süss gespritzte Rotwein hier bekannt ist und verkauft wird. Endlich habe ich ein Apéro-Getränk für mich gefunden.

Das Nachtessen nehme ich am grossen Tisch in der Herberge ein. Es gibt Paella in Einzelportionen, ist aber leider so unzureichend organisiert, dass wir nicht gemeinsam essen können. Die Werbung für diese Paella-Marke - wohl vorgefertigt - habe ich ab hier oft gesehen. Warum auch nicht? Ich fand sie fein und so ist das Gericht auch für eine einzelne Person und in verschiedenen Sorten mit vertretbarem Aufwand anbietbar. Heute dreht sich das Tischgespräch unter anderem darum, wie wir mehrheitlich älteren Europäer:innen die 68er-Jahre erlebt haben. Nach dem Essen gibt es für mich noch einen Kaffee aus dem Automaten und dann ab ins Bett.

Die Nacht ist sehr unruhig, denn die Betten machen ein Geräusch, als würde jemand immer wieder mit den Füssen darauf schlagen. Zudem höre ich lange Zeit Hundegebell. Im oberen Bett zu schlafen tut sein Übriges dazu, denn ich getraue mich kaum umzudrehen, um ja nicht hinunterzufallen.

 # Von Ventosa nach Azofra

Sonntag, 15.9.24: 15.7 km, 4 h Gehzeit, ca. 8-18°

Um halb Sieben wache ich auf und sehe, dass schon drei der fünf im Zimmer weg sind – wieder einmal kann ich nur staunen. Nach dem

Frühstück packe ich zusammen, aber irgendwie mache ich das umständlich und es dauert vergleichsweise lange. Da will ich mir heute während des Wanderns Alternativen überlegen. Wie üblich bin ich um halb acht eine der letzten, die losgeht. Es ist sehr kalt in der Morgendämmerung, jemand trägt sogar Handschuhe. Mein Tenue: Unterwäsche, kurze Wanderhosen, Socken und Wanderschuhe, Kurzarm-Shirt, Kurzarm-Bluse, Ärmlinge und Kappenschlauch. Kühl habe ich vor allem an den Beinen, aber in Bewegung ist es okay und warme Ohren habe ich ja jetzt. An einem nahen Waldrand entdecke ich einen Hasen. Ich freue mich, schon wieder ein Wildtier zu sehen und bin gespannt, wie es weitergeht: gestern ein Eichhörnchen, heute ein Hase und morgen?

Bis zum Pausenort Nájera begegne ich nur wenigen Mitwandernden. Über einem Wäldchen sehe ich erneut grosse Vogelschwärme, diese hier rauschen sogar im Auf- und Abfliegen. Oft geht es über Land und durch Rebenfelder, es gefällt mir. Die Strecke bis zum ersten möglichen Kaffee kommt mir heute lange vor, obwohl sie mit gut zwei Stunden ähnlich ist wie auch schon. Ich muss sogar unterwegs Wasser lösen und setze hinter mehreren grossen Steinbrocken, die offensichtlich schon für ähnliche Bedürfnisse genutzt wurden, wieder meine Pinkelröhre ein.

Nájera durchlaufe ich bis zum Fluss, ohne ein Zentrum oder etwas besonders Sehenswertes zu erkennen. Als ich mich am Busbahnhof umsehe und überlege, zum einzigen bisher geöffneten Café am Weg zurückzukehren, bietet mir ein Einheimischer seine Hilfe an. Er zeigt mir das nächste offene Café gleich über der Brücke und erklärt, am Sonntag habe eben nicht viel offen.

Weil Sonntag ist, kann ich jetzt schon mit meiner Frau telefonieren – schliesslich ist sie heute nicht auf der Arbeit. Ich erzähle vom bisherigen Tag, sie erzählt von zuhause. Sie motiviert mich, den deprimierenden Eindruck des aktuellen Ortes zu vergessen und im Internet nachzuschauen, welche Sehenswürdigkeiten ich in Nájera besichtigen könnte. Online wird mir das Kloster Santa María la Real angezeigt. Der

Jakobsweg führt zum alten Ortskern und am Kloster vorbei, aber ich muss nahe ans Klostertor heran gehen, um dank einem Schild zu wissen, dass ich am richtigen Ort bin. Hier kann ich auch lesen, dass Nájera im Mittelalter ein richtig wichtiger Ort am Jakobsweg war. Im Eingangsbereich ist die innere Glastür zum Kloster geschlossen. Als ich schon wieder gehen will, öffnet eine Frau ein Fensterchen zum Gang, wo ich stehe und fragt, was ich wolle. Ich erkundige mich, ob man etwas besichtigen könne. Daraufhin verlangt sie fünf Euro Eintrittsgeld und öffnet mir dann per Knopfdruck die Tür. Rucksack und Stöcke muss ich im Kassenhäuschen-Kiosk deponieren und dann darf ich hinein. Ich bin fast alleine, was mich nicht wundert, so wenig einladend es von aussen wirkt. Nach einer schönen hohen Eingangshalle komme ich in den Kreuzgang, der in der Vormittagssonne magisch wirkt. Die ganze Anlage wirkt sehr gut unterhalten und strahlt Macht aus. In der Kirche beeindrucken mich auf der Seite der Apsis die grossen, goldenen Altaraufbauten und auf der gegenüberliegenden Seite die Grotte mit den vielen Gräbern und Wächterfiguren. Es gibt einen Prospekt, sogar in Deutsch.

Nájera früher und heute:
- 923-1076 Hauptstadt des Königreichs Nájera-Pamplona, auch Bischofssitz
- Ab dannzumal wichtiger und für Pilgernde ausgestatteter Ort am Camino Frances
- Sehenswürdigkeit: Franziskanerkloster Santa María la Real, Kirche von 1052/1422 mit Gräbern u.a. der Könige von Nájera-Pamplona
- Heute ca. 8'000 Einwohnende

Mein Marsch geht weiter und nach 1¾ Stunden komme ich in meinem heutigen Übernachtungsort Azofra an. Der Check-in der Pension findet in einer Bar statt, die Kommunikation geschieht per WhatsApp, Türöffnung für Haus und Zimmer funktioniert per Code. Eine nette Haus-Verantwortliche ist dann ebenfalls anwesend und das hübsche, neuer ausgebaute und geschmackvoll eingerichtete Einzelzimmer mit Bad macht mir richtig Freude. Einziger etwas spezieller Fakt: Wegen einer Umbuchung der Zimmer kann ich jetzt auf sämtliche Türcodes schliessen, die sich aus Etage und Zimmernummer zusammensetzen. Wenn ich das kann, dann können das andere auch. Ich würde mich mit Schlüssel oder Schliessmöglichkeit von innen deutlich sicherer fühlen. In dieser Pension werde ich angewiesen, auch die Registrierung der Übernachtung selber online durchzuführen.

Im Wohnzimmer der Pension esse ich mein Sandwich vom Vortag fertig. Nach einer genussvollen Dusche wasche ich meine Unterhosen – aufhängen geht ja tipptopp im Bad, hänge meine Trinkblase zum Trocknen auf und fülle mein Mini-Duschmittelfläschchen auf – ein herzlicher Dank an die Pension.

Später gehe ich in den kleinen Laden des Ortes, der mir jedoch zu schmuddelig ist, als dass ich etwas kaufen könnte - beispielsweise ein kleines, gut verschliessbares Getränkefläschchen für die Kondensmilch. Ich habe ein Auslaufen der Flüssigkeit im Frühstücks-Zip-Beutel befürchtet, bis mir in den Sinn kommt, die Flasche in die Aussentasche zu stellen und der Einkauf sich erübrigt.

Meinen nächsten Stopp lege ich in der Bar nebenan für einen Tinto de verano auf Genussschein ein, der 4. Genuss am 13. Tag. Damit bin ich eher im Rückstand zu den 3 Mal pro Woche, die wir angedacht hatten. Zudem bekomme ich hier für die geschätzten etwa 5 Euro pro Genuss sicherlich zwei Getränke, ich könnte also die Reisedauer oder die Genussfrequenz in etwa verdoppeln – theoretisch, denn ich mache beides nicht. Ich schaue die gemachten Fotos durch, schreibe Tagebuch, schaue mir die Etappe von morgen an und mache die weitere Planung der Reise von Belorado bis Burgos. Für Burgos finde ich nur relativ teure Unterkünfte, oft auch keine Einzelzimmer und kann mich nicht wirklich für eine darunter entscheiden. Deshalb bitte ich meine Frau um Mithilfe. Sie schaut sich die Angebote an und ich habe dann ihre Zweitmeinung und damit einen guten Vorschlag, den ich buchen kann. Die Übernachtung in Villafranca Montes de Oca kann ich nur telefonisch reservieren. Ich lege mir die wichtigsten Sätze und Wörter in Spanisch zurecht und mache den Anruf. Zu meiner Freude gibt es ein freies Zimmer am gewünschten Datum und ich kann es reservieren. Jetzt bleibt mir nur noch zu hoffen, dass es klappt.

In der Zwischenzeit sind Übernachtungen in Mehrbettzimmern für mich normal. Ich mute es mir zu und kann mich damit arrangieren. Mit dem zugewiesenen Bett kann ich leben und ob mit oder ohne Leintuch, im Schlafsack passt die Übernachtung für mich. Auch mit gemischten Zimmern kann ich leben, obwohl ich lieber in Frauensälen übernachte. Schön, wenn die Zimmer ein eigenes Bad haben, aber auch ohne geht duschen bisher gut, auch umziehen und mich aufhalten. Meine Vorliebe: das Zimmer geheizt und das Bett unten, nicht in der Zugluft, mit Holzgestell und einem Abstand zum oberen Bett, dass sitzen möglich ist.

In der Bar kläre ich die Zeiten fürs Nachtessen ab. Diese passen für mich und so kehre ich nach einer Zimmerstunde für ein feines Tellergericht zurück.

 # Von Azofra nach Grañón

Montag, 16.9.24: 22.3 km, 5 h Gehzeit, ca. 8-20°

Meine Nacht war gut, das Frühstück nehme ich im schönen Zimmer zu mir und um 8 Uhr gehe ich los. Inzwischen habe ich eine gedachte Checkliste, um beim Aufbruch kontrollieren zu können, ob ich alles dabei habe: Blick zurück zum Bett beziehungsweise im Zimmer, ob noch etwas herumliegt; Karten und Bargeld im Geldbeutel, Geldbeutel in der Umhängetasche, diese befestigt im Deckelfach des Rucksacks; Telefon im Täschchen des linken Rucksackträgers, Brille aufgesetzt und Stöcke in der Hand.

Auf dem Hauptsträsschen geht es aus dem Dorf und bald auf einen Feldweg. Nicht weit weg wird am Wegrand an einem Unterstand gebaut und ich denke mir, im kommenden Jahr werden Pilgernde vielleicht einen schönen und gedeckten Rastplatz vorfinden. Die Landschaft macht wie gewohnt einen weithin sichtbaren leicht hügeligen Eindruck, übersichtliche Felder mit verschiedenem Anbau im Blickfeld, der Horizont weit und relativ flach.

Bei meinen Fotos gebe ich mir Mühe, dass sie nicht nur flache und weite Landschaften zeigen. Da kann schon helfen, wenn einmal ein Baum am Weg steht. Vor meinem geplanten Pausenort steigt der Weg nochmals an. Ich verlangsame den Schritt und werde von einigen Mitwandernden überholt. Oben angekommen, sehe ich sie beim dort ideal postierten Verpflegungsstand sitzen und wieder Atem schöpfen. Ich gehe an ihnen vorbei und direkt weiter, kann wieder zum normalen Tempo übergehen und freue mich, dass meine Art zu Wandern für mich so stimmt.

Der Weg führt am Ortseingang an einem Golfplatz vorbei durch eine grosse, verlassene, trost- und seelenlose Neubausiedlung, die zum Verkauf steht. Wenn ich mir die neuen Strassen anschaue, wäre wohl sogar noch ein weiterer Ausbau geplant gewesen. Im alten Dorfteil folge ich einem Pfeil für eine Bar und bin erleichtert, dass ich die Zusatzstrecke nicht vergebens gegangen bin und das Lokal geöffnet hat. Die Bedienung wirkt sehr reserviert, aber ich bekomme Gipfeli und Kaffee inklusive freien Tisch.

Weiter geht es mehrheitlich leicht hügelig über Land. Eine Maus quert vor mir den Weg – gefreut. Später sehe ich tote Mäuse in einem Wasserkanal treiben – weniger gefreut.

Als Santo Domingo de la Calzada nach einer Kuppe in Sicht kommt, kann man auf einer Aussichtsterrasse Rast machen. Dort treffe ich auf eine Australierin, die vom Rastplatz herkommt.

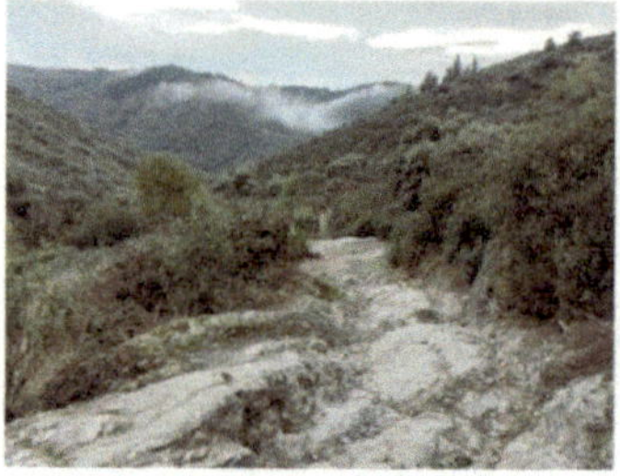

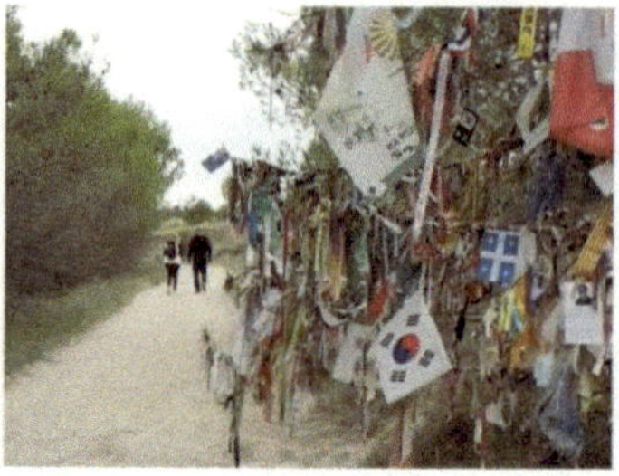

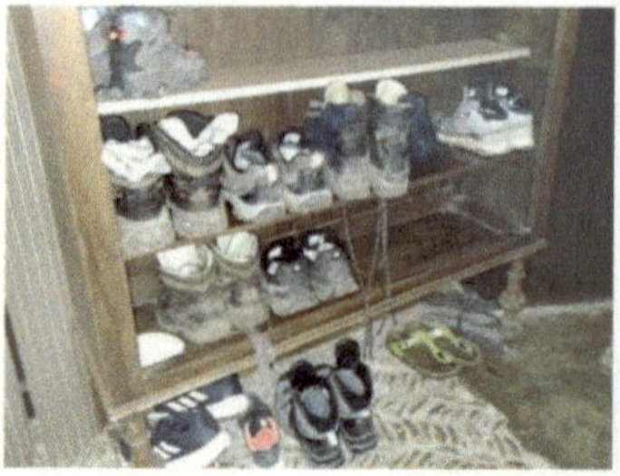

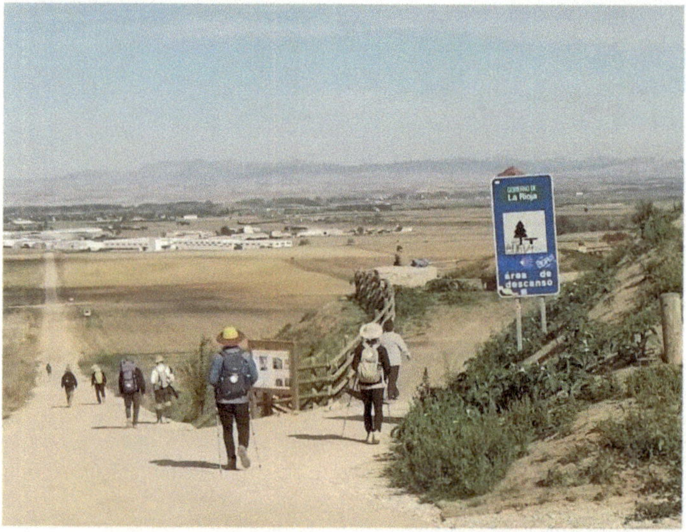
La Rioja
área de descanso

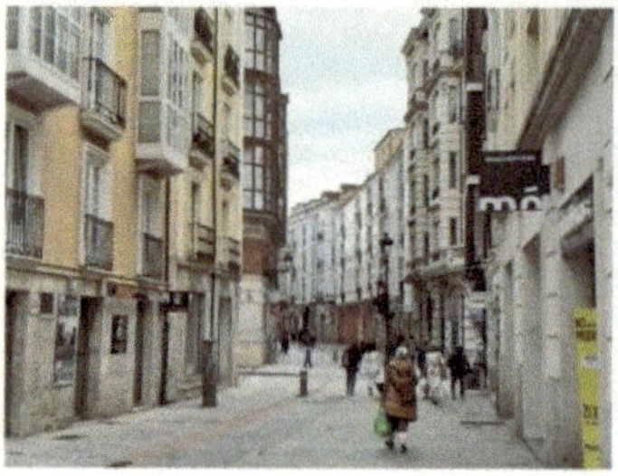

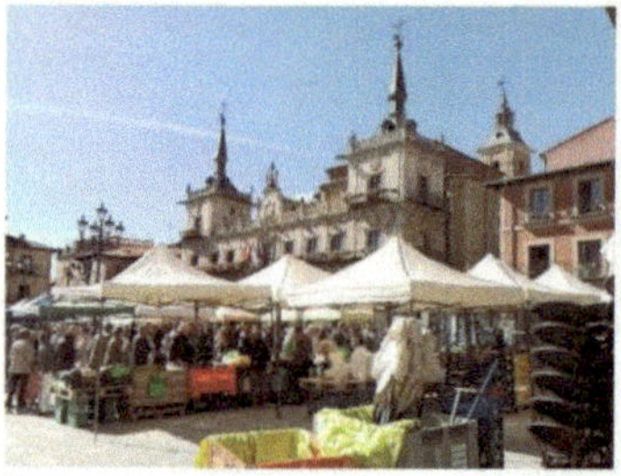

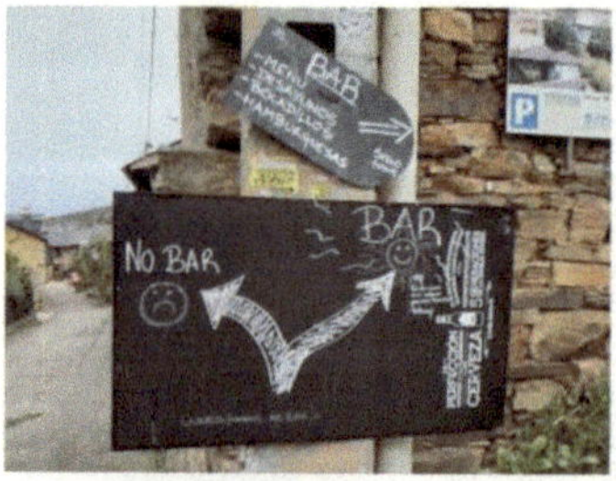
BAR
NO BAR
BAR

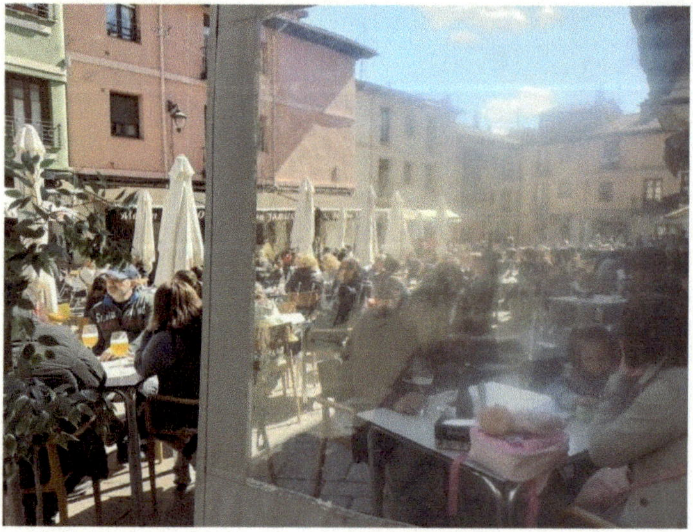

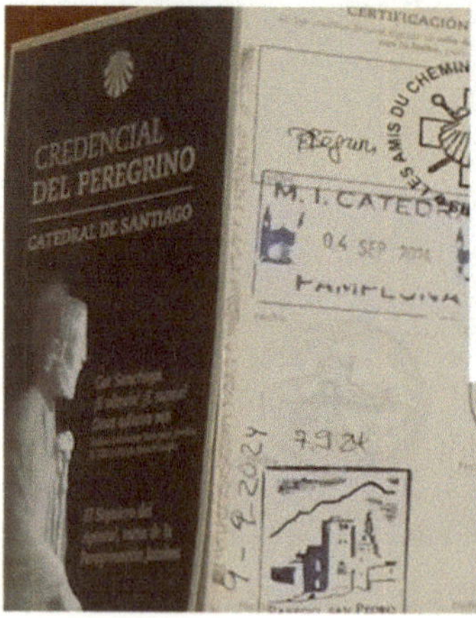
CREDENCIAL DEL PEREGRINO
CATEDRAL DE SANTIAGO
CERTIFICACIÓN
LES AMIS DU CHEMIN
M. I. CATEDRAL
04 SEP 2024
PAMPLONA

06 SEP 2024
Albergue
ALBERGUE INPULSO
EL ACEBO
VIÑAFEMA

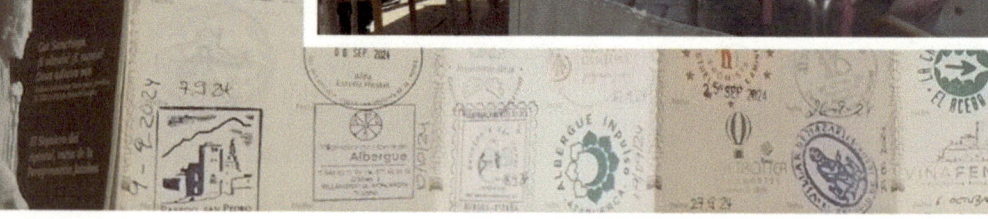

The Camino Provides

Nach kurzem Begrüssungs-Small Talk sind wir mitten im Eingemachten. Die Australierin erzählt mir, was sie hier auf den Jakobsweg gebracht hat. Sie habe so viel Stress und Druck gehabt, v.a. von der Familie. Sie finde es schrecklich, so etwas über ihre Familie sagen zu müssen, aber sie habe von ihr weggehen müssen. Jetzt sei sie hier, um erst einmal von dieser unsäglichen Situation loszukommen.

Ob ich auch schon Camino-Angels getroffen hätte? Ob ich daran glaube, dass der Camino mich mit dem versorgt, war ich brauche? Für sie stimme diese Aussage und sie habe schon mehrere Camino-Angels getroffen. Beispielsweise vor einigen Tagen. Sie sei hier unterwegs, ohne die Übernachtungen zu reservieren. Als sie in einem Ort eine Übernachtungsmöglichkeit gesucht habe, sei kein Bett mehr frei gewesen. Als letzte Möglichkeit habe sie sich an eine einheimische Pilgerin gewandt, die sie zuvor kennengelernt hatte. Diese wohnte prompt in diesem Ort und sie durfte bei ihr übernachten. So war sie in der Not versorgt worden.

Santo Domingo de la Calzada gefällt mir. Ein schöner, grosser Ort mit Kathedrale und einem Parador-Hotel am Hauptplatz, was wohl der Hit zum Übernachten gewesen wäre. Bei der Kathedrale setze ich mich auf eine Bank und picknicke. Für eine Besichtigung habe ich nicht genügend Musse – ich bin im Wandermodus und zudem ist mir bewusst, dass ich noch einige Kilometer vor mir habe. Später erzählt jemand, dass sie sehr sehenswert gewesen wäre, nicht nur wegen der Hühner und der Legende drumherum.

91

Ich gehe weiter bis zur kleinen Ortschaft Grañón, die mich mit einem verlotterten Ortsschild empfängt, und dort bis zu meiner unsäglichen Unterkunft am Ortsrand. Ich hätte vor der Buchung per Hotel-Webseite die Bewertungen im Internet lesen sollen – es wird mir eine Lehre sein. Zumindest sehe ich, dass sie ebenfalls in meiner Unterkunftsbuchungs-App aufgeführt ist, wenn auch mit einer derart schlechten Bewertung, dass ich sie nicht gewählt hätte. Immerhin gibt mir dies die Bestätigung, dass es sich hier wirklich um eine normal betriebene Pension handelt. Bereits während des Vormittags habe ich mich über die Betreibenden genervt: Ich bekam die Zugangsdaten zum Zimmer nicht geschickt und gleichzeitig wurde mir damit gedroht, dass niemand für den Check-in vor Ort sei. Der Code sollte dann nur für ein kurzes Zeitfenster gültig sein, das ich wegen der Etappenlänge nur äusserst schlecht wählen konnte. Die Angaben treffen jedoch nicht zu: Es ist jemand vor Ort und der Code bleibt durchgehend gültig.

Die Unterkunft ist gruselig, schmuddelig, dreckig und kalt, die Bettwäsche scheint nicht frisch gewaschen, mir graust vor dem Überwurf, eine Nachttischlampe fehlt, die Wände haben Löcher, die Tapete blättert ab und die Zwischentür zu den zwei Zimmern mit Bad, von denen ich eines belege, kann nur mit roher Gewalt geschlossen werden. Die Dusche – im Zustand des Abbruchs – bringe ich nicht zum Laufen, also muss ich mich wieder anziehen und den Hauswart holen. Er probiert Diverses aus und bis Wasser aus der Brause kommt, sind sowohl seine Kleider als auch der halbe Badezimmerboden nass. Leider finde ich im Ort keine freie Alternative, umbuchen kann ich also nicht. Über sieben Kilometer nach Santo Domingo de la Calzada zurückwandern ist mir zu viel und Taxi sehe ich keines, also übernachte ich trotz allem in dieser Unterkunft.

Ich gehe wieder ins Dorf und dort ins einzige Restaurant, das ich finde. Es ist etwa 15 Uhr, also Zeit für ein Mittagsmenü. Beim grosszügigen Salat werde ich – mit Blick auf das gestapelte Geschirr in der Küche – plötzlich unsicher, wie es mit der Hygiene bestellt ist.

Deshalb picke ich nur Ei und Thon heraus. Hauptgang und Dessert sind dann wieder gekocht und fein, so dass ich mit gutem Gefühl essen kann. Während meiner Mahlzeit kommt ein Paar ins Lokal, das von Verschiedenen begrüsst wird. Mir fällt auf, dass die beiden deutlich grösser sind als die meisten anderen hier und vom Körperbau her schlanker und mit souveräner Ausstrahlung. Es sieht für mich aus, wie wenn es sich um verschiedene Volksstämme handeln würde: einerseits das einfache Bauernvolk und andererseits die adelige Schicht. Ganz speziell.

Irgendwann nach dem Essen gehe ich wieder in meine Unterkunft zurück, wenn auch eher widerwillig. Bisher sind mir dort, abgesehen von den Angestellten, nur zwei weitere Personen begegnet, bei denen mir nicht klar war, ob sie Gäste sind und wo sie ihre Zimmer haben. Am späten Nachmittag höre ich, dass doch noch jemand das Zimmer neben meinem belegt. Ich gehe klopfen und mache mich mit dem dortigen französischen Pilgerpaar bekannt. Dieser Kontakt gibt mir ein besseres Gefühl für die Übernachtung, denn mein Zimmer ist von innen nicht abschliessbar. Es könnten alle möglichen Leute den Türcode kennen. Um mich vor einem allfälligen unerwünschten nächtlichen Besuch abzusichern, klemme ich meine beiden Stöcke unter den Türgriff – das würde zumindest ordentlich Lärm machen und mich möglicherweise wecken. Ich packe möglichst wenig aus und schlafe im Schlafsack auf dem Bettüberwurf, mehr schlecht als recht.

 # Von Grañón nach Belorado

Dienstag, 17.9.24: 16.8 km, 4 h Gehzeit, ca. 12-18°

Gestern passte meine Wanderkleidung zum Wetter, also behalte ich sie für heute bei: Unterwäsche, lange Wanderhosen, Kurzarm-Shirt und -Bluse mit Ärmlingen, die ich ausziehe, wenn es zu warm dafür wird. Bereits vor sieben Uhr brechen meine französischen Nachbarn auf und ich beeile mich, um nur möglichst kurz noch alleine dort zu sein. Also einpacken, Zähne putzen, WC und los um 7 Uhr. Frühstücken will ich in der Unterkunft sowieso nicht, da sie mir zu unappetitlich ist. Es ist noch dunkel, deshalb gehe ich wie die anderen mit Licht. Ich verwende dafür die Taschenlampe des Mobiltelefons, denn Stirnlampe habe ich keine dabei. Am Wasserhahn beim Dorfplatz fülle ich frisches Wasser in meine Trinkblase - lieber hier als vorher in der Pension. Ausgangs Ortschaft ist ein Sitzplatz und ich überlege kurz, ob ich dort auf die Morgendämmerung warten soll, so finster wie es noch ist. Einige andere haben erzählt, dass sie regelmässig vor dem Morgengrauen losgehen. Es sollte also auch für mich machbar sein, auch wenn ich es nicht gewohnt bin. Vor mir sehe ich einzelne Lichter vorwärts hüpfen und fasse mir ein Herz. Mit dem Mobiltelefon in der Hand gehe ich los, folge zwei Lichtern vor mir und leuchte bei Verzweigungen rundherum, um die Richtung durch Wegzeichen zu bestätigen. Bald sind wir auf Feldwegen unterwegs und ich sehe bei einem Wegkreuz, dass der Pfeil nach links zeigt, obwohl die Lichter vor mir geradeaus gegangen sind. Ich rufe ihnen nach, denn ich möchte mich lieber nicht als einzige auf dem Weg fühlen, aber sie hören mich nicht. Nach kurzer Überlegung entscheide ich mich für meinen eigenen Weg und folge der Pfeilrichtung – jetzt bin ich irgendwie die erste, denn vor mir sehe ich niemanden mehr und hinter mir kommen bestimmt andere. Noch im Dunkeln kommt mir ein grosser Traktor entgegen. Ich weiche aufs Feld aus und lasse ihn passieren. Als es zu dämmern beginnt, kann ich die Taschenlampe löschen und nehme stattdessen die Stöcke in die Hände. Bald bin ich wieder im normalen Tempo unterwegs. Kurzum wird auf grossen Schildern informiert, dass ich mich ab hier in der Provinz Burgos in der autonomen Region Kastilien-León befinde. Mir scheint, auch die Landschaft ändert sich abrupt zu langgezogenen Hügelsträngen und grossflächigerem Anbau von Sonnenblumen oder Getreide, letzteres meist schon abgeerntet. Rebenfelder sind kaum mehr zu sehen. Wo es einige Sträucher und Bäume hat, ist noch Vogelgezwitscher zu hören.

Meine Hoffnung auf ein baldiges Frühstück in einer Bar wird nicht erfüllt. Schon in Grañón war alles geschlossen und ich muss satte 2¾ Stunden gehen, bis ich im vierten durchwanderten Ort das erste offene Lokal finde. Da bin ich dann richtig glücklich bei Tee, Kaffee und Gipfeli an einem windgeschützten Tisch und muss schmunzeln, als ich bemerke, dass ich in der Pole-Dance-Ecke gelandet bin. Hier also für einmal eine Abend-Ausgang-Bar, nicht nur die übliche Kaffee-/Apéro-Bar.

Weiter geht es entlang einer Hauptstrasse mit Lastwagenverkehr, diesmal ohne Büsche als Abgrenzung. Die Aussicht ist nicht so toll, aber diese Art der Wegführung ist ja bisher eher die Ausnahme. Wie auch gestern schon wird parallel zum Weg an einer Autobahn mit gross dimensionierten Brücken gebaut. Ich frage mich, ob der Verkehr dafür erst noch geschaffen werden soll, denn auf der bestehenden Strasse scheint mir die Anzahl Fahrzeuge überschaubar. Na ja, vielleicht ist im Moment nicht die Tageszeit oder die Saison für dichte Kolonnen.

Mein Übernachtungsort Belorado wirkt gepflegt auf mich, auffallend ohne verfallene Häuser. Leere Stadtgrundstücke werden von Mauern verdeckt, Fassaden scheinen in letzter Zeit gestrichen. Es gibt einen grossen Dorfplatz, einen Supermarkt, mehrere Lokale, einige Herbergen und eine Kirche, die meinem Gefühl nach etwa der Ortsgrösse entspricht. Im Nachhinein sehe ich, dass hier nur rund 1'800 Menschen wohnen und staune, wie gefreut beziehungsweise meiner Ansicht nach lebenswert sie ihren Ort gestaltet haben. In einem Café am Hauptplatz setze ich mich hin und schreibe Tagebuch, bis es Zeit für Check-in wird. Im Ort und in der Herberge ist es kalt. Ob es eventuell an der Höhe von 758 m ü.M. liegt, mindestens was die Aussentemperatur angeht? In der obersten Etage der Unterkunft bekomme ich das Bett in der hintersten Ecke des 22er-Zimmers, ein stabiles Einzelbett mit Holzrahmen, denn wegen der Dachschräge hat hier kein Doppelstockbett Platz. Jedes Bett ist einzeln mit Nachtlicht, Steckdose und Tablar ausgestattet, also tipptopp, um das Mobiltelefon zu laden, abends noch etwas zu beleuchten und um meine Wasserflasche hinzustellen. Die Dusche ist klein und zugig, aber wohler als gestern ist mir alleweil. Meine Trinkblase fülle ich, wie inzwischen üblich, direkt nach dem Ausleeren wieder auf. An der Wasserqualität bemerke ich keinen Unterschied, Chlor bleibt Chlor, aber am Morgen bin ich bestimmt etwa zwei Minuten schneller bereit.

Auf dem Hauptplatz esse ich in der örtlichen Mittagsessenszeit einen Teller Maccaroni Bolognese und packe das restliche Brot als kleinen Happen für abends ein. Später kaufe ich im Supermarkt noch Brot, etwas wie Käse und Chorizo-Scheiben fürs Picknick von morgen ein. Wieder in der Herberge gehe ich in den in den 3. Stock hoch zu meinem Bett mit Blick auf den Hinterhof gegenüber und verlasse es nur noch kurz, um ins Bad zu gehen. Ich finde meine Liege sehr praktisch, denn ich kann den Rucksack gleich daneben hinstellen. So ist all meine Habe eingepackt, aber griffbereit.

Als die anderen zum Pilgernachtessen nach unten gehen, schlüpfe ich in meinen Schlafsack, lese noch ein wenig und schlafe ein. Auch das grosse Licht der anderen, als sie vom Essen wieder ins Zimmer hoch kommen, kann mich nicht mehr stören.

Von Belorado nach Villafranca Montes de Oca

 Mittwoch, 18.9.24: 11.7 km, 2½ h Gehzeit, ca. 12-18°

Ich schlafe so gut wie vielleicht noch nie auf dieser Reise. Um halb Sieben erwache ich wegen der Geräusche von Losgehenden, genau die ideale Zeit für mich. Den heutigen Aufbruch will ich anders organisieren als bisher: zuerst anziehen mit WC-Gang und Zähne putzen, dann fertig zusammenpacken und mit allem ins Parterre in die Küche für Tee und Flocken. Mein Vorhaben funktioniert gut, zumindest für heute. In der Küche habe ich Gesellschaft und unterhalte mich auf Deutsch, eine seltene und wohltuende Abwechslung zum sonst üblichen Englisch. Die Frau neben mir pilgert einfach und günstig. Sie ist eine der wenigen, die ich treffe, die ohne Reservation der Unterkünfte unterwegs ist. Sie sagt, die günstigere öffentliche Herberge sei ausgebucht gewesen. Sie habe Glück gehabt und in dieser Herberge das letzte Bett erhalten können.

18 Tage nacheinander

Eine Deutsche erzählt beim Frühstück, sie finde das Wandern hier ungemein anstrengend. Sie sei jetzt schon 18 aufeinander folgende Tage auf dem Camino gewandert, sagt sie stolz, das sei ja so streng. Wie viele Tage ich denn aneinander gewandert sei? Ich weiss es nicht, erkläre aber, dass ich nun 15 Tage in Spanien bin und auch Besichtigungstage einbaue. Sie kann kaum glauben, dass ich die aufeinanderfolgenden Wandertage nicht auswendig weiss und fragt noch mehrfach nach. Mir wird klar, dass es ihr Ziel ist, möglichst viele Wandertage aneinanderzureihen. Das macht sie stolz und da kann sie klönen.

Vor dem Aufbruch kann ich im Parterre nochmals aufs WC gehen und ziehe dann etwa um 8 Uhr los. Schon nach einer Stunde mache ich Kaffeepause, denn die heutige Etappe ist mit 11.7 km nicht so lange. Ich realisiere, dass meine Grenzen sich schon deutlich verschoben haben. Noch im Sommer, auf dem Neckarsteig, war eine solche Distanz vollkommen genügend für einen Tag. Wie meistens setze ich mich mit meinem Milchkaffee drinnen an einen Tisch, Rucksack und Stöcke daneben auf dem Boden. Ich nehme einen Schluck, bevor ich auf die Toilette gehe. Als ich zurückkomme, ist der Tisch sauber abgeräumt. Und das in einer Bar, wo so vieles herumliegt, dass ich den Rucksack am liebsten gar nicht auf den Boden gestellt hätte und mir verkneifen muss, das krümelige Tischtuch auszuschütteln. Ich mache mich bemerkbar und frage, wo mein Kaffee sei. Der Mitarbeiter am Nebentisch entschuldigt sich für das Versehen und ich bekomme einen neuen, der sogar noch besser schmeckt.

Weiter wandere ich gemächlich ansteigend auf Feldwegen über Land, insgesamt geht es heute etwa 200 hm aufwärts. Am Wegrand stehen Sträucher, dahinter immer wieder Sonnenblumenfelder. Der Geruch von Holunderbeeren begleitet mich und verschiedentlich ist Vogelschwarm-Gezwitscher zu hören. Es ist bewölkt und nicht zu kalt, heute gefällt's mir richtig gut.

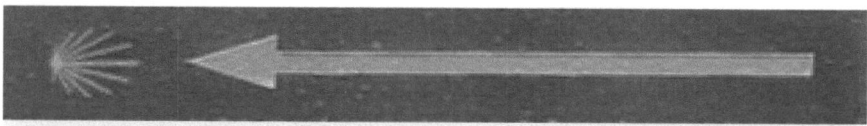

Keinen weiteren Jakobsweg mehr

Vorne rechts vom Weg steht ein fensterloses Kleinsthaus mit vielleicht 1 m^2 Grundfläche. Auf meiner Hausseite befindet sich eine Haustür, die fast die ganze Wand einnimmt. Da sehe ich eine Frau, die hingeht und ein Foto davon macht. Als sie auf den Weg zurückkommt, sind wir etwa gleichauf und ich spreche sie auf das spezielle Gebäude an. Die Türe erinnert sie an einen Horrorfilm, ich denke dabei an ein Tiny House.

Die US-Amerikanerin erzählt, sie sei letztes Jahr den Camino Portugués gegangen. Jetzt sei sie erneut hier, dieses Mal mit Kollegen, die schon weiter vorne seien. Bisher hätten sie jeweils zusammen übernachtet, aber heute sei sie nicht sicher, ob sie gleich weit gehen wolle. Sie müsse heuer auch nicht mehr bis nach Santiago de Compostela gehen, das habe sie letztes Jahr schon erlebt. Sie werde wohl auch nicht mehr für einen weiteren Camino wieder kommen.

Bereits um 11 Uhr bin ich in der neuen Unterkunft und freue mich, dass ich das Zimmer schon beziehen kann. Die telefonische Reservation hat also geklappt und ich werde in ein Einzimmer-Appartement mit Bad auf dem Gang heraus geführt. Für das heutige Etappenziel habe ich mich entschieden, weil danach ein gut 12 km langer Abschnitt im Wald und über einen Berg folgt, ohne Übernachtungs- und Verpflegungsmöglichkeit an der Strecke. Als ich die Etappen plante, wollte ich nicht nach der Hälfte der Tagesstrecke noch einen satten Anstieg und geschätzte 3 Stunden durch den Wald gehen müssen. Auf der anderen Seite bin ich jetzt schon früh im Übernachtungsort und habe viel Zeit... für Erholung, Mittagessen (Sandwich), duschen, WhatsApp-Status und Reiseblog-Eintrag erstellen, Unterhosen waschen, im kleinen Laden ein Picknick für morgen einkaufen, die Speisekarte für das Nachtessen in meiner Bar studieren, Kassensturz machen, mit zuhause telefonieren, Tagebuch schreiben, lesen. Die Stühle und Tische im Garten sind mir schon zu lange nicht mehr gereinigt worden und ich sehe keinen Putzlappen, deshalb verbringe ich die Zeit im Zimmer.

Gegen Abend mache ich mich auf die Suche nach einer Mahlzeit. Für ein Nachtessen in der Bar meiner Pension bin ich zu früh und ich vernehme, dass die Gerichte der Karte sowieso nicht verfügbar sind. Hier ist kaum jemand im Schankraum, weder vor noch hinter dem Tresen. Ein weiteres Restaurant im Dorf, an dem ich bei meiner Ankunft vorbeigegangen bin, ist inzwischen zu. In der Bar daneben frage ich nach warmem Essen. Der Barmann zeigt auf Behälter auf dem Tresen, die irgendetwas für mich nicht Bestimmbares enthalten und läuft dann davon, um Geschirr abzuwaschen. Es ist mir vollkommen unverständlich, wieso er mich hier derart stehen lässt und mir nichts verkaufen will, schliesslich lebt er doch davon. Also verlasse ich das Lokal wieder – die anderen Gäste als Zuschauer der ganzen Szene. Bei meinem Rundgang durchs Dorf fällt mir auf, wie viele Lastwagen durchfahren – hier würde die Autobahn sicher entlasten. Immer noch auf der Suche nach etwas zu essen gehe ich nochmals in den kleinen Laden, wo ich mich schwer tue mit der Auswahl. In einem Gestell entdecke ich dann doch noch einen Nudelsalat (ungekühlt und haltbar bis irgendwann: wie machen die das nur?), der zusammen mit einem Kuchen mein Nachtessen ergibt. Essen kann ich gut im Zimmer, schliesslich habe ich sogar Tisch und Stuhl. Einzig die Kälte ist unangenehm. Die Heizung geht erst später an, als ich schon im Bett liege.

Von Villafranca Montes de Oca nach Atapuerca

 Donnerstag, 19.9.24: 19.2 km, 4¾ h Gehzeit, ca. 10-20°

Der Camino führt vom Dorf aus direkt in den Wald hinauf. Der Anstieg ist mit knapp 200 hm auf 2.6 km Länge erheblich und bringt mich auf über 1150 m ü.M. hoch. Obwohl ich zur üblichen Zeit aufgebrochen bin, ist heute – ganz ungewohnt – kein Mensch in Sicht. Ich alleine im Nebel durch den grossen bösen Wald, so hatte ich es mir nicht vorgestellt. Als mindestens psychologischen Schutz nehme ich meine Notfall-Pfeife hervor, damit ich bei einer nahenden wilden Hundemeute oder Wildschweinrotte auf mich aufmerksam machen könnte. Abgesehen davon finde ich es mystisch schön, auf dem Kiesweg durch diese neblige Landschaft zu wandern. Tau liegt auf den voralpinen Pflanzen und den dazwischen hängenden Spinnennetzen. Ich fühle mich weit weg vom Rest der Welt. Als etwa nach einer halben Stunde ein Mitwanderer im Nebel langsam sichtbar wir, bin ich dann trotzdem froh. Er ist stehengeblieben, um seine Jacke auszuziehen. Ich spreche ihn an und als er fragt, ob wir einen Teil zusammen gehen wollen, freue ich mich und passe mich gerne auch seinem langsameren Schritt an. Wir sind dann unerwarteterweise bis zu meinem Übernachtungsort gemeinsam unterwegs, bei interessantem Gespräch über Arbeit und Leben in Australien und der Schweiz. Beim Denkmal La Pedraja lese ich auf den Infotafeln, dass es zum Gedenken an Opfer des spanischen Bürgerkriegs aufgestellt worden ist. Es macht mich nachdenklich und traurig. Trotzdem gehen mein Leben und mein Jakobsweg weiter. Bald danach steht ein Kiosk an der Strecke im Wald – man könnte denken „mitten im Nirgendwo", aber die Strasse ist bei diesem Denkmal ganz nah. Nur einige Kilometer weit weg wären auch Stauseen gewesen, von denen ich nichts wusste, da sie nicht auf dem Ausschnitt meiner Wanderkarte waren, die meine Frau jedoch im Internet gesehen und mir davon berichtet hat. Mir wird deutlich, wie sehr ich nur den Ausschnitt meines Weges sehe – momentan also bis zu den Bäumen im Wald. Auf der ganzen Strecke bis San Juan de Ortega begegne ich nur einigen wenigen Velos und drei weiteren Pilgernden zu Fuss und frage mich wirklich, wo all die anderen geblieben sind.

Nach drei Stunden wandern ist es soweit: Das gut erhaltene Kloster San Juan de Ortega kommt in Sicht und in der Bar daneben komme ich zum ersehnten Kaffee.

Es geht gemächlich absteigend weiter, zuerst nochmals im Wald, dann flach über Felder mit Sonnenblumen oder Getreidestoppeln. Die Etappe gefällt mir, auch wenn der Weg am Schluss auf der Strasse verläuft. Vor meinem Übernachtungsort Atapuerca, etwas zurückgesetzt von der Strasse, steht ein grosses Gebäude, beschildert mit prähistorischer Ausgrabung. Auf gut Glück ist mir die - wenn auch bescheidene - Zusatzstrecke jedoch zu weit: Es zieht mich direkt in die Herberge zum Einchecken und fürs Sandwich-Picknick. Ich freue mich über die kürzlich umgebaute und geschmackvoll eingerichtete Unterkunft, geniesse die tolle Dusche und hänge meine frisch gewaschenen Kleider über die Wäscheleine hinter dem Haus. An einem Tisch im Aussensitzplatz plane ich mehrere Etappen ab Burgos und buche entsprechende Unterkünfte. Wie schon für Rabé de las Calzadas und Hontanas, reserviere ich auch das Bett in Itero de la Vega per WhatsApp. So kann ich bei Bedarf den Chat vorzeigen und die Reservation damit belegen. Das Bett in Frómista und das Einzelzimmer in Carrión de los Condes buche ich über meine Unterkunftsbuchungs-App, die so oder so bisher ein sicherer Wert war. Damit habe ich meine Reise für die nächste Woche geplant und brauche mich nicht mehr darum zu kümmern. Eine Unterkunft in einem Ort mit passendem Tageskilometer-Abstand zu finden braucht einige Zeit und Überlegung. Es geht mir am einfachsten, wenn ich gleich mehrere Buchungen aufs Mal mache.

Beim Nachtessen in der Unterkunft sitze ich an einem grossen Tisch. Wir stellen uns mit Namen und Herkunftsland vor und merken, dass über die Hälfte aus der USA und Kanada kommen. Eine New Yorkerin neben mir erzählt davon, wie sie auf die Idee mit dem Jakobsweg gekommen ist. Sie hatte im Geschichtsunterricht vor über 50 Jahren vom Jakobsweg gehört und etwa 10 Jahre später auf einer Europareise in Spanien Prospekte davon gesehen. Seit damals wünschte sie sich diese Reise und jetzt endlich kann sie ihren Jakobsweg gehen. Eine andere US-Amerikanerin sammelt mit ihrem Jakobsweg Spenden für ein Kinderhilfswerk. Pro gewandertem Kilometer wird von den Spendenden ein bestimmter Betrag bezahlt. An diesem Tag hat sie einen Grossteil der Strecke mit dem Taxi zurückgelegt, deshalb kann sie heute nicht so viel Geld sammeln, wie sie sich vorgestellt hatte.

Das Pilgermenü schmeckt fein und der Koch freut sich über das Kompliment, das ich ihm beim Geschirr abräumen machen kann. Danach spielt ein Gast auf der Haus-Gitarre und singt dazu. Obwohl es wie ein kleines Country Musik-Konzert tönt, zieht es mich bereits ins Bett im angenehm kleinen 4er-Zimmer. Der Schnarcher der Nacht stört mich nur wenig.

Ungleiches Wanderpaar

Beim Nachtessen sitzt ein US-amerikanisches Paar um die 60 neben mir. Ich kann sie nur bewundern, denn sie sind unter erschwerten Bedingungen unterwegs: Die Frau leidet an Multipler Sklerose. Ihre Bewegungen sind ruckartig, das Essen kann sie sich nicht selber holen, das Getränk nicht selber einschenken. Auch Duschen geht nicht mehr alleine. Alle pflegerische Unterstützung, die sie hier auf dem Jakobsweg braucht, leistet ihr Mann: sie sind nur zu zweit unterwegs. Die Etappen sind auf ihn abgestimmt, denn er wandert die ganze Strecke. Sie kann nur wenige Kilometer gehen und das auch nur, wenn es ihr gut geht. Deshalb braucht die Frau geeignete Teilstrecken zum Wandern und für den Rest der Etappe ein Transportmittel. Zusätzlich muss das Gepäck von Unterkunft zu Unterkunft gebracht werden, denn er kann nicht alles und sie kann nichts tragen. Ein enormer Organisationsaufwand. Am Nachmittag hörte ich, wie sie die morgige Strecke der Frau mit der Herbergsleiterin besprochen haben und über sie auch ein Taxi bestellen konnten, das zuerst das Gepäck und dann zu einer vereinbarten Zeit die Frau an einem bestimmten Ort mit Sitzgelegenheit abholen und zur nächsten Unterkunft fahren wird.

Einige Tage später, als ich in Frómista ankomme, sehe ich die Frau in einem Lokal sitzen. Ich freue mich, sie wiederzusehen und wir plaudern kurz miteinander. Sie erzählt mit Stolz von ihrer Wanderstrecke des Tages. Nun wartet sie auf ihr Taxi, das sie zu ihrem Übernachtungsort bringen wird. In Astorga sehe ich dann noch einmal beide zusammen in einem Restaurant. Auch den Mann sehe ich noch an mehreren Tagen unterwegs, oft in Gesellschaft. Nicht, dass wir uns unterhalten, aber ich finde es schön, jemand Bekanntes wiederzusehen.

 # Von Atapuerca nach Burgos

Freitag, 20.9.24: 19.4 km, 4½ h Gehzeit, ca. 13-22°

Der Camino führt zuerst auf steinig-felsigem Untergrund über einen kleinen Berg. Schafe weiden am Hang und mehrfach höre oder sehe ich Vogelschwärme. Die Morgenstimmung ist unglaublich: grau-rosa Wölkchen am Himmel, vor mir der Mond und in meinem Rücken der Sonnenaufgang. Hinauf habe ich noch etwa alle 20 Meter Pilgernde – oft auch in Gruppen – vor mir. Etliche von ihnen pausieren auf dem Gipfel, wo ich direkt weitergehe und recht weit hin freie Bahn habe. So bin ich dann nach rund 1½ Stunden noch vor dem grossen Ansturm bei der ersten Bar des Tages und muss nur kurz für den wie meistens feinen Milchkaffee und fürs WC anstehen.

Zusammen mit nur wenig Verkehr geht es auf der Strasse weiter. Bei der Abzweigung für die Alternativroute, die ich anstelle der Strecke durch das Industriegebiet nehmen will, habe ich keine anderen Pilgernden vor mir. Zur Sicherheit nehme ich die Karte meines Wanderführers hervor und biege entsprechend der eingezeichneten Strecke auf einen wenig begangenen Feldweg entlang des Flughafens ein. Der Weg ist überwachsen und matschig vom Regen der letzten Nacht. Er wird immer weniger gut sichtbar, geht über in einen unscheinbaren Pfad übers Feld und dann durch eine Wiese mit schulterhohen Pflanzen, bis irgendwann kein Weg mehr sichtbar ist und einige Enten auffliegen. Immerhin sehe ich zur Orientierung rechterhand immer noch den Zaun des Flugplatzes, ich bin gefühlt noch irgendwo - nur wo? Also nehme ich die Mobiltelefon-Ortung zur Hand und finde damit etwa 100 Meter links von mir, quer durch die Wiese und über einen kleinen Hügel, den bequemen Kiesweg, von dem her mir zwei Mitpilgernde aus der letzten Unterkunft zuwinken. Ich bin prompt eine Alternativroute zur Alternativroute gegangen. Am Vorabend hat uns die Herbergsleiterin Informationen zur empfohlenen Alternativroute gegeben (ich kam zu spät dazu) und ich hätte ein Video dazu schauen können, fand das aber zu übertrieben. So verschaffte mir mein Eigensinn ein kleines Abenteuer querfeldein. Ich hatte keine Angst und habe mich gut durchschlagen können, also richtig erfreulich positiv für mich. Dreckige Hosen und Schuhe nehme ich da gerne in Kauf.

Zwei Stunden nach der Kaffeepause mache ich an einem Picknick-Tisch im Parc de Fuentes Blancas vor Burgos Rast und esse den Rest des gestrigen Sandwichs. In diesem langgezogenen Park wandere ich weitere 5 km, meist auf Asphalt, und stehe dann plötzlich in der Stadt und ganz nah bei meinem Hotel am Rand der Altstadt. Check-in ist wie bei Hotels gewohnt erst Mitte Nachmittag, aber ich kann schon einmal den Rucksack deponieren. Drei Stunden habe ich nun Zeit, die Stadt zu erkunden. Nur mit kleinem Rucksack gehe ich los und suche zuerst eine Bar, um anzukommen. Ich merke, dass ich einen kleinen „Kulturschock Stadt" habe: es hat mir zu viele Menschen, Fahrzeuge, Häuser, Geräusche und Eindrücke nach der relativ beschaulichen letzten Woche. Also warte ich beim Kaffee ab, bis ich mich einigermassen daran gewöhnt habe.

Danach schlendere ich durch die grosse Altstadt zur Kathedrale, wo ich mir im Pilgerbüro einen Stempel in mein Credencial mache. Mit einem ermässigten Pilger-Eintrittsbillett besichtige ich dann die Kathedrale, ein UNESCO-Weltkulturerbe und von all den besuchten Sehenswürdigkeiten auf meinem Jakobsweg jene, die mir am besten gefällt: grossartig, mächtig, eindrücklich, grossflächig, hoch, reich geschmückt und verziert, mit grossen Seitenkapellen, jede für sich imposant, und einer beeindruckenden Mittelkapelle mit tollem Chorgestühl und Altaraufbauten mit bewundernswerten Holzschnitz- und Steinhauerarbeiten. Der Organist gibt dem Ganzen mit seiner Musik eine erhabene, besinnliche Atmosphäre. Durch die Kirchen-Nebenräume, den Keller und das Museum komme ich zum Ende meines Besuchs. Schön, dass ich es gesehen habe. Auf dem Weg zurück zum Hotel kehre ich ein, leider nur auf ein Getränk, denn in dieser Bar gibt es nichts zu essen.

Inzwischen ist es Zeit für den Check-in im Hotel und ich freue mich über die schöne Dusche. Nach der Zimmerstunde gehe ich auf ein frühes Nachtessen in die Bar, in der ich bei meiner Ankunft war. Dort hatte ich in der Auslage appetitliche Tapas gesehen. Auch wenn inzwischen einige davon weg sind, komme ich doch zu einem feinen Menü: Muschelspiess, Ensaladilla (russischer Salat mit Thunfisch) und ein Glas Tinto de verano – ein Genuss auf Genussschein.

Es ist 20:45 Uhr, ich liege schon im Bett, als ich ein SMS von der Telefonnummer meiner Unterkunftsbuchungs-App erhalte: Mein aktuelles Hotel habe meine Kreditkarte als ungültig gemeldet, ich müsse meine Zahlungsangaben innert zwei Stunden aktualisieren, sonst könne das Hotel meine Buchung stornieren. Ich schrecke auf, denn ich möchte ja an diesem Abend nicht auf die Strasse gestellt werden und morgen auch noch hier übernachten. Also kontrolliere ich zuerst einmal, ob es ein Fake-SMS ist, aber auch in der dazugehörigen Unterkunftsbuchungs-App erhalte ich dieselben Angaben. Was nun? Ich beginne damit, die Bank meiner Kreditkarte zu kontaktieren und erfahre, dass sowohl An- wie auch Restzahlung unbeanstandet ausbezahlt worden sind. Also Pyjama aus- und Tageskleider wieder anziehen und hinunter an die Rezeption. Auch dort gibt es Entwarnung und die Rezeptionistin druckt mir eine Quittung als Beleg für die vollständige Zahlung aus. So bin ich auf der sicheren Seite und auch die spätere Stornierung des Zimmers in meiner Unterkunftsbuchungs-App finde ich nur noch unpassend – im wirklichen Leben sieht es ja angenehmerweise anders aus.

Burgos

Trotz der Aufregung von gestern Abend habe ich gut geschlafen. Weil Samstag ist, kann meine Frau mich schon beim Frühstück anrufen. Sie hat ebenfalls Lust auf Ferien und macht einen Vorschlag für Weihnachten im Ausland, den wir besprechen und beschliessen. Wir haben beide Freude an der Idee, weshalb sie das Arrangement gleich anschliessend bucht.

Für heute habe ich als erstes den Einkauf eines warmen Langarm-Shirts und von Magnesium für meine beanspruchten Beine geplant. Da ich bisher nur einige kleine Läden oder Boutiquen gesehen habe, suche ich im Internet nach einem grossen Einkaufszentrum, in der Hoffnung auf eine Auswahl an Sportbekleidung. Ich werde fündig und ziehe los, mein Mobiltelefon führt mich hin. Vom Hotel am Rand der belebten Innenstadt aus geht es kurz durch Wohn- und Geschäftsstrassen und weiter auf breiten, fast leeren Trottoirs an anonymen Neubau-Wohnblöcken entlang neben mehrspurigen Strassen bis zum

Einkaufszentrum. Es fällt mir auf, wie viel negativen Einfluss die Stadtplanung oder Architektur auf die Atmosphäre haben kann. Wo können sich die Menschen in diesem grossen Neubaugebiet treffen? Wo gibt es Lokale oder kleine Läden? Wo findet hier das Leben draussen statt?

Im Einkaufszentrum verkauft gleich der erste Laden Sportbekleidung und ich werde fündig, auch wenn ich einige Beharrlichkeit brauche, um die Sprachbarriere und die fehlende Übersicht bei den Produkten zu überwinden: Ein Jogging-Shirt mit Daumenlöchern beziehungsweise Ärmeln bis zu den Fingern, ideal für die tiefen Morgentemperaturen. Auch bei meinem zweiten Einkaufsposten komme ich hier weiter. Gestern habe ich schon nach Magnesium zum Einnehmen gesucht. Im Supermarkt fragte ich an der Kasse danach. Eine andere Kundin konnte meine Frage nach „Magnesium" glücklicherweise ins spanische „magnesio" übersetzen und ich bekam die Antwort, dass sie es nicht führen. In einer nahen Apotheke hätte ich dann eine Monatspackung kaufen können, die mir jedoch zu teuer war, denn vielleicht brauchte ich es nur einige Tage und würde den Rest stehen lassen. In einem enorm grossen Lebensmittelladen kann ich Magnesium als Brausetablette kaufen - das hat mir bisher immer gut geholfen. Weil der Laden eine derart ungewohnt grosse und ansprechende Auswahl hat, kaufe ich für heute Abend und als Picknick für morgen Brot, Aufstrich und Käse ein. Noch ein kurzer Abstecher zu einem Mobiltelefon-Stand, wo man mir aber auch nicht wirklich erklären kann, wo ich den Verbrauch von mobilen Daten der spanischen Telefonnummer sehe und dann ins Café – ebenfalls im Einkaufszentrum. Zuhause wäre ein solcher Einkauf kaum erwähnenswert, aber hier habe ich das Gefühl, mein Tagwerk für heute beinahe schon getan zu haben.

Ein zweites Ziel habe ich jedoch für heute noch: Das Museum der menschlichen Evolution, in dem die Funde aus Atapuerca ausgestellt sind. Schliesslich gehört die archäologische Fundstätte von Atapuerca zum UNESCO-Weltkulturerbe, wurde also als etwas Besonderes und

Bedeutendes anerkannt.[21] Erst nach mehrmaligem Nachfragen und Herumirren in den teilweise leeren Gebäuden finde ich den Eingang zum Museum. Wäre ich nicht grundsätzlich beharrlich, hätte ich die Suche wohl vorher aufgegeben. Die Angestellte an der Kasse ist sehr kulant: Ich bekomme dank einem Foto des Pilgerpasses die Pilgerermässigung, denn mein Papier-Credencial ist leider im Hotelzimmer liegen geblieben. Das Museumsgebäude wirkt luftig und in seinen Ausmassen äusserst grosszügig, vor allem was die Höhe angeht. Im hinteren Bereich sind die vier Etagen des Museums sichtbar und vor mir, eine Etage weiter unten, beginnt der Rundgang. Nur mit viel Mühe kann ich mir zusammenstellen, was nun in Atapuerca ausgegraben worden ist. In unterirdischen Höhlen wurde eine neue Spezies Mensch, der Homo antecessor, entdeckt. Dem Zeitstrahl entnehme ich, dass diese Spezies in der Zeit vor einer Million Jahren gelebt haben soll. In diesen Höhlen sind viele Knochen von Tieren und Menschen aus unterschiedlichen Zeitepochen ausgegraben worden, die dank der Veränderung der Höhlen konserviert worden und uns damit erhalten geblieben sind. Neben urzeitlichen Tieren werden zum Beispiel auch Funde des Homo heidelbergensis von vor ca. 500'000 Jahren oder des Homo neanderthalensis von vor ca. 50'000 Jahren gezeigt. Im Museum wird vieles präsentiert, oft in Spanisch, aber leider für mich zu wenig auf den Punkt gebracht oder in einen Zusammenhang gestellt. Schade. Als Abrundung meiner Besichtigung muss ich von der vierten Etage aus den Weg zum Ausgang suchen, aber auch das klappt dann irgendwann. Einige Meter ausserhalb des Museums schaue ich zurück und sehe eine Frau an der Eingangsfront. Jemand steht ein Stück von ihr weg und versucht, sie mit Rufen zum Eingang zu lotsen, aber sie geht daran vorbei. Sie wird zurückgerufen, kehrt um und sieht erst jetzt, wo es hinein geht. Ich meine: Was ist das für ein Museum, wenn sogar Menschen, die wollen, Mühe haben, es zu besuchen?

---

[21] Stiftung Atapuerca

Auf dem Weg in die Innenstadt fällt mir auf, wie modisch die Frauen hier angezogenen sind – mehr als in den bisherigen Orten, irgendwie der Burgos-Stil. Auf der Suche nach einem Restaurant mit „Platos combinados", einem Tagesteller, werde ich fündig und ergattere einen Stuhl an einem kleinen Bartisch, direkt neben dem Gewusel vor der Theke. Ich kann bestellen und freue mich über Salat, Rindfleisch mit Peperoni und Pommes.

Zurück im Hotel entscheide ich mich, einen Teil meines Camino Francés mit dem Bus zurückzulegen. So wie ich es aktuell einschätze, wird es mir zu anstrengend, die ganze Strecke zu wandern. Ich studiere Busverbindungen ab Carrión de los Condes. Am liebsten wäre mir die Fahrt nach Sahagún gewesen, aber dorthin finde ich keine ansprechende Verbindung. Also entscheide ich mich, bis nach León zu fahren. So hätte ich etwa 311 verbleibende Wanderkilometer von León nach Santiago de Compostela, was rund 15 Tageskilometer ergeben würde. Wie es jetzt aussieht, wäre das locker machbar. Also buche ich ein Busbillett über eine online vorgeschlagene und für mich neue Reisewege-Plattform[22] – ich hoffe, dass ich damit ein gültiges Billett gekauft habe. Anschliessend reserviere ich gleich die zwei Übernachtungen in León und im darauffolgenden Ort (Villar de Mazarife) sowie die beiden Nächte ganz am Schluss der Reise in Santiago de Compostela, denn die sind ja durch dem Rückflug auch schon festgelegt.

Als gegen Abend die Ausstellung „Picasso" im Museum nahe meinem Hotel wieder öffnet, mache ich mich nochmals auf. Es handelt sich jedoch nicht um Bilder von Picasso, wie ich gehofft habe, sondern um Werke, die andere im Stil von Picasso geschaffen haben. Auch schön, aber eben nicht dasselbe.

Noch einmal kehre ich in der schon bekannten Bar auf einen Aperitif ein. Als ich bezahlen will verlangt der Barmann fünf Euro, gibt mir dann nach kurzem Zögern aber Rückgeld, so es mich nur vier Euro kostet. Ich

---

[22] Reisewege-Plattform B

vermute, dass ich mit meiner Bestellung auf Spanisch vom Touristenpreis auf den Einheimischenpreis gerutscht bin und freue mich darüber. Danach gibt es zum Nachtessen ein feines Sandwich auf dem Zimmer, ein zweites mache ich für morgen Mittag bereit. Wie meistens gehe ich auch heute relativ früh schlafen. Am späteren Abend weckt mich der Lärm eines unglaublich lauten Gesprächs, das zwei spanisch sprechende Personen irgendwo in den Hotelgängen führen.

Stichworte zu Burgos:

- Ca. 174'000 Einwohnende (2023), etwa 89% davon in Spanien geboren
- Stadtgründung im Jahr 884 als befestigter Standort gegen die Mauren
- Hauptstadt der Provinz Burgos, in der autonomen Gemeinschaft Kastilien-León
- Grosse Altstadt mit relativ neuer Neustadt
- Modebewusste spanische Bevölkerung
- Ausserordentlich Kathedrale, Altstadt, Kirchen, Museen, Park

 ## Von Burgos nach Rabé de las Calzadas

Sonntag, 22.9.24: 13.5 km, 3 h Gehzeit, ca. 11-20°

Mein Wecker ertönt um 6.45 Uhr, die Zeit, die ich auch von den Herbergen her gewohnt bin. Ich frühstücke in aller Ruhe und gehe dann nach Sonnenaufgang los. Vom Rest des Liters Milch, den ich in Burgos gekauft habe, mische ich mit Kaffeepulver einen Kaffee für unterwegs. So ist meine Halbliter Pet-Flasche für einmal auch während des Tages nicht leer – sonst brauche ich sie nur, um nachts Wasser am Bett zu haben. Ich gehe mitten durch die Altstadt und hinter der Kathedrale durch, wo ich dann wieder auf den Camino und Mitpilgernde treffe. Der Weg führt durch einen Park, wo mir Sträucher mit gefärbten Blättern auffallen, wie wenn der Herbst hier und jetzt beginnen würde. Bald einmal geht es über Land, mehrheitlich eben und oft weithin sichtbar. Auch die wandernden Menschen sind gut zu sehen. Sie sind zahlreicher als vor Burgos, vielleicht alle 20 Meter jemand. Meinem Gefühl nach haben einige Gruppen ihren Jakobsweg erst in Burgos begonnen. Heute ist für einmal auch eine kleine Gruppe dabei, die ich nur schlecht einschätzen kann und in deren Nähe es mir nicht wohl ist. Ganz aussergewöhnlich, denn sonst lasse ich zum Beispiel den Rucksack meistens ohne Bedenken in der Bar stehen, um aufs WC zu gehen. Heute verzichte ich dann sogar auf den WC-Gang. Nach 3 Stunden Gehzeit für die 13.5 km komme ich vor 12 Uhr bei meiner Unterkunft an und frage mich, warum ich denn jetzt hier schon Halt mache. 6-8 km mehr wären locker noch möglich gewesen – gegenüber den ersten Etappen hat sich viel geändert. Mein Picknick nehme ich vor der noch geschlossenen Herberge ein und schon bald danach kommt die Verantwortliche und eröffnet den Empfang. Eingecheckt und zum Nachtessen angemeldet gehe ich meinen Ablauf wie gewohnt durch: Bett mit den Vlies-Tüchern beziehen, duschen, Trinkblase neu füllen (für morgen stattliche $^2/_3$ Liter für 18 km) und ab in die Bar. Mit meinem Fanta suche ich mir einen Platz, an dem ich Tagebuch schreiben kann. Meine Aufmerksamkeit bleibt jedoch am Fernseher hängen – die Landschaft kommt mir vage bekannt vor. Im Sportkanal wird das Zeitfahren der Frauen von der Rad-Weltmeisterschaft in Zürich gezeigt. Ich verfolge das Rennen gespannt und tief aus mir heraus steigt eine ausserordentliche Freude an den Bildern hoch, die meine sonstige Normalität bilden. Hier auf dem Jakobsweg fühle ich mich in einer speziellen Welt: in der Camino-Blase. Darin empfinde ich mich schon beinahe wie eine alte Häsin, bin selbstbestimmt auf dem Weg und deutlich entspannter als zu Beginn. Das macht mir Freude.

Am Nachmittag habe ich viel Zeit und gehe die Planung der letzten 100 km vor Santiago de Compostela an. Schon einige Male hörte ich, dass die Unterkünfte auf dieser Strecke knapp seien, da viele Leute nur den letzten Teil des Jakobswegs ab Sarria pilgern würden. Um sicher nicht in irgendeine Bedrängnis zu kommen, plane ich schon jetzt diese letzten Unterkünfte: Schliesslich sind sie ja aufgrund des Rückflugs vom Datum her gegeben. So buche ich meine Übernachtungen in Sarria, Portomarin, Palas de Rei, Arzúa und O Pedrouzo. Das Kloster Samos hatte ich mir schon zuhause als Highlight vorgemerkt und hier nun für einmal Glück, dass täglich Besichtigungen angeboten werden. Also entscheide ich mich für diese Alternativroute vor Sarria und buche auch hier die entsprechenden Übernachtungen (Tríacastela und Samos). Ab Sarria habe ich saftige Etappen eingeplant (21/25/20/20/28 km). Ob ich wohl wegen der heutigen kurzen Etappe übermütig geworden bin?

Am Pilgernachtessen sitze ich wieder an einem sehr gemischten Tisch: drei weitere europäische allein reisende Frauen etwa in meinem Alter sowie eine 3er-Gruppe aus Taiwan. Die drei aus Taiwan stellen sich sowohl mit ihren englischen wie auch mit ihren chinesischen Vornamen vor, wobei die beiden keinerlei Ähnlichkeit haben – eine seltsame Eigenart. Wie üblich geht das Tischgespräch unter anderem auch um die nächste Tagesetappe. Wir vier Alleinreisenden wollen alle unterschiedlich weit gehen. Zwei gehen normalerweise 30 Tageskilometer und die dritte rund 40, was für mich unvorstellbar wäre und am Tisch Bewunderung und Nachfragen auslöst. Sie sagt, sie laufe relativ rassig und brauche etwa 9 Stunden dafür. Gepäck tragen könne sie jedoch nicht gut, deshalb gebe sie es auf. Sie mache es seit Saint-Jean-Pied-de-Port so und ziehe es voraussichtlich bis Santiago de Compostela durch. Die drei finden es hart so, aber sie machen es und zwar ohne Ruhetage. Wobei sich die eine schon fragt, weshalb sie die Wanderung nicht für sich passender geplant hat. Aber umplanen will sie dann doch nicht. Wir sprechen auch über die Vor-/Nachteile und die Eigenheiten des Wanderns auf dem Jakobsweg. Als ich von anderen Weitwanderwegen erzähle, sagt ihnen das gar nichts, sie kennen scheinbar keine ausser den Caminos.

Mit meiner deutschen Tischnachbarin unterhalte ich mich nach dem Essen noch ein wenig, denn wir freuen uns beide, von Englisch auf das weniger anstrengende Deutsch wechseln zu können. Sie erzählt unter anderem von ihren Blasen an den Füssen, die sie von den Wanderschuhen bekommen hat: neu gekauft, aber dasselbe Modell wie die Vorhergehenden, die keine Blasen verursacht hatten. Jetzt wandert sie mit Turnschuhen, die sie als Zweitschuhe mitgenommen hat und trägt die Wanderschuhe am Rucksack mit. Bei der Versorgung der Blasen kann ich sie mit Rat und Salbe unterstützen und bis zum nächsten Morgen gehen ihre Schmerzen deutlich zurück.

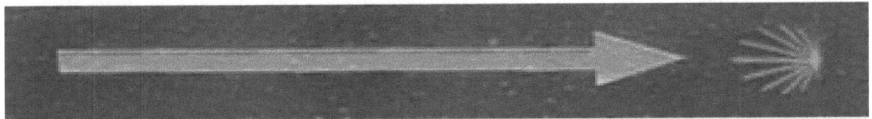

Camino-Spirit I

Beim Nachtessen kommt das Gespräch auf den Camino-Spirit, dessen Existenz mir als bodenständigem und pragmatischem Menschen bisher nicht bewusst gewesen war. Die Isländerin sagt, dass es diesen Spirit selbstverständlich gäbe, das spüre man ja. Sie habe ein ganz spezielles und gutes Gefühl auf dem Jakobsweg, ein Gefühl von Kraft und erfüllt sein. Abends merke ich, dass sie um 20 Uhr nochmals aus dem Schlafsack steigt, um zur Pilgersegnung durch die örtlichen Nonnen zu gehen. Ob dieser Spirit, den sie spürt, vielleicht aus ihrem Glauben heraus entsteht?

Ich bemerke auf alle Fälle die besondere Bedeutung, die der Jakobsweg für viele hat. Man macht sich ein Bild davon, eventuell eine Wunsch- oder Traumvorstellung. Oft höre ich von Sinn- und Antwort-Suche, von Auszeit für Problemlösungen, von Vertiefung der Spiritualität oder vom Glauben. Oder auch von einer Möglichkeit zur Flucht. Vom ganz katholischen Inhalt des Pilgerns mit dem Ziel des Sündenablasses, einer Heilung oder als Dank nach einer Heilung habe ich hier noch nicht gehört.

Die positive Bedeutung, die wir dem Jakobsweg geben, begleitet uns dann auch auf dem Camino. Irgendwie eine selbsterfüllende Prophezeiung.

Was ich persönlich hier erfahre, ist nicht der Camino-Spirit, sondern nach Gesprächen häufig eine Auseinandersetzung mit mir selbst. Was stimmt für mich? Spüre oder erwarte ich dasselbe? Beispielsweise betreffend der Tagesleistung: Könnte ich nicht auch 30 km gehen? Sind die anderen so viel besser oder leistungsfähiger als ich? Bin ich weniger Wert, wenn ich nur kurze Distanzen gehe?

Immer wieder komme ich auf mein wichtigstes Anliegen zurück: Freude am Wandern haben und das Leben geniessen. Mich erholen. Druck abbauen. Das Arbeitsleben abschliessen. Nur noch Verantwortung für mich als Privatperson an- und übernehmen. Frei werden vom Gedanken, nächstens etwas tun zu müssen. Das Gefühl loslassen, dass von aussen Ansprüche an mich gestellt werden. Das Lebenskapitel als Selbständigerwerbende mit den dazugehörigen Belastungen und Unsicherheiten abschliessen. Von der Leistungsbestimmung loskommen: Leistung nicht mehr erbringen müssen und nicht mehr von der externen Beurteilung meiner Leistung abhängig sein müssen. All dies loslassen und dafür die schönen, erfüllenden und befriedigenden Erinnerungen behalten.

Montag, 23.9.24: 18.1 km, 4 h Gehzeit, ca. 12-22°

Mit heissem Wasser aus der Herbergsküche mache ich mir meinen Tee. Da der Essraum mit Frühstückenden besetzt ist, gehe ich wieder ins Zimmer, wo ich für mich sein und in aller Ruhe lesen kann. Als ich aufbreche ist es dunkler als sonst, aber es geht ohne Taschenlampe. Aus dem kleinen Ort hinaus und sofort wieder über Land erlebe ich erneut eine tolle Morgenstimmung und wandere 1¾ Stunden vor mich hin. Ich ertappe mich dabei, wie ich englische Wörter und Sätze im Kopf herumdrehe. Oft sind es Teile aus vergangenen Unterhaltungen, die mir wieder in den Sinn kommen oder Wörter, die ich nicht übersetzen konnte. Dann kommen Gedanken in Hochdeutsch hoch, was mich schon weniger beunruhigt, da es mir näher als Englisch ist. Endlich sind auch diese Gedanken fertig gedacht und mein Gehirn kann wieder ganz normal in Mundart weiter machen.

In Hornillos, einem kleinen Ort unterwegs, fällt mir auf, dass ich wie schon im gestrigen Übernachtungsort fast keine zusammengefallene Häuser sehe. Die sich ähnelnden, vielfach zweistöckigen Steinhäuser stehen in diesen Dörfern oft aneinandergebaut entlang der Strasse und es fällt einfach auf, wenn eines aus ihrer Reihe verfällt. Eine Bar öffnet gerade und ich bin der erste Gast. Später setzt sich eine Mitwanderin zu mir an den Tisch und wir finden bald heraus, dass wir uns auf Deutsch unterhalten können.

Mitgefühl

Diesen Morgen komme ich in eine Bar, die noch gar nicht richtig geöffnet ist. Ich setze mich an einen der wenigen Tische und habe Zeit für den WC-Besuch, bis der Barmann und die Kaffeemaschine einsatzbereit sind. Kurz darauf kommt eine Deutsche herein, die sich nach Rückfrage an meinen Tisch setzt und ebenso viel Freude an ihrem Kaffee hat wie ich an meinem. Wir kommen ins Gespräch und es ergibt sich eine schöne Unterhaltung, eine Kaffeepause mit Einblick in das Leben einer Fremden. Sie erzählt, sie sei in der Mitte des Lebens. Sie schaue zurück auf die Vergangenheit und nach vorn in die Zukunft und beides sei gut. Als ich ihr von meinem Heimweh vom Vortag erzähle, legt sie kurz ihre Hand auf meinen Arm und meint, eigentlich sei es doch schön, Heimweh zu haben anstatt wie viele hier vor etwas zuhause fliehen zu müssen.

Kurz nach dem Dorf sehe ich in einiger Distanz zwei Hunde bei einem Auto und ich denke, der Hundehalter sei sicher nicht weit weg. Die Hunde rennen jedoch weiter vom Tal her hinauf, halten kurz am Bach, schauen zu mir hinüber und kommen direkt über die Felder in meine Richtung. Sie wirken auf mich wie etwa hüfthohe Jagdhunde und ich mache mir Sorgen vor einem Aufeinandertreffen. Also kehre ich um und gehe auf dem Weg ein wenig zurück, bis ich zwei Nachfolgende treffe. Eine davon ist die Deutsche, mit der ich vorher Kaffee getrunken habe. Sie hat ihre Trillerpfeife griffbereit, die lauteste, die ihr Sohn habe auftreiben können, um sich im Notfall auch gegen Hunde zu wehren. Die Hunde überqueren weiter vorne unseren Weg und rennen querfeldein direkt den Hang hoch. Als wir dort hinkommen, sind sie schon in angenehmer Distanz und ich getraue mich auch wieder, alleine weiterzugehen.

Heute sind weniger Wandernde unterwegs und diese tragen dann vermehrt den grossen Rucksack am Rücken. Ich frage mich, wie das kommt oder wo die Mitpilgernden von gestern denn hin gegangen sind. Ausserdem fällt mir auf, dass einige mindestens meine Geschwindigkeit haben, was sonst eher seltener der Fall ist.

Der Weg ist zuerst noch ein wenig hügelig und steigt dann leicht auf eine Hochebene mit abgeernteten Feldern an. Staudenränder säumen den Pfad, aber von Bäumen oder Sträuchern ist kaum mehr etwas zu sehen. Einzelne grosse Steinhaufen und einige Windräder stehen aus der Fläche empor. Als etwa 2 Stunden nach der Kaffeepause eine Sitzbank am Weg auftaucht, setze ich mich hin und geniesse mein Sandwich. Meine Umgebung nehme ich als endlose Weite wahr, der Weg verläuft steckengerade und nur etwa alle fünf Minuten geht jemand mit den Worten „Buen Camino" vorüber. Ich höre die Sprachnachricht ab, die vorhin nach einem Anruf aus der Schweiz hinterlassen wurde. Da der mir unbekannte Bankmitarbeiter tönte, als könnte es dringend oder wichtig sein, rufe ich zurück – es stellt sich jedoch als belanglos heraus. Schon fertig gegessen, trinke ich noch etwas und veröffentliche einen Reiseblog-Eintrag.

Als sich nach einer weiteren halben Stunde ein kleines Tal mit meinem Übernachtungsort zeigt, spreche ich eine dort fotografierende US-Amerikanerin an und wir machen gegenseitig Bilder voneinander. So bekomme ich eine weitere gute Aufnahme von mir auf dem Camino.

Die 18 km von heute habe ich gut geschafft, die Pausen nach 1¾ und 2 Stunden haben mir dabei geholfen, aber jetzt bin ich auch müde. Ich erledige alles Nötige und setze mich dann nach draussen an einen warmen und sonnenbeschienen Platz. Als der Schatten kommt, wird es sofort empfindlich kühl, es zieht und ich brauche den Faserpelz.

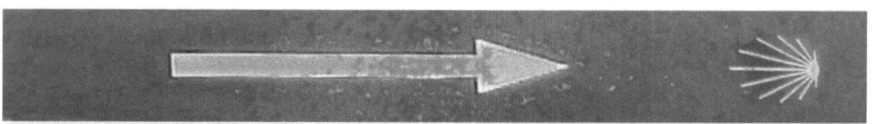

Wem hilft helfen?

Ich sitze auf einer Bank, als eine junge Frau vorbei kommt und mich fragt, ob alles okay sei. Zuerst verstehe ich gar nicht, was sie wissen möchte und frage nach. Ihre Einschätzung, dass es mir nicht gut gehen würde, entbehrt jeglicher Grundlage. Und zudem: Was denkt sie denn in ihrer (jugendlichen) Unbescheidenheit, wobei sie mir helfen könnte, wenn etwas nicht okay gewesen wäre? Über den Tod des Partners hinwegkommen/über den Verlust oder die Kündigung der Arbeitsstelle hinwegkommen/den Sinn im Leben (wieder) finden/Antworten über den weiteren Verlauf des Lebens finden/Stress oder kaum lösbare Probleme in Partnerschaft oder Familie klären oder anderes, das ich hier schon gehört habe? Das könnte sie wohl nicht. Sie kann ja nicht einmal meine Zufriedenheit erkennen.

Wie es ihr selber wohl geht? Wenn sie gefragt hätte, hätte sie sich zu mir setzen können und wenn sie das Bedürfnis gehabt hätte, etwas zu erzählen, wäre ich für eine Weile bereit gewesen, ihr zuzuhören.

Das Pilgernachtessen wird im Restaurant nebenan serviert. Innerhalb unseres Menüs kann zwischen verschiedenen Gerichten gewählt werden und der Service ist professionell. Wir bilden die erste Schicht. Erst nach uns, so ab 20:30 Uhr, beginnt der normale Restaurantbetrieb, bei dem aus der grossen Speisekarte bestellt werden. Das Gespräch am zusammengewürfelten 4er-Tisch ist leicht holprig, aber durchgängig freundlich.

Als ich zurück im Zimmer bin, realisiere ich, dass einige Betten noch frei sind. Das ist für mich ganz ungewohnt, denn die Herbergen waren bisher voll, teilweise sogar aufgestockt mit zusätzlichen Notbetten.

Entweder – Oder

Beim Pilgernachtessen sitzt ein schwedisch-finnisches Paar neben mir. Sie waren den Camino Francés bereits im Jahr zuvor bis nach Santiago de Compostela gegangen. Diesen Frühling wollten sie ihn wiederholen, hatten dann aber wegen einer Verdauungs-geschichte unterbrechen müssen. Nach grossen Regenfällen war das Trinkwasser stärker gechlort worden, wohl wegen Verunreinigungen. Das Chlor hat die Verdauung der Frau so sehr geschwächt, dass sie den Camino hatten abbrechen müssen, um sich zuhause wieder zu erholen. Was es nicht alles gibt! Der Unterbruch sei nicht schwierig gewesen, denn sie seien pensioniert und könnten sich diese Zeit nehmen.

Erst vor kurzem sind sie jetzt im Herbst, einige Monate später, wieder angereist. Sie wandern ab dem Ort des Abbruchs weiter. Für die beiden war klar, dass sie wieder kommen würden. Der letztjährige Jakobsweg hatte sie so begeistert, dass sie immer wieder kommen wollten. Die Frau fragt mich, zu welchen Menschen ich denn gehöre: entweder immer wieder Jakobsweg oder nie mehr. Für mich ist das nicht so klar und ich merke, dass ich wohl zu keiner der beiden Kategorien gehöre. Ich kam mit der Idee, für den nächsten Camino Francés zu zweit zu rekognoszieren – schliesslich hatten meine Frau und ich ihn als gemeinsame Weitwanderung angedacht gehabt. Inzwischen ist für uns jedoch auch denkbar, einen anderen Jakobsweg oder stattdessen auch einen anderen Weitwanderweg zu gehen. Was ich mir jedoch sicher bin: ich würde nicht mehr alleine gehen, wenn ich mit meiner Frau gemeinsam unterwegs sein könnte.

Abbruch oder nicht?

Als vierter und letzter kommt ein Italiener (74) zu uns an den Esstisch. Er hat vorher noch mit zuhause telefoniert und schockierenden Bescheid erhalten: X ist sterbenskrank und hat nur noch etwa eine Woche zu leben. Seine Frau hat ihn nach dem Arztbesuch gleich wieder mit heim genommen.

Der Italiener ist unschlüssig, ob er seinen Jakobsweg abbrechen soll, um nach Hause zurückzukehren. Er ist sich sicher, dass er zukünftig nie mehr auf den Camino zurückkehren könnte, weil die Erinnerungen zu schlimm wären.

Seine Trauer scheint überwältigend. Wir fragen nach und finden heraus, dass X sein Hund ist. Für ihn scheint auch keine Rolle zu spielen, dass X bereits ein schönes Hundealter erreicht hat. Wenn er nach Hause ginge, würde ihn erwarten, den Hund zum Einschläfern zum Arzt zu bringen. Beides ist für ihn kaum vorstellbar, weder ihn auf dem letzten Weg zu begleiten noch beim Tod nicht dabei zu sein.

Ich merke, dass mich die gut drei Jahre Mitarbeit im Pflegeheim viele Erfahrungen mit Sterben und Tod haben machen lassen und mich dadurch wohl auch verändert haben. Die Begleitung von Sterbenden wurde für mich machbar und innerhalb der Arbeit selbstverständlich und wichtig: Verantwortung für jemanden wahrnehmen und übernehmen, was er nicht mehr tun kann.

Wie viele andere Male auch war diese Begegnung einmalig: Ich durfte für kurze Zeit am Leben eines Mitwandernden teilnehmen und habe ihn danach nicht mehr gesehen. Er hat mir einen tiefen und berührenden Einblick erlaubt, obwohl wir uns nicht gekannt haben. In der Art einer Schicksalsgemeinschaft, wo vieles Platz hat und die weit weg vom normalen Leben zuhause ist.

Von Hontanas nach Itero de la Vega

Dienstag, 24.9.24: 19.9 km, 4½ h Gehzeit, ca. 10-16°

Beim Frühstück bemerke ich meine fehlende Motivation für den heutigen Wandertag. Die sonstige Freude am Losgehen und Welt entdecken will nicht so richtig entstehen. Vielleicht, weil ich nicht so gut geschlafen habe? Wie auch immer: Wenn das Gefühl nicht da ist, dann mache ich es einfach mit Willen wett. Ich entscheide mich, trotzdem loszuwandern und es lohnt sich, denn nach der Einlaufzeit kommt die Freude doch wieder auf.

Es geht über Kieswege durch leicht hügeliges Gebiet, entlang von mehrheitlich unbewohnten Tälern und teilweise an der Seite eines kaum befahrenen Strässchens. Es beginnt zu nieseln und als ich die Pelerine überwerfe, hilft mir sofort jemand, sie hinten über den Rucksack zu ziehen. Nach 1½ Stunden überrascht mich ein eindrückliches Bauwerk, in welches das Strässchen integriert ist. Ein grosses Tor bildet einen Durchgang für uns und beidseits des Weges stehen ummauerte Gebäude mitsamt der Ruine einer Kirche: Es handelt sich um ein ehemaliges Kloster. Ich schaue mir die verbliebenen hohen Kirchenmauern näher an und hätte meine Pause hier bei diesem früher sicher spektakulären Kloster gemacht, wenn ich eine Getränkausgabe gefunden hätte.

Nach dem Kloster führt der Weg auf den weithin sichtbaren Hügel von Castrojeriz zu, das Gezwitscher von Vogelschwärmen begleitet mich. Nach einer weiteren halben Stunde bin ich bei den vielen mittelalterlichen Bauwerken des Ortes angekommen: Burgruine, Klöster und Kirchen prägen das Bild und beeindrucken mich. Das um den Hügel herum gebaute langgezogene Dorf wäre sicher auch eine gute Wahl zum Übernachten gewesen. Die erste Bar lasse ich links liegen und bange schon um meine Kaffeepause, bis ich dann etwa einen Kilometer weiter und immer noch im Dorf doch noch auf einen Platz mit einer weiteren offenen Bar komme.

Da es zwischendurch immer wieder leicht regnet, behalte ich die Pelerine griffbereit in den Rucksackgurt geklemmt. Ausserhalb des Dorfes wandere ich wieder über die hellbraunen Felder mit dunkelgrünen Akzenten und komme zu einem steilen Anstieg, so steil, dass sogar Verkehrstafeln für kommende Kurven und eine 12%-Steigung neben dem gekiesten Feldweg aufgestellt sind. Der Blick aufs Tal wird immer weiter, je höher ich komme. Oben angekommen wechselt die Aussicht auf eine flache Hochebene mit abgeernteten Feldern, soweit das Auge reicht. Sofort weht wieder ein unangenehmer Wind. Auf der anderen Hügelseite wird der Abstieg mit ausgeschilderten 18% sogar noch steiler, dafür aber kürzer und der Weg ist hier betoniert. Weshalb wurden diese Schilder hier wohl montiert? Wir hatten ja schon etliche Auf- und Abstiege auf unserem Weg, was für uns normal und dank Wegbeschreibungen bekannt ist. Die Landbesitzer müssten den Weg kennen und eine Durchgangsstrasse scheint es nicht zu sein. Ich vermute also am ehesten, dass die Schilder wirklich für die Pilgernden aufgestellt wurden – von extrem vorsichtigen Verantwortlichen, die eher wenig wandern. Es kann natürlich auch ganz anders sein. Immerhin habe ich genügend Zeit für solche Überlegungen und gerade nichts anderes zu bedenken.

Ich komme an der Abzweigung zu einem Dorf mit Herberge vorbei. In der gewiesenen Richtung sehe ich neben dem Karrenweg nur braun und Horizont, auf mich wirkt es trostlos und verloren. Ähnlich wie der Weg, dem ich weiter folge. Hier stehen zumindest einzelne Gebäude am Horizont, vermutlich mein Übernachtungsort.

Zum Fluss Pisuerga hin wird die Landschaft grüner und es beginnt leicht zu regnen. Vor der langen Brücke mit ihren elf Bögen, erbaut im 11. Jahrhundert, steht eine leicht zusammengefallene Plattform mit verblichenen Info-Tafeln. Eine Frau kommt vom Fluss her wieder zum Weg hinauf und beginnt, mir einen unerbetenen Kurzvortrag ihrer Eindrücke über die „Puente de Itero" zu halten. Ich bemerke bei mir deutliche Widerstände gegen ihr Verhalten und bin froh, dass dies eine grosse Ausnahme zum hier sonst respektvollen Umgang mit der Privatsphäre anderer ist.

Auf der anderen Seite des Flusses würde ein Sitzplatz bei gutem Wetter zur Rast einladen, ein Steinmonument zeigt die hier beginnende Provinz Palencia an – die Provinz Burgos ist passé. Im Nieselregen gehe ich an einem Rübenfeld vorbei, das grossflächig bewässert wird. Auch andere grün bewachsene Felder haben Bewässerungseinrichtungen. Gibt es ab der Provinzgrenze eine andere Art der Feldbewirtschaftung? Mir fällt auf alle Fälle ein deutlicher Unterschied auf.

Bald bin ich in meinem Übernachtungsort Itero de la Vega angelangt und finde meine Unterkunft gleich beim Dorfeingang. Im Hostel mit Restaurant, in dem ich per WhatsApp eine Übernachtung gebucht habe, wird eine klare Arbeitsteilung beim Personal deutlich. Als ich mich an der Bar als Gast anmelden will, werde ich an den „Hospitalero" auf der Terrasse verwiesen. Wie sich später herausstellt, ist dieser ehemalige Pilger aus Deutschland der Besitzer des Betriebs. Es ist noch zu früh für den Check-in, also setze ich mich im Restaurant an einen Tisch – leider an einen im Durchzug, denn die anderen sind schon besetzt. Da der Hospitalero eine neue Mitarbeiterin für den Check-in einarbeitet, zieht es sich lange hin – sie schafft zwei Zimmer in einer halben Stunde. Als er mir später das Zimmer und rundherum zeigt, sage ich ihm, ich sei froh, nun endlich aus den Wanderschuhen zu kommen. Er antwortet, ich hätte schon bei meiner Ankunft im Restaurant die Wanderschuhe aus und die Sandalen anziehen können, das wäre vollkommen akzeptabel gewesen. Für mich eine ungewohnte Idee, aber ich merke es mir für ein anderes Mal.

Es ist wie schon oft fröstelig kalt und zieht überall: draussen, im Zimmer, im Hof und im Restaurant. Das einzige Bett im Zimmer, das mir angenehm scheint, ist von der einzigen anderen schon anwesenden Person besetzt. Die Etagenbetten sind so niedrig, dass ich nicht aufrecht sitzen kann, also voll unbequem. Vom eigentlich nötigen Unterhosen Waschen sehe ich ab, damit ich sie nicht an der Wäscheleine neben dem

Aussensitzplatz des Restaurants aufhängen muss. Um etwas zu essen einzukaufen, gehe ich ins Dorf und habe Glück. Obwohl der Ladenbesitzer schon am Gehen ist, komme ich mit einem frisch zubereiteten Sandwich und einem Teigwaren-Salat noch zu zwei Mahlzeiten. An einem der beiden Strassentische vor dem Laden setze ich mich hin, um meinen Hunger zu stillen.

Während der heutigen Wanderung habe ich darüber nachgedacht, früher heimzureisen. Durch meine Busfahrt nach León habe ich eigentlich zu viele Tage für die Wanderstrecke bis Santiago de Compostela. Ich rechne aus, dass ich den Flug eine Woche früher nehmen könnte, wenn ich etwa 20 Tageskilometer gehe und in Sarria nur einmal übernachte. Heute ist Tag 22 von bisher geplanten 51. Ich habe schon einen rechten Weg hinter mir und viele Erfahrungen gemacht. Ich möchte lieber meine Reise von 7 auf 6 Wochen abändern, statt hier im kalten Spanien über mehrere Tage hinweg Sehenswürdigkeiten zu suchen. Dafür müsste ich den Rückflug umbuchen und die schon gebuchten Unterkünfte der letzten Woche stornieren. Am Telefon bespreche ich die Planänderung mit meiner Frau: Wie auch immer ich mich entscheide, sie unterstützt mich dabei. Also mache ich mich daran, den gebuchten Flug am Mobiltelefon vorzuverschieben, was sich als schwierige Aufgabe herausstellt. Auch mit Support von zuhause gelingt es mir nur teilweise und da Bestätigungsmails fehlen und die verschobene Buchung online nur teilweise angezeigt wird, bleibt unklar, inwieweit es geklappt hat. Die Umbuchung der Unterkünfte verschiebe ich auf den nächsten Tag.

Danach schlafe ich schlecht. Viele andere jedoch auch, denn im Nachbarzimmer reden zwei Spanierinnen über Stunden so laut, dass nicht einmal meine guten Ohrstöpsel den Lärm genügend dämpfen können. Dies ist nun schon die zweite aufeinander folgende Nacht, in der mein Mehrbettzimmer nur etwa halb belegt ist. Nimmt nun die grosse Menge an Pilgernden langsam ab?

22 Tag

271 km

Von Itero de la Vega nach Frómista

Mittwoch, 25.9.24: 14.8 km, 3½ h Gehzeit, ca. 14°

Ich bin wohl die einzige, die in der Herberge frühstückt. Weil das Restaurant noch geschlossen ist, brühe ich meinen Tee mit warmem Hahnenwasser an – den Tauchsieder will ich wegen der fehlenden Ablagefläche bei der Steckdose hier nicht einsetzen. Erstaunlicherweise bekommt mein Getränk trotzdem Farbe und ein wenig Geschmack, warm ist es auf jeden Fall.

Da ich gestern eher kühl hatte, ziehe ich mein neues Langarm-Shirt für die Wanderung an, denn die Vorhersage zeigt in etwa das gleiche Wetter an: kühl, bedeckt, windig, teilweise nieselnd.

Auf einem Feld am Weg sehe ich das erste Zelt hier auf dem Jakobsweg. Mehrere Taubenschläge fallen mir auf und neu auch einfache Häuser aus Tonziegeln, die meisten in einem Stadium zwischen beschädigt und eingefallen. In den zwei Stunden bis zur Kaffeepause sehe ich eine einzige Wanderin – sie überholt mich – und drei Velofahrende. Alleine fühle ich mich nicht, denn ich weiss ja, dass vor und nach mir Menschen wandern. Es wird für mich einer der Tage mit wenig Camino-Verkehr: schön ruhig und für mich problemlos, in meinem Tempo zu gehen. Vor der Kaffeepause sehe ich dann eine Schulklasse und in der Bar weitere Wandernde.

Hier wird Ackerbau betrieben: riesige Felder mit Grünpflanzen und Sprinkleranlagen bis zum Horizont, nur einzelne Rebenfelder lockern das Bild auf. Bedeutet das, dass diese Pflanzen ohne Bewässerung gar nicht wachsen würden? Ich überquere einen kleinen Kanal – klar, irgendwo muss das Wasser für die Felder ja herkommen, denn schliesslich wandere ich immer noch durch die eigentlich trockene Meseta.

Heute fällt mir beim Wandern auf, dass mir die Gegend gar nicht besonders gut gefällt. Das ist natürlich kein Grund um abzubrechen, aber nur wegen der landschaftlichen Schönheit würde ich hier nicht wandern wollen.

Vor meinem Übernachtungsort Frómista wechselt das Landschaftsbild. Der Camino führt einige Kilometer entlang dem Canal de Castilla. Es gefällt mir, wie Bäume den Kanal säumen und einzelne Gebäude auf seine frühere Nutzung hindeuten. Beim Wehr von Frómista steht eine Reisegruppe und hört einem Vortrag zu. Schliesslich gilt das Bauwerk mit seiner Länge von insgesamt 207 Kilometern als ingenieurtechnische Meisterleistung aus dem 18./19. Jahrhundert – auch wenn seine wichtige Funktion, Getreide in die Hafenstädte der Nordküste zu transportieren, schon bald nach Inbetriebnahme auf die neu gebaute Bahn verlagert wurde. Zur Energiegewinnung, früher für Getreidemühlen, zur Fischerei und zur Bewässerung der Felder diente er jedoch weiterhin und heute wird er zusätzlich auch touristisch genutzt – ein Ausflugsboot ist vor dem Wehr angedockt.[23]

Um 12 Uhr bin ich in Frómista in einer Bar und habe Hunger. Eine Hauptmahlzeit gibt es erst in zwei Stunden, aber es gibt immerhin schon einzelne Happen: für mich eine Krokette und ein Speck-Spiegelei-Sandwich. Ich mache es mir am Tisch bequem und widme mich nach dem Essen meinem Rückflug. Scheinbar war die Umbuchung beim Reisevermittler mindestens so weit ausgeführt worden, dass die Fluggesellschaft das gewünschte frühere Datum registriert hat, bevor der Chat abgebrochen worden ist. Ich kann schon heute einchecken und habe damit den Boarding Pass als Beleg für die Vorverschiebung. Jetzt sind meine restlichen Reisetage hier bestimmt, insgesamt 44 werden es sein, also habe ich auf einen Schlag schon mehr als die Hälfte meiner Reisezeit in Spanien durch. Ich gehe erneut an die Übernachtungen der letzten Woche. Durch die Umbuchung dauert meine Reise sieben Tage weniger. Ich streiche die zweite Übernachtung in Santiago de Compostela, denn ich gehe davon aus, dass ich dann lieber heimreisen werde als die Stadt zu besichtigen. Bei vier Unterkünften kann ich das Datum umbuchen (Santiago de Compostela, O Pedrouzo, Sarria und

---

[23] Canal de Castilla

Tríacastela). In Palas de Rei, Portomarin und Arzúa muss ich die Zimmer stornieren und andere buchen. Glücklicherweise muss ich nur eine einzige Nacht doppelt bezahlen. Als nächstes gehe ich daran, die Strecke zwischen León und Tríacastela zu planen. Aufgrund meiner Einschätzung der Sehenswürdigkeiten, die ich besuchen möchte, will ich lieber in Astorga als in Ponferrada zweimal übernachten. Einmal so entschieden versuche ich, Übernachtungsmöglichkeiten und Tageskilometer zusammenzubringen. Daraus ergibt es sich, dass ich die letzten 13 Tage durchwandere, wobei in der Mitte mit 10 km eine relativ kurze Etappe eingeplant ist – irgendwie wie ein halber Erholungstag. Also buche ich nun auch die restlichen Unterkünfte meiner Reise: Hospital de Órbigo, Astorga, Rabanal del Camino, El Acebo, Ponferrada, Villafranca del Bierzo und La Laguna. Damit steht der weitere Verlauf meines Jakobsweges fest, der Rahmen ist gegeben. Für mich geht es nicht mehr darum, ob und wie ich es hier schaffe, sondern dass ich meinen Weg gehe. Ich freue mich, dass mein Selbstverständnis und meine Sicherheit im Wandern sich dahingehend verändert haben.

Nach zwei Stunden verlasse ich die Bar Richtung Herberge, wo ich in einer Aussenküche mit anderen zusammen Kaffee trinke. Unter anderem erfahre ich, dass jemand aus der Runde schon gute Erfahrungen mit dem Anbieter meines Bustickets nach León gemacht hat – das stimmt mich zuversichtlich für meine Fahrt von Übermorgen. Auch über Mehrbettzimmer sprechen wir und ich kann einer Bemerkung zustimmen, dass man Schnarchgeräusche und das frühe Aufstehen von anderen gut vertragen können muss und ein Gruppengefühl anstelle von Privatsphäre antrifft.

Nach ihrer Mittagspause besichtige ich ab 17 Uhr die zwei bekannten Kirchen San Martín und San Pedro, die mir von der Dame der Tourismus-Information als die Sehenswürdigkeiten des Ortes genannt werden. Die Kirche San Martín finde ich sehr schön restauriert, ein stabiles Bauwerk, im Inneren recht schlicht, dafür mit einer kleinen Ausstellung (in Spanisch). Auch die Kirche San Pedro ist mir vom Bau her auf dem Weg zur Herberge schon aufgefallen. Die kostenpflichtige Ausstellung darin besuche ich nicht und so verbringe ich nur etwa 5-10 Minuten in den beiden Kirchen. Auf einem Aushang sehe ich die Ankündigung eines Pilgerkonzerts, das mich anspricht. So bin ich um 18 Uhr zurück in der Kirche San Pedro und geniesse die Musik: Zuerst Orgelwerke von Frescobaldi, Händel, Pergolesi, Cabanilles und Mozart, dann sechs Gregorianische Gesänge und als Abschluss ein Querflöten-Stück von Bach, alles von einer einzigen Person dargeboten. Beim Ausgang gebe ich gerne eine Spende, denn mir gefällt die Idee des Veranstalters, am Jakobsweg für Pilgernde Konzerte zu veranstalten.

Anschliessend gehe ich direkt zum gegenüber liegenden Restaurant, scheinbar dem einzigen im Ort, das schon geöffnet hat. Es ist bereits bis auf den letzten Platz besetzt. Da ich nicht stundenlang warten will, kaufe ich in der Bäckerei einen Krapfen, den ich in der Herberge esse – im halbdunklen Aufenthaltsraum, denn der Besitzer will Strom sparen.

Seit dem Nachmittag windet es heftig. Ich hoffe, morgen haben wir „nur" Regen und nicht auch noch Sturm. Vor dem Schlafengehen macht sich wieder einmal meine Verdauung bemerkbar – die lokale Art der Ernährung entspricht mir einfach nicht.

Von Frómista nach Carrión de los Condes

 Donnerstag, 26.9.24: 20 km, 4 h Gehzeit, ca. 12°

Beim Frühstück habe ich ausnahmsweise einmal Gesellschaft. Wir unterhalten uns über das prognostizierte Unwetter. Dunkle Wolken bedecken den grossen Himmel, als ich in den windigen Morgen losgehe. Heute wünschte ich jemanden vor mir, um gut aus dem Ort hinauszufinden – leider vergebens. Dafür habe ich dann aber den Rest des Tages dauernd Mitwandernde in Sichtweite, denn der Camino führt mehrheitlich gerade neben der Strasse entlang. Ich trage von Anfang an Regenjacke und Pelerine und prompt beginnt es auch schon bald zu regnen. Es herrscht Sturmwind von links vorne bis links hinten, teilweise auch böig, zusammen mit leichtem bis starkem Regen. Mein Regenschutz hält gut dicht, aber der Wind hebt die Pelerine immer wieder an und so peitscht mir der Regen an die ganzen Beine inklusive Po. Hosen und Unterhosen sind bald nass, können aber im starken Wind zwischendurch wieder antrocknen. Zum Glück gelangt das Wasser nicht unter dem Hüftgurt hoch, so bekomme ich wenigstens nicht auch noch einen nassen Rücken. Auch meine Socken und Schuhe sind nass und irgendwann höre ich, wie das Wasser zwischen meinen Zehen pflötschelt und spüre bei jedem Auftreten, wie es durch die Zwischenräume nach oben gepresst wird. Dabei habe ich Schuhe mit GORE-TEX-Membranen, also eigentlich wasserdicht. Kann das Wasser dann vielleicht auch nicht mehr raus, wenn es einmal drin ist? Unterwegs schaue ich bei anderen, ob es mir mit ihrem Regenschutz wohler wäre und überlege mir Alternativen. Zum Beispiel Regenhosen mit Nachteil des Gewichts oder Rucksackschutz statt Pelerine, eventuell auch kurze Hosen mit einem Plastiksack darüber. Am besten gefällt mir ein knielanger Regenmantel mit Ausstülpung für den Rucksack, den ich an jemandem sehe – ich merke es mir für den nächsten Weitwanderweg vor.

Zuerst habe ich Respekt vor allem vor dem starken Wind, aber je weiter ich gehe, umso besser gefällt es mir mitten in diesem scheusslichen Wetter, gebeutelt von den Elementen. Nach 1½ Stunden komme ich in einen Ort, wo ich den Bar-Pfeilen folge, die auf die Strasse gemalt sind. Das Lokal ist geöffnet und voll nasser Wandernder. Auf der Bestätigung meiner Unterkunftsbuchungs-App für heute sehe ich, dass ich ein Einzelzimmer habe. Das freut mich ungemein, denn so kann ich bequem duschen, einfach waschen und alles gut zum Trocknen aufhängen. Nach Kaffee, WC und kurzem Aufwärmen heisst es wieder Pelerine überwerfen und raus. Ich freue mich, dass es gerade nicht regnet, aber sobald ich ausserhalb des Dorfes auf der offenen Ebene bin, beginnt es erneut. Fasziniert schaue ich einem Vogelschwarm zu, der im Sturmwind umherfliegt. Die Strecke ist eben und gerade, beidseits liegen meist ebene abgeerntete Felder. Deutlich weniger Wind ist jeweils in der Nähe von vereinzelt an der Strasse stehenden Bäumen spürbar, sie bilden eine Art Windschutz: Ich kann kaum glauben, wieviel das ausmacht. Es beruhigt mich, dass der Wind keine Äste abbricht oder Ziegel herunterweht. Dagegen ist die Spritzwasser-Wolke der vorbeifahrenden Autos ungefährlich, wenn auch ein wenig unangenehm. Im Wind verschiebt es mir immer wieder die Kapuze der Pelerine, so dass mein linkes Auge halb verdeckt wird. Irgendwann akzeptiere ich es einfach – die Brille ist mir heute sowieso unbequem – und schaue halt einfach mehr mit rechts.

Fürs Mittagessen habe ich mir vorgängig online ein Restaurant herausgesucht. Vor Ort stelle ich jedoch fest, dass es geschlossen hat oder aufgegeben wurde. Also wird nichts mit Pause, denn Alternativen in Innenräumen sind nicht in Sicht. Etwa die letzte Stunde bis zu meinem Übernachtungsort Carrión de los Condes schüttet es wie aus Kübeln. Der Camino steht teilweise sogar unter Wasser und bei meiner Ankunft in der Pension, rund 2½ Stunden nach der Kaffeepause, sind meine Wanderhosen und Schuhe tropfnass. Spannenderweise bin ich trotz Hudelwetter schneller vorwärts gekommen als bisher – und das bei einer stolzen Distanz von 20 km und anstrengenden Bedingungen.

Freundlicherweise kann ich schon vorzeitig einchecken und meine nassen Kleider sind kein Problem. Ich werde mit allen nötigen Informationen versorgt und bekomme ein hübsches Zimmer zugewiesen. Die Dusche ist heute ein ausserordentlicher Genuss und da ich eine Dusche für mich alleine habe, kann ich so lange unter dem Wasser bleiben, bis mir nicht mehr kalt ist.

Inzwischen ist es in Spanien Zeit für das Mittagessen und ich finde ein Restaurant, wo ich ein Dreigang-Menü bekommen kann. Ein Franzose mit grossem Rucksack setzt sich nach Rückfrage zu mir an den Tisch, da wir noch die einzigen beiden Personen im Essbereich sind.

Aus der Bahn geworfen

Für unser Tischgespräch einigen wir uns auf Französisch, das passt für den jungen Franzosen besser als Englisch und für mich geht es auch. Wir sitzen uns gegenüber und für einmal entsteht nicht automatisch eine Unterhaltung. Deshalb frage ich ihn halb im Spass, ob er mir seine Lebensgeschichte erzählen wolle. Er will und beginnt stockend zu berichten, von seiner Ausbildung zum Ingenieur und dem Beginn der Berufstätigkeit. Mit den Veränderungen, die Corona im Berufsalltag brachte, kam er immer weniger zurecht, bis es für ihn nicht mehr auszuhalten war: Er kündigte und versuchte etwas anderes. Eine Zusatzausbildung wollte er machen und zog dafür in eine andere Stadt. Schon kurz darauf brach er ab. Jetzt lebt er in Dijon in einer Art betreutem Wohnen und kann in einer geschützten Arbeitsstelle einfachste handwerkliche Arbeiten verrichten. Das gibt ihm Halt. Inzwischen hat er auch die Diagnose „bipolare Störung" erhalten. Er nimmt Medikamente, die ihm über die Runden helfen, würde sie aber lieber absetzen. In Dijon hat er seinen Jakobsweg begonnen. Er ist mit dem Zelt unterwegs, lebt einfach und von wenig, schaut jeweils, wie weit er kommt. Er wünschte, er könnte die bipolare Störung hinter sich lassen. Er wünschte, die Coronazeit hätte nie stattgefunden.

Ich gehe zurück ins Hotel für die zuvor vereinbarte Massage, die jedoch kurzfristig wieder abgesagt wird. Als die Sehenswürdigkeiten wieder öffnen, mache ich mich zu einem Stadtrundgang auf. Im Tourismusbüro schaue ich mir das Contemporary Art Museum an, eine hübsche kleine Ausstellung von zeitgenössischen Bildern und Skulpturen. In der umgenutzten Kirche nebenan betrachte ich Bilder und Statuen von und zu den Kirchen und Klöstern im Ort und zähle, dass es in Carrión de los Condes etwa 6 Klöster gab, die zum Teil bis heute bestehen – eine unglaubliche Anzahl im 2'000-Seelen-Städtchen.

Obwohl ich heute schon ein Menü hatte, zieht es mich fürs Nachtessen nochmals in ein Restaurant. Vielleicht Nachholbedarf nach gestern? Kurz vor 19 Uhr stehe ich vor dem Eingang eines Lokals, das bald öffnet. Ein Herr geht um mich herum, um die Menütafel auf dem Trottoir zu studieren. Als ich zur Seite treten will, meint er in Schweizerdeutsch, ich könne stehen bleiben, er sähe es gut. Ich staune und er erklärt mir, er achte darauf, an welcher Hand der Ehering sei und schliesse daraus, dass ich ihn sehr wahrscheinlich verstehen würde. Was ja auch zutrifft. Er ist mit einem weiteren Schweizer und einem Deutschen unterwegs. Seit langem kann ich mich wieder einmal auf Schweizerdeutsch unterhalten, was mich zusätzlich zur netten Gesellschaft ungemein freut. Wir tauschen uns über das Leben zuhause und unseren Jakobsweg aus.

Die drei Herren bestellen à la carte und haben schon nach der Vorspeise beinahe genug, so gross sind die Portionen. Meine Menüwahl mit Fidelisuppe und der lokalen Spezialität „Cocido", einem Eintopf mit Kohlgemüse, Kichererbsen, Würsten und verschiedenem Fleisch, ist durchzogen: Nur die Fidelisuppe und das Gemüse schmecken mir wirklich.

Wandergruppe CH-D

Franz und Josef (ü70) aus Basel treffe ich vor dem noch geschlossenen Restaurant, in dem wir Abendessen wollen. Sie haben zu Dritt reserviert und sind einverstanden, dass ich mich an ihren Vierertisch setze. So verbringe ich den Abend mit Gesprächen in Schweizerdeutsch und lerne auf meinem

Jakobsweg den zweiten und dritten Menschen aus der Schweiz kennen.

Franz hatte schon länger Lust gehabt, auf den Jakobsweg zu gehen. Als Josefs Wanderpartner verhindert war, hat er sich kurzfristig als Ersatz anerboten und so sind sie nun zusammen unterwegs. Er hätte sich weder vorstellen können, alleine zu gehen noch in Mehrbettzimmern zu übernachten. Nach der zweiten Etappe hat er sich auf Gepäcktransport umentschieden. Er ist stolz auf seine bisherige Leistung – mir scheint, auch voll berechtigt – und der Ehrgeiz hat ihn gepackt: er möchte bis zum Schluss durchhalten. Ihre Planung: 29 Tage von Saint-Jean-Pied-de-Port nach Santiago de Compostela. Nach dem Start haben sie sich mit Bernhard aus Deutschland zusammengetan, der den Camino Francés zum zweiten Mal geht. Er sei ihr Fotograf (im Gehen), Dolmetscher, Pacemaker und Planer. Das Gespräch kommt auf die Freude am Wandern. Bernhard erzählt von seinem ersten Camino Francés vor einigen Jahren. Nach 30 Tagen für die ganze Strecke habe er ein befriedigendes Gefühl gehabt, dass er durchgehalten hatte und diese Leistung hatte erbringen können. Trotz schmerzender Beine. Eigentlich habe er an den einzelnen Tagen keine Freude gehabt, sondern erst hinterher. Dieses Gefühl, es geschafft zu haben, habe einige Jahre gehalten. Das möchte er jetzt wieder erreichen.

Sie scheinen sich in ihrem Dreierteam wohl zu fühlen. Einziger Wermutstropfen für Franz: weil sie erst etwa gegen 17 Uhr in den Übernachtungsorten eintreffen, würden sie nicht viel von den Ortschaften sehen.

Heute ist Tag 24 von 44 meiner Reise. Ich bin an 19 Wandertagen insgesamt 306 km in 72 Stunden von Pamplona bis Carrión de los Condes gewandert. In Pamplona, Estella, Logroño und Burgos habe ich einen zusätzlichen Besichtigungstag eingeschoben. Die bisherigen Herausforderungen der Reise konnte ich gut meistern. Ich habe Freude sowohl beim Wandern wie auch bei meinen Stadttagen und es gibt immer wieder etwas Neues zu erleben. Ausserdem kenne ich inzwischen diverse Schnarchgeräusche aus den Nächten in den Mehrbettzimmern. Morgen überbrücke ich rund 100 km des Jakobswegs mit der Busfahrt nach León, wo ich einen weiteren Besichtigungstag verbringe. Von dort bis Santiago de Compostela sind es dann nochmals gut 300 km, die ich zu Fuss vor mir habe.

Busfahrt Carrión de los Condes - León

Die Nacht ist unruhig. Im Nebenzimmer diskutieren etwa drei Spanier lautstark bis spät am Abend und ab morgens früh und knallen zwischendurch immer wieder die Zimmertür zu. Da hilft nichts, dass der Pensionsbetreiber Schilder für Ruhezonen aufgehängt hat.

Leider sind am Morgen meine Schuheinlagen noch nass. Ich habe nicht realisiert, dass ich sie hätte auswringen sollen. Auch die hineingestopfte Zeitung hat da nicht genügend Feuchtigkeit aufgesaugt. Die restlichen Habseligkeiten haben gut getrocknet. Ich packe neben dem grossen Rucksack auch den kleinen, denn bei der heutigen Busfahrt wird der grosse wahrscheinlich im Gepäckraum transportiert werden. Auf dem Weg zur Bushaltestelle suche ich in einem kleinen Supermarkt ein Tagebuch-Heft (vergebens) und etwas zu Essen für unterwegs (schlussendlich ein Pack Erdnüsse). Wie in vielen Läden ausserhalb der Grossstädte frage ich mich, wieso hier kein ansprechendes Angebot für mich und diverse andere Wandernde, die ich schon beobachten konnte, existiert. Wir wären doch eine beständige und lukrative Zielgruppe für Kleinmahlzeiten to go. An der Kasse versucht dann die Bedienung auch noch, mich zu ignorieren und nicht einzukassieren. Das verstehe ich dann noch weniger, denn auch wenn ich keine Bekannte von ihr bin, lebt der Laden ja doch von Verkäufen. Frühzeitig gehe ich in die Bar bei der Bushaltestelle und verbringe die zwei Stunden Wartezeit mit Milchkaffee und Gipfeli, wobei der Kaffee wie üblich der günstigere Teil davon ist. In der Bar ist es laut, kalt wie draussen und es zieht. Ich realisiere, dass genau dies ein Teil meiner Feriengefühle hier ausmacht.

Als der Bus kommt, klappt alles mit meinem online gekauften Busticket, das ich nur auf dem Mobiltelefon vorweisen kann. Erleichtert setze ich mich für die knapp zweistündige Fahrt auf den vorgegebenen Sitzplatz. Mit mir steigen auch einige andere Mitpilgernde ein. Leider auch eine Professorin aus Austin, die ihre endlosen Geschichten so laut erzählt, dass der halbe Bus mithören muss. Sie steigt unterwegs aus und ich will schon aufatmen, aber wir rutschen irgendwie vom Regen in die Traufe. Ihr Ersatz führt beängstigend laut aggressive Selbstgespräche, beschallt uns mit seiner unsäglichen Musik und singt die Fluchworte der Liedtexte inbrünstig mit. Aber auch das endet, nämlich in León an der Bushaltestelle. Ich laufe mit der Karte im Kopf Richtung Hostel los, aber die Stadt ist gross und ich brauche dann doch die Mobiltelefon-Navigation, um hinzufinden. Meine Unterkunft liegt super, ganz nah bei der Kathedrale und mitten in der Stadt. Als Mehrbettzimmer beziehe ich hier eine Nobelvariante: nur Frauen, mit Bettzeug, mit Holz abgetrennte Einer-Einheiten mit Gepäckschubladen und Licht, Strom und einen Vorhang beim Bett. Der Aufenthaltsraum neben der Küchenzeile ist gross und hat viele Sitzgelegenheiten: Platz genug für mich und die Erdnüsse mit Wasser als Mittagessen. Bescheiden, aber genügend, denn mein Essensbedarf ist noch gedeckt von den zwei Hauptmahlzeiten von gestern. Ich merke, dass mir eine auch gereicht hätte. Obwohl ich heute körperlich noch fast nichts unternommen habe, bin ich erledigt. Macht sich damit die Kälte und Anspannung von heute oder allenfalls die Anstrengung der ganzen Reise bemerkbar?

Als ich mich wieder erholter fühle, will ich die Kathedrale besichtigen, die für ihre vielen grossen und bunten Fenster aus verschiedenen Jahrhunderten bekannt ist. Von aussen sieht sie bewunderungswürdig, gross und mächtig aus. Für einmal muss ich an der Kasse ein paar Minuten anstehen und der Eintritt ist mit 10 Euro teurer als meine bisherigen besuchten Sehenswürdigkeiten. Der Innenraum der

Kathedrale wirkt ebenfalls gross und mächtig auf mich und auch sehr hoch. Ausserdem sticht mir die verzierte Mittelkapelle ins Auge. Es gibt jedoch nur wenige Seitenkapellen, kaum Grabplatten und durch die kaum geschmückten Stein-Säulen, -Bögen und -Wände wirkt sie ein wenig leer auf mich. Vielleicht kommen so natürlich die eindrücklichen Fenster besser zur Geltung. Durch den Kreuzgang komme ich zum umfangreichen Museum mit seinen vielen Bildern, Statuen und kirchlichen Gegenständen. Beim Hindurchgehen wird mir irgendwann bewusst, dass viele der Darstellungen Grausamkeiten zeigen, anders gesagt: gefolterte Heilige am Laufmeter. Mir würde ein anderer und weniger brutaler Schwerpunkt besser gefallen. Trotz meiner vier Schichten Kleider bekomme ich immer kälter in diesen eiskalten Klostergemäuern. Zurück im Hostel meint die Rezeptionistin, sonst sei es im September angenehm warm – wie wäre das schön.

Nebenan gibt es ein halb italienisches Restaurant mit durchgehend offener Küche und so freue ich um 18 Uhr über ein Gericht, das Spaghetti Carbonara genannt wird.

León

Im Frühstücksraum kann ich friedlich meinen Tee trinken und mir das heutige Programm überlegen: Eine Post suchen, um ein Paket heimzuschicken; das Museo de León besichtigen; ein Heft kaufen; die Altstadt erkunden.

Online sehe ich, dass die Hauptpost heute Samstag und morgen Sonntag geschlossen hat. Mit Markierung und Bildern wird mir jedoch eine Filiale angezeigt. Ich mache mich mit Mobiltelefon-Navigation auf den Weg und habe richtig Mühe, sie zu finden – bis meine Gedanken den Zusammenhang zwischen dem Briefkasten, vor dem ich stehe, und einer Postfiliale machen. Also ist auch klar, dass ich heute nichts heimschicke – ich vertage es und hoffe auf einen anderen Ort mit Postschalter, der geöffnet hat, wenn ich da bin.

Schon zieht es mich in das erste Café, um die Wartezeit bis zur Museumöffnung um 10 Uhr in der Wärme zu überbrücken. Im Museo de León verbringe ich – als Besucherin fast alleine - gefreute zwei Stunden. Es beeindruckt mich, über wie viele Funde sie aus dem Gebiet León verfügen, sei es Prähistorisch, aus Römerzeit, Mittelalter oder Neuzeit. Unglaublich, wie viel hier schon dazu geforscht wurde. Es gefällt mir, welche Objekte ausgewählt und präsentiert werden und wie in aussagekräftigen Zusammenfassungen die einzelnen Epochen beschrieben werden. Bei den Ausstellungsstücken gefallen mir eine tolle prähistorische Steinstele und Goldschmuck aus der Römerzeit besonders gut. Es gibt auch Jakobus-Pilger-Statuen – wie so oft mit Stab, eine Kalebasse daran befestigt und am Hut eine Jakobsmuschel – aus dem Mittelalter. Ich frage mich, warum ich bisher noch keine früheren Jakobus-Statuen gesehen habe. Erst später wird mir klar, dass es vorher die Jakobspilgerei ja noch gar nicht gab.

Als nächstes gehe ich auf die Suche nach einem neuen Heft, denn mein bisheriges Tagebuch-Heft ist beinahe voll. Ich habe schon in verschiedenen Läden vergeblich danach gesucht. Deshalb kommt Hoffnung auf, als ich online ein Warenhaus von El Corte Inglés entdecke. Wieder mit Hilfe der Mobiltelefon-Navigation finde ich den Weg, vorbei am Gemüsemarkt auf der schönen Plaza Mayor und durch verschiedene Wohnstrassen. Ich erkundige mich bei den Parfüms im Erdgeschoss, bekomme die gewünschte Auskunft und werde in der 4. Etage hinten fündig: welche Freude.

Zurück Richtung Kathedrale komme ich an alten Stadtmauern vorbei, weiter vorne steigt bei der Kirche ein Hochzeitspaar aus einem Oldtimer und auf dem nächsten grösseren Platz findet auf einer Bühne ein Konzert statt. Die darauffolgende Strasse ist von einem Flohmarkt belegt und nach dessen Ende verliest der Leiter einer mittelalterlich gekleideten Gruppe ein Pamphlet. Auf der Plaza San Martín haben die Restaurants rundherum herausgetischt und der Platz ist voller Menschen, vermutlich Einheimische. Ich suche mir einen freien Tisch und versuche herauszufinden, ob der Aussenbereich bedient ist und was es zu essen gibt. Schlussendlich kann ich zufrieden zurücklehnen und in der Sonne eine Portion Rippchen mit Reis geniessen. Ich freue mich, dass ich es geschafft habe, mir ein Mittagessen zu bestellen. Meinen letzten Kaffee in León trinke ich dann mit Blick auf die Kathedrale und ziehe mich danach in meine Unterkunft zurück.

Auf dieser Reise wäre León meine erste Wahl beispielsweise für einen Spanisch-Sprachkurs. Die vielen aktiven Einheimischen prägen in der grossen Fussgängerzone das Strassenbild, Pilgernde verschwinden beinahe darin. Die Stadt wirkt lebendig und lebenswert auf mich.

Stichworte zu León:
- Ca. 121'000 Einwohnende (2022), etwa 90% davon in Spanien geboren
- Stadtgründung vor rund 2000 Jahren
- Hauptstadt der Provinz León in der autonomen Gemeinschaft Kastilien-León, früher Hauptstadt des Königreiches León
- Grosse, lebendige, belebte Stadt mit vielen Veranstaltungen und unzähligen Menschen auf den Strassen
- Kathedrale, Stadt, Kirchen, Museum von León, weitere Museen

Von León nach Villar de Mazarife

Die Nacht ist sehr unruhig: Im Zimmer ist noch lange das Licht an und in der Gasse vor dem Fenster herrscht ausgelassene Samstagabend-Stimmung bei den Gästen der dortigen Lokale.

Am Abend habe ich den Rucksack extra so vorgepackt, dass ich relativ rasch und leise aus dem Zimmer gehen kann, denn es gibt hier einige Gäste, die länger schlafen. Mein Plan klappt tipptopp. Die Sandalen sind schon eingepackt, aber hier kann ich gut auch barfuss in die Sanitäranlagen gehen.

Der Camino aus León heraus ist lausig markiert. Deshalb nehme ich den Stadtplan, den ich im Hotel erhalten habe, zur Hand und gehe dem darauf eingezeichneten Jakobsweg entlang. Schon bald ist der Weg gut bevölkert, ein rechter Teil der Mitpilgernden kommt wohl neu ab León dazu. Ich schliesse zu einer Wanderin auf, die ihr Gepäck auf einem Rollwagen mitführt. Es ist die Deutsche, von der ich im Hostel reden hörte. An ihren Füssen sehe ich das Modell Wanderschuhe, das ich im Winter ebenfalls trage. Ich spreche sie darauf an und wir tauschen uns kurz darüber aus, danach gehen wieder je in unserem Tempo. Nach 1½ Stunden mache ich in einem der letzten Vororte von León in der ersten offenen Bar meinen Kaffeehalt, wie viele andere auch: anstehen an der Theke, schmal machen an den Tischen und warten beim WC.

Ich habe mich für die längere Alternativroute über Land entschieden und halte Ausschau nach der Abzweigung, die ausserhalb der Ortschaft kommen muss. Meine Bedenken sind unnötig, denn die Beschilderung ist ab hier wieder gewohnt gut.

Auf Wiedersehen oder Lebewohl

An der Abzweigung steht ein junger Mann, der auf sein Mobiltelefon schaut. Ich frage ihn, ob er ebenfalls die Südroute nimmt und mit dem Vergleich der Ortschaften am Weg bestätigt es sich. Gestern ist er vom Südtirol her angereist und heute hat er seinen Jakobsweg in León gestartet. Die Karte auf dem Mobiltelefon studiert er so intensiv, weil er sich heute schon verlaufen hat: Geführt von einem GPS-Track ist er zwischen den Gleisen eines grossflächigen Bahnhofs gelandet. Nun ist er lieber vorsichtig und schaut zweimal nach. Nicht dass er ungeschickt in der Handhabung von technischen Hilfsmitteln scheint, vermutlich besteht eher eine Verbesserungsmöglichkeit im Track.

Zu Beginn war ich auch unsicher betreffend Wegführung und es war mir wahrscheinlich anzumerken. Aber inzwischen sucht mein Blick bei Kreuzungen automatisch nach gelben Pfeilen und farbiger Ausrüstung von Mitwandernden vor mir. Ich habe ein Grundvertrauen bekommen, dass ich bis zur nächsten Kreuzung auf dem richtigen Weg bin, wo ich dann wieder weiter schaue.

In seinen zwei Wochen Ferien will der junge Mann nach Santiago de Compostela wandern. Dass er bei einem Hersteller von Outdoor-Ausrüstung arbeitet, gibt uns ein interessantes Gesprächsthema: Vor- und Nachteile von verschiedenen Rucksäcken, Wanderschuhen und Stöcken – die Zeit vergeht im Nu. Bei einer Steigung treffen wir auf eine Gruppe junger Italiener, die ebenfalls sportlich unterwegs ist. Da ich mein Tempo aufwärts verlangsame, ermuntere ich ihn, mit der Gruppe mitzugehen. Wir verabschieden uns und er sagt, dass wir uns sicher später noch würden. In Gedanken sage ich ihm Lebewohl, denn ich gehe aufgrund der unterschiedlichen Tageskilometer davon aus, dass wir uns nicht wieder treffen werden.

Nach der Abzweigung führt der Weg etwa zur Hälfte auf Feldwegen durch eine hübsche, trockene, nur leicht hügelige Landschaft mit abgemähten Feldern, hohen braunen Gräsern und alten Bäumen. Zur anderen Hälfte geht der Weg dem Strassenrand entlang – immerhin hat es nur wenig Verkehr.

Der Empfang in meiner heutigen Herberge ist herzlich, ich kann gleich einchecken. Wie üblich richte ich mich ein und mache mich frisch. Dann setze ich mich fürs Picknick an einen sonnenbeschienen Tisch im Garten. Als es schattig wird, lege ich mich im Zimmer aufs Bett. Wie jeden Tag lade ich mein Mobiltelefon voll auf, auch wenn für einmal nicht genügend Steckdosen vorhanden sind und es zeitliche Absprachen braucht.

Da die Herberge tagsüber auch Bar- und Restaurantbetrieb anbietet, finde ich mich zum spätest möglichen Zeitpunkt um 16.30 Uhr, zusammen mit drei Deutschen, zum Nachtessen ein. Wir sind ungewohnt wenige und es ist ebenfalls ungewohnt, dass die Verständigungssprache nicht Englisch ist. Die zwei älteren Frauen und der etwas jüngere allein reisende Herr bestreiten angeregt das Tischgespräch, ich komme kaum zu Wort. Sie waren schon mehrmals hier am Pilgern und ihre Erzählungen sind spannend für mich. Beispielsweise was das Wetter angeht. Die zwei Frauen kommen seit Jahren im September für zwei Wochen hierher, um ihren Jakobsweg fortzusetzen. Noch nie sei es so kalt gewesen wie in diesem Jahr. Bis jetzt hätten sie kaum mehr als ein Kurzarm-Shirt zum Wandern gebraucht. Das zeigt immerhin, dass ich bei der Vorbereitung die Temperaturtabellen richtig eingeschätzt habe. Oder dass es kaum je so ausgebucht gewesen sei wie in diesem Jahr. Oder die Glaubenserfahrungen, die sie schon gemacht hätten und die für sie eine Motivation seien. Mir wird klar, dass ich sehr wahrscheinlich keine Glaubenserfahrung machen werde, weil ich nicht gläubig bin.

Geschummelt

Beim Nachtessen erzähle ich, dass ich zuerst rund 300 km gewandert bin und dann den Bus von Carrión de los Condes nach León genommen habe. Da entgegnet eine Frau am Tisch, mit der Busfahrt hätte ich geschummelt. Die Worte tönen für mich, als müsste ich mich dafür schämen. Sie ergänzt, sie habe es als Witz gemeint, wohl weil ich ihre Bemerkung ernst nehme und zudem kein Problem mit meiner Busfahrt habe. Aber eben, sie sieht es wohl nicht mehr als „richtig gegangenen Jakobsweg" an, wenn der Bus genommen wird und damit ist sie sicher nicht die einzige. Wer bestimmt denn, wie der Jakobsweg richtig gegangen wird? Woran liegt es wohl, dass Busfahren teilweise verpönt ist? Ist denn mit einer Busfahrt die (Glaubens-)Erfahrung weniger tief und stimmig? Vermindert meine Busfahrt den Wert meiner vorherigen Wanderstrecke? Ändert sie etwas am Gefühl bei meiner Ankunft in Santiago de Compostela?

Auf alle Fälle bin ich froh, kann ich meinen Jakobsweg so gehen, wie es für mich passt. Noch froher wäre ich, wenn ich meine Art nicht verteidigen müsste.

PS. Mit verteidigen meine ich nicht rechtfertigen, sondern Stellung beziehen. Also meine Meinung vertreten als Gegengewicht zu einer weit verbreiteten Überzeugung, auch wenn ich damit alleine dastehe.

HONTANAS

Nichts erleben

Beim Pilgernachtessen sind wir zu Viert und überraschenderweise alle deutschsprachig. Wir plaudern unter anderem über unseren Kontakt mit der Familie zuhause. Die eine Frau erzählt, sie telefoniere jeweils nur kurz mit ihrem Mann, denn sie erlebe nichts, was sie erzählen könnte. Das macht mich beinahe sprachlos. Ich telefoniere täglich mit meiner Frau und kann viel erzählen, denn was ich erlebe, ist ja nicht wie der bekannte Alltag zuhause. Begegnungen, Landschaften, Orte, Gedanken, die Wanderung mit allem rundherum: Immer wieder Neues, Unerwartetes, Unbekanntes. Auch an diesem Abend dauert das Telefon länger - dank WhatsApp (und WIFI) ist es auch kein Kostenpunkt mehr.

Zu sich selber Sorge tragen

Manchmal scheint mir, für einige Mitpilgernde sei die Umsetzung der Etappenplanung wichtiger, als Sorge zu sich selbst zu tragen. Eine Deutsche erzählt, sie habe vor Jahren bei einem Sturz einen Stiftzahn herausgeschlagen. Es sei eine Herausforderung gewesen, jemanden für die Zahnversorgung zu finden und hätte dank Unterstützung von aussen und mit Camino-Spirit geklappt. Sie wirkt stolz auf mich, während sie berichtet. Sie war eher bereit, auf den Zahn zu verzichten, als irgendetwas an der Etappenplanung zu ändern oder einen Kilometer nicht zu Fuss gepilgert zu sein. Genauso ist ihr das gelungen und mit dem Zahn kam auch alles gut - insofern Ende gut, alles gut.

Von Villar de Mazarife nach Hospital de Órbigo

Montag, 30.9.24: 14.5 km, 3 h Gehzeit, ca. 15-23°

In dieser Nacht schlafe ich gut und kann auch wieder einschlafen, nachdem der erste Wecker um 4 Uhr und der zweite um 6.15 Uhr läuten. Beim Zusammenpacken schaue ich aus dem Zimmerfenster Richtung Osten und blicke auf ein faszinierendes Bild: Am flachen Horizont verfärbt sich der Himmel je einen Strich breit violett, rot und orange. Als ich losgehe, erlebe ich während der halben Stunde vor dem Sonnenaufgang und bestimmt eine weitere halbe Stunde danach eine wunderschöne Morgenstimmung.

Der Camino führt meist über ruhige Nebenstrassen und auf Kieswegen zwischen Feldern hindurch. Unterwegs ist für einmal weniger Monokultur zu sehen, sondern zur Abwechslung auch Maisfelder, Kühe auf der Weide oder Obstbäume. In zwei Dörfern sehe ich hohe Wassertürme und erwarte sie ab jetzt häufiger, aber es bleibt bei diesen beiden.

Leider führt der Camino nicht durch das Dorf, das ich mir für die Kaffeepause nach 1½ Stunden gemerkt habe, sondern ausserhalb daran vorbei. Das war mir nicht klar, als ich die Karte für die aktuelle Etappe studiert habe. Deshalb braucht es eine weitere halbe Stunde bis zur ersten offenen Bar, was mir heute richtig lange vorkommt. Die Pause in einem Lokal, das meinen Namen trägt, wird dann mit zwei Kaffees und feinem Zitronencake zum Ausgleich auch entsprechend ausgiebig.

Nach dem Ort hüpft plötzlich ein Tier aus dem Maisfeld linkerhand auf den Weg. Ich versuche, es einzuordnen und merke, dass es sich um ein Reh handelt. Die Wanderin vor mir ist näher dran und versucht, ein Foto zu machen, ist aber zu langsam. Es verschwindet rechts im Gebüsch und wird sofort unsichtbar. Wir gehen aufmerksam weiter und plötzlich guckt links vorne ein Rehbock zwischen den Maisstauden hervor. Er wartet kurz und zieht sich dann wieder ins Feld zurück. Als wir dort ankommen, ist nichts mehr von ihm zu sehen. Das Erlebnis ist richtig magisch und super schön, schon das zweite Highlight nach der Morgenstimmung von heute.

Vor meinem Übernachtungsort Hospital de Órbigo geht es über die 200 Meter lange Brücke Puente de Órbigo. Unter den ersten paar der zwanzig Bögen fliesst der schmale Río Órbigo durch. Die weiteren Bögen stehen auf festem Grund. Auf diesem stehen Holzaufbauten inmitten einer begrünten Veranstaltungsfläche, wohl für das Mittelalter-Fest, das auf der Geschichte eines Ritters aus dem 15. Jahrhundert basiert.

In der gepflegten Ortschaft setze ich mich in einem blumengeschmückten Strassendreieck auf eine Sitzbank und esse zum dritten Mal von meinen Erdnüssen, die zusammen mit Wasser meine Mittagsmahlzeit bilden. Sie stillen den Hunger und befriedigen meinen Salzbedarf, sie sind nicht so schwer und zur gewünschten Zeit verfügbar, ich mag sie, aber jetzt reicht es auch damit. Auf dem Mobiltelefon lese ich das Buch weiter, das ich in der Bibliotheks-App heruntergeladen habe – ich schätze es ungemein, hier ohne Zusatzgewicht Bücher lesen zu können.

Später, in der Herberge, bin ich begeistert von den vielen gelungenen Bildern an den Wänden: Übernachtungsgäste haben sie mit den bereit liegenden Farben auf Leinwände gemalt. Einige der Maler:innen scheinen ja unglaublich talentiert.

Bei der Suche nach einem Restaurant für den Abend treffe ich die drei Deutschen vom Vortag wieder. Die eine meint so schön, es gäbe keine Zufälle, sondern einfach Begegnungen, die wir so leben können, wie wir es wählen. Auf jeden Fall einigen wir uns auf eine Bar und geniessen Mitte Nachmittag in angeregter Runde einen Apéro.

Camino-Spirit II

Eine ältere Deutsche ist überzeugt, eine Hilfsbereitschaft wie hier auf dem Jakobsweg gäbe es anderswo unterwegs nicht - eben der typische Camino-Spirit. Sich Zeit für Gedanken zu nehmen oder persönliche Entwicklungen zu machen, sei ebenfalls nur hier auf dem Camino möglich. Sie glaubt dies, obwohl auch sie keine anderen Weitwanderwege oder Pilgerwege kennt.

Wenn Menschen auf den Jakobsweg gehen, hat er eine besondere Bedeutung für sie, denn sie haben sich für ihn entschieden. Die Jakobswege sind bekannt, vor allem der Camino Francés. Im Religions- oder Geschichtsunterricht, aus Büchern oder von Filmen haben wir schon davon gehört. Oft unternimmt man einen Jakobsweg aus einem bestimmten Grund. Wohl deshalb wird auch oft gefragt, weshalb man ihn denn geht.

Diese besondere Bedeutung sehe ich bei einem Jura-Höhenweg, Cornwall Coast Way oder Nordseeküsten-Radweg weniger. Beim Pilgerweg nach Jerusalem fragt man sich eher, ob es den denn überhaupt gibt und auch die Pilgerwege nach Rom wie z.B. die Via Francigena sind kaum allgemein bekannt. So würde ich eher sagen, unser Vorwissen gibt dem Jakobsweg die besondere Bedeutung.

Was die Hilfsbereitschaft angeht, die habe ich auch anderswo schon erleben dürfen. Gedanken schweifen und Seele baumeln lassen kenne ich von verschiedenen Velotouren und sogar im Alltag konnte ich bisher immer einmal wieder etwas dazulernen. Mir scheint, der Camino-Spirit besteht vor allem aus dem Glauben daran.

Die zwei Frauen haben fürs Nachtessen in ihrer Herberge reserviert, aber wir beiden anderen verabreden, später im Restaurant zusammen zu essen. Was mir im Voraus eher wie eine Zweckgemeinschaft vorkommt, wird ein richtig unterhaltsames Nachtessen, bei dem wir nun auch unsere Vornamen austauschen.

Flexibilität versus Unbekümmertheit

Jens aus Deutschland bucht die Unterkünfte jeweils nur wenige Tage voraus, um jeden Tag erneut die Freiheit zu haben, sich für die Etappen und Übernachtungsorte von in zwei bis drei Tagen entscheiden zu können. Er kann seine momentanen Stimmungen und Wünsche berücksichtigen und bleibt flexibel.

Ich habe alle weiteren Unterkünfte gebucht, um mich nicht mehr um Planung, Etappen und freie Betten kümmern zu müssen. Das verschafft mir Ruhe und ich erlebe Freiheit im entspannten Wandern. Zusätzlich habe ich die Wahl, sofort und alles anders zu machen, wenn ich das will.

Flexibilität versus Unbekümmertheit ... und beides bedeutet uns Freiheit.

Auf die harte Tour erfahren

Ein Deutscher erzählt von seinen vorherigen zwei Caminos, die er wegen Sehnenentzündungen abgebrochen hat. Durch ihn erfahre ich von Gruppendynamiken, wie ich sie mit meiner Art von Jakobsweg nicht erlebe.

Den ersten Camino begann er in Saint-Jean-Pied-de-Port,

wanderte in Standardetappen, schloss sich einer Gruppe an und ging weiter, bis er wegen Schmerzen beim Knie nicht mehr konnte. Er befolgte den Rat des untersuchenden Arztes vor Ort, brach ab und war sogar zuhause dann noch eine Zeit lang arbeitsunfähig. Den zweiten Camino wanderte er ebenfalls in Standardetappen. Er konnte jedoch früher reagieren, als die Schmerzen beim Knie wieder begannen, denn er kannte sie ja schon. Bei seinem dritten Camino macht er nun seine eigenen Etappenlängen, zwischen 10 und 20 km, und gönnt sich auch mal einen Ruhetag. Dieses Mal möchte er sein Ziel erreichen.

Seine aktuelle Tagesdistanz ist deutlich kürzer als die Standardetappen von diversen Jakobsweg-Ratgebern, die 20 bis 40 Tageskilometer vorschlagen und als normal darstellen. Ich staune immer wieder, wie viele Menschen diese Standardetappen sogar leisten können, zusätzlich erschwert durch fehlende Ruhetage. Der Deutsche spricht von Camino-Race (=Rennen). Scheinbar bilden sich bei Start ab Saint-Jean-Pied-de-Port und unter Einhaltung der Standardetappen relativ leicht Gruppen, in denen man dann gemeinsam geht. So hat man als Alleinreisender Gesellschaft, aber unter Umständen kann der Druck in der Gruppe auch verhindern, dass man sich einen benötigten Ruhetag nimmt. Man will ja nicht aus der Gruppe fallen und auch nicht weniger leistungsfähig oder schwächer als die anderen erscheinen. Dieses Gruppengefühl erlebe ich nicht, da ich meine eigenen Etappenlängen plane, die kaum mit jemand anderem übereinstimmen. Oder wenn, dann erfahre ich es höchst selten. Zudem übernachte ich oft in kleineren Orten, was ebenfalls meist nicht mit den Standardetappen zusammenpasst. Meine Erfahrung aus der Planung von diversen Velotouren oder von Wanderungen verschafft mir einen anderen Hintergrund, als ihn Wander-Ungeübte haben. Wie bisher gehe ich von mir aus und plane so, wie ich mein Leistungsvermögen einschätze. Das passt zu mir, so ist es mir wohl.

Ich wählte das Bett zuvorderst unten aus. Es scheint tipptopp und ich merke erst in der Nacht, dass mir dort das Notlicht der Treppe direkt ins Gesicht leuchtet. Wahrscheinlich wäre es gut gewesen, wenn ich dem Rat meines kopfendigen Bettnachbarn gefolgt wäre. Er empfahl mir, wegen seines Schnarchens mit dem Kopf am Fussende zu liegen. Von seinen Nachtgeräuschen höre ich nichts und ich freue mich schon jetzt, dass wieder bessere Nächte kommen werden.

 ## Von Hospital de Órbigo nach Astorga

Dienstag, 1.10.24: 16.4 km, 3¾ h Gehzeit, ca. 15-22°

Heute gehe ich als Zweitletzte los, was eigentlich schon ein Erfolg sein könnte, denn ich möchte lieber nicht die Langsamste beim Packen sein. Die Letzte sieht aber leider ganz unmotiviert und unglücklich aus, deswegen fühle ich mich nicht wirklich erfolgreich dabei.

Im Gegensatz zu gestern ist heute nur kurz eine besondere Morgenstimmung sichtbar. In meinem Rücken – schliesslich wandere ich hauptsächlich Richtung Westen – sieht der Himmel aus, als wäre ein grosses Feuer auf die Wolken projiziert: vom orangen Horizont ziehen sich die Farben pink-grau-violett-rosa in den Himmel. Statt der Strasse entlang zu gehen, nehme ich die nur wenig längere Nord-Route. Der Weg gefällt mir, er führt auf ruhigen Wegen über Land und wird nach und nach ein wenig hügelig. Nach einer Ortschaft gehe ich an drei Personen vorbei, die an einem Rastplatz warten. Ihre Rucksäcke sind ungewöhnlich, zu gross für Tagesrucksäcke, zu klein als Gesamtgepäck. Auch auf meinen Gruss antworten sie nicht wie gewohnt. Mein Gefühl ist ungut und in diesem Abschnitt sehe ich kaum andere Wandernde vor oder hinter mir, an die ich mich im Notfall wenden könnte. Also stecke ich Mobiltelefon und Geldbeutel in die Hosentaschen und gehe schneller, bis ich gefühlt einen guten Abstand zu ihnen bekommen habe. Danach normalisiert sich auch mein Gefühl wieder.

Schon nach einer Stunde kehre ich ein, denn auf der Wanderkarte ist für die beiden folgenden Stunden kein Lokal beziehungsweise überhaupt kein Haus mehr eingezeichnet. Heute trinke ich den Kaffee in einem von aussen kaum erkennbaren Lokal in einer einfachsten Herberge. Zufälligerweise kommt jemand dazu und so sitzen wir zu zweit zusammen wie an einem grossen Küchentisch und trinken aufgebrühten Kaffee mit einem Keks. Meine Gesellschaft ist jene Frau, die schon etwa zwei Tage vor mir her gehumpelt ist und die mit ihrem ungelenken Gang eher schneller als ich unterwegs war. Nach der Pause gehen wir getrennt los, sind dann aber bald einmal gleichauf und prompt gleich schnell unterwegs. Wir gehen ein Wegstück zusammen und haben ein nettes Gespräch über Alltägliches.

Wie gestern auch schon, gefällt mir das Wandern heute enorm, einfach deshalb, weil ich nicht kalt habe. Die angenehme Temperatur hebt meine Stimmung und macht mir den Tag weniger anstrengend. Ich staune, als ich diesen Unterschied realisiere, denn umgekehrt herum ist es mir nicht aufgefallen.

Die Landschaft gefällt mir ungemein, es geht auf und ab: ein kleiner Teich, Felder und Wald. Auf einer Hochfläche mitten im Nichts steht unerwarteterweise eine einfache Pilgerraststätte, in der meine Begleitung einkehrt. Mir würde es nicht gut tun, verschwitzt im Wind zu sitzen, deshalb gehe ich weiter. An den Lokalen im nächsten Ort gehe ich ebenfalls vorbei, mit dem Gedanken, dass „es ja nicht mehr so weit ist". Aber auch die heutigen 16 Wanderkilometer brauchen ihre Zeit und ich meine Pausen. Bis auf einzelne kurze Fotohalte habe ich bisher nur eine einzige Pause eingelegt und zwar schon nach fünf Kilometern. Ausserdem ist hügelig natürlich anstrengender als flach und wenn der Weg wie heute aus grossen groben Steinen besteht, beansprucht mich das auch mehr als feiner Kiesweg. Was ich im Übermut als „nicht mehr so weit" eingeschätzt habe, ist etwa eine weitere Stunde Wanderzeit – zu weit, um ohne Verpflegung weiter zu gehen. So nehme ich Mandeln und Rosinen hervor, die ich im Gehen knabbere. Dazu trinke ich unüblich viel Wasser und verspreche mir, im nächsten Ort, meinem heutigen Ziel Astorga, bei der ersten Gelegenheit einzukehren.

Mein Wanderleben empfinde ich als einfach, im Gegensatz zu luxuriös. Deshalb freue ich mich nach dem ersten Wanderabschnitt jeweils auf den Kaffee wie auch darauf, mich zu setzen und auszuruhen. Wenn ich etwa alle anderthalb bis zwei Stunden eine Pause mache, kann ich die Tagesetappen recht gut bewältigen. Wenn ich jedoch einfach weitergehe, falle ich irgendwann in ein Energieloch, denn vor allem in den Pausen trinke und esse ich: Die Pausen halten mich also sozusagen am Laufen.

In Astorga kehre ich dann wirklich in der ersten Bar ein, an der ich vorbei komme. Nach einem Kaffee bestelle ich als zweite Runde ein Fanta und geniesse die Stückchen, die es dazu gibt.

Heute ist der erste Oktober und damit der letzte Tag meines spanischen September-Prepaid-Guthabens. Die Kreditkarte will ich in meinem Account nicht hinterlegen, um nicht versehentlich in eine ungewollte Dauererneuerung hineinzurutschen. Deshalb trete ich beim ersten Laden mit Angeboten meines Anbieters ein, um ein Guthaben für Oktober zu kaufen. Inzwischen habe ich herausgefunden, dass ich meinen aktuellen Stand auf der Anbieter-Webseite nachverfolgen kann. Pro Woche habe ich etwa 700 MB Internet-Guthaben verbraucht, wenn ich tagsüber per mobile Daten online war und in den Unterkünften per WIFI. Mit einem Prospekt, meinem Mobiltelefon und den Unterlagen meiner spanischen Telefonnummer bekomme ich ein neues Monatsguthaben und mit viel Beharrlichkeit hake ich nach, bis ich es aktiviert sehe. Dem netten Verkäufer bin ich für seine umfassende Kundschaftsbetreuung sehr dankbar.

Als Nächstes suche ich eine Post und habe Glück: Sie ist nicht weit entfernt und offen. Mit einer sehr entgegenkommenden Angestellten kann ich den Versand in die Schweiz abklären und eine Kartonschachtel kaufen.

In der Tourismusinformation bekomme ich noch einen Stadtplan und touristische Empfehlungen, bevor ich im Hotel ein schönes Einzelzimmer mit Bad für die nächsten beiden Nächte beziehen kann. Ich nutze die Gelegenheit für eine ausgiebige Dusche mit Haare waschen und Nagelpflege.

Nicht weit vom Hotel gibt es einen Waschsalon: für mich eine ideale Gelegenheit, meine Wäsche noch einmal in der Maschine zu waschen. Ich gehe hin und sehe keine Möglichkeit, vor Ort Waschmittel zu kaufen. Deshalb verschiebe ich das Waschen auf später und gehe zuerst essen und einkaufen. Die Bar, in der ich eigentlich „Patatas bravas" essen wollte, hat inzwischen geschlossen. In den nächsten Restaurants bin ich zu spät für ein Tagesmenü, aber ich finde glücklicherweise noch ein Lokal mit offener Küche, in dem ich zu einem Teller feiner Teigwaren mit Ei-Chorizo-Tomatensauce komme. Im Supermarkt frage ich nach einer kleinen Portion Waschmittel und finde heraus, dass ich das letzte Mal mit Weichspüler gewaschen habe. Dieses Mal kaufe ich wirklich Waschmittel, jedoch auch wieder, was es hat: eine Grosspackung. Im Hotel hole ich die Wäsche und gehe in den Salon, der nun aber überfüllt ist. Es warten einige Menschen auf eine leere Trommel, deshalb kehre ich wieder ins Hotel zurück. Gegen Abend gehe ich dann nochmals los mit meiner Wäsche und es ist prompt eine der kleinen 11 kg-Trommeln frei. Als ich Pulver zugeben will, wedelt eine Mitwäscherin mit den Armen und klärt mich auf, dass kein Mittel zugegeben werden soll. Es wäre sogar über den Maschinen angeschrieben gewesen, wenn ich es beachtet und verstanden hätte. Ich schenke ihr meine Waschmittel-Grosspackung, vielleicht wäscht sie ja auch noch anderswo. Meine Kleider lasse ich waschen und trocknen und freue mich, jetzt zum zweiten Mal auf der Reise gefühlt richtig saubere Kleider anziehen zu können. Die Handwäsche mit oft kaltem Wasser und eventuell Duschmittel oder Seife reinigt einfach weniger gut.

Da es inzwischen 20.30 Uhr und dunkel ist, gehe ich nicht mehr zur Kathedrale und auch nicht mehr in eine Bar, sondern kaufe im Supermarkt ein Picknick fürs Zimmer ein und gehe ins Hotel zurück.

Astorga

Ich packe mein Paket fertig und bringe es zur Post. Die Angestellte erkennt mich wieder und wir vereinbaren die noch nötigen Versandmodalitäten. Das Gewicht meiner Sommerkleider, des Tauchsieders, des vollgeschriebenen Tagebuchs und von anderem beträgt etwas mehr als ein Kilo und mit Nachverfolgung kostet der Versand 26 Euro. Dass etwas beim Abschreiben meiner Mail-Adresse für die Nachverfolgung nicht klappt, merke ich erst später, aber das Paket wird zuhause ankommen. Warum auch immer, danach fühle ich mich auch gleich leichter, erleichtert, weniger beschwert, irgendwie, als hätte ich einen Teil meiner Bürde losgelassen. Was ein Kilo alles bewirken kann...

Heute stehen die Sehenswürdigkeiten der Stadt auf meinem Programm: Kathedrale mit Museum, Gaudí-Palast und Römer-Museum.[24] Es regnet und da passt es mir gut, dass die Distanzen in dieser übersichtlichen Kleinstadt kurz sind. Für den Besuch von Kathedrale und Museum bekomme ich einen Audioguide. Nicht nur, dass die Erklärungen in Deutsch verfügbar sind, sondern auch wie informativ und kurz gefasst die Texte sind, gefällt mir. Zuerst geht es zur eindrücklichen Fassade. Danach führt mich der gut angeleitete Rundgang durch ein recht grosses Museum mit geschmackvoll präsentierten unterschiedlichen Exponaten, von Reliquien über Kleider bis zu Büchern. Für einen interessanten 3D-Film mit virtueller Führung durch die Kathedrale setze ich eine der bereit liegenden Brillen auf. Anschliessend schaue ich sie mir in Echt an. Der ummauerte Chor-Bereich in der Mitte verhindert, dass ich die Grösse und Höhe des Innenbereichs gut wahrnehmen kann. Aber die schmuckvollen

---

[24] Quellen zu Astorga

Hochaltäre in den Kapellen und in der Apsis mit den unzähligen Statuen und dem vielen Gold beeindrucken mich. Vor allem die tolle Fassade und das Bauwerk selber gefallen mir so gut, dass diese Sehenswürdigkeit - zusammen mit der Kathedrale von León - auf meiner Highlight-Liste die Nummer 2 wird. Nummer 1 bleibt die Kathedrale von Burgos. Stilvoll trinke ich danach meinen Kaffee in den Ledersesseln einer nahen Hotelbar.

Über die Strasse gehe ich zum Gaudí-Palast beziehungsweise zum Bischofspalast, einem Werk, das der Architekt Gaudí für seinen Freund, den damaligen Bischof von Astorga, zu bauen begann. Vom Stadtzentrum her kommend, sieht man im Hintergrund des Palastes die Kathedrale – beides grossartige Bauwerke, ganz unterschiedlich, aber trotzdem zusammen passend. Heute befindet sich das Museo de los Caminos im Palast. Ich finde das Gebäude einzigartig: der Baustil, die hohen Räume, die verzierten Säulen und die Fenster mit ihren undurchsichtigen Glasscheiben als Wandteile im Innern und als Verbindung nach draussen. Auf der ersten Etage schaue ich mir die hübsche Kapelle, ein tolles Büro und ein ausserordentliches Esszimmer an. Mit der Ausstellung, die auch in der obersten Etage und im Keller weitergeführt wird, kann ich nicht so viel anfangen. Ihre Inhalte fand ich im Kirchenmuseum umfassender dargestellt und auf den Punkt gebracht. Beim Hinausgehen komme ich im Garten noch einmal an den schönen Engelfiguren vorbei, die bei mir einen tiefen Eindruck hinterlassen und ich realisiere, dass ich im ganzen Palast nirgends nach draussen sehen konnte.

Camino-Gemeinschaft fehlt

Im Café ergibt sich ein Gespräch mit dem Herrn am Nebentisch, denn er hat seinen Tee vor meiner Ankunft bestellt und wundert sich, dass ich schon einen Kaffee vor mir stehen habe.

Der Velo-Pilger aus den Niederlanden erzählt, er sei vor fünf Wochen am Tag nach seiner Pensionierung zuhause losgefahren. Leider fühlt er sich gar nicht in der Camino-Gemeinschaft integriert, denn er kann keine Velo-Mitpilgernde finden: erstens gibt es nur wenige mit Velos und zweitens werden die Etappen unterschiedlich geplant. In Mehrbettzimmern kann er nicht gut schlafen, deshalb übernachtet er nicht in Herbergen, sondern in Einzelzimmern. Wie auch ich findet er dort diese Camino-Gemeinschaft nicht. Ein Grund für seine Reise war, Zeit zu haben, um mit seinen 42 Arbeitsjahren abschliessen zu können. Gleichzeitig wollte er sich überlegen, wie seine Zukunft aussehen sollte. Dazu sei er noch gar nicht gekommen, er sei vollauf beschäftigt mit Velofahren und damit zusammenhängenden Aufgaben.

Von aussen verrät mir nichts am Römer-Museum, dass es offen ist. Nur weil ich die Öffnungszeiten studiert habe, versuche ich, die Eingangstür zu öffnen und werde dafür belohnt: Sie geht auf. An der Kasse erhalte ich einen Ordner mit englischen Übersetzungen der Informationen, die bei den Exponaten geschrieben stehen. Einen Überblick über das Museum gibt nur ein kleiner Prospekt, aber die nette Kassiererin erklärt mir, wie der Rundgang gedacht ist: Oben sind die Funde, unten wird ein erklärender Film gezeigt. Da der Film bis in die Mittagspause hinein dauern würde, schlägt die Dame mir vor, in den Abendöffnungszeiten wiederzukommen und ihn dann anzuschauen. Jetzt besichtige ich nur den Ausstellungsteil, der mir eher in die Jahre gekommen scheint und leider nur wenig plastisch eine Vorstellung dieser bedeutenden römischen Grabungsstätte vermittelt. Dabei finde ich toll, dass dieses Museum in und über einer Ausgrabung gebaut wurde und wohl an der Stelle eines früheren römischen Tempels steht. Das Kellergewölbe, in dem der Film gezeigt wird, soll teilweise noch aus der Ursprungszeit stammen. Auch toll und nicht selbstverständlich finde ich, dass ein Teil der offengelegten antiken Ruinen inmitten des ummauerten und begrenzten Stadtgebiets erhalten wurde und für Besuchende sichtbar ist.

Am Bankomat um die Ecke hebe ich Bargeld ab und freue mich, dass dieses Mal keine Bezugskosten dazukommen. Von der Zeit her ist es ideal für ein Mittagessen – für einmal kann ich sogar unter verschiedenen Restaurants auswählen.

Nach einer Zimmerstunde im Hotel gehe ich nochmals los, um mir den Film im Römer-Museum anzusehen, den die Kassiererin mir mit Nachdruck empfohlen hat. Die fiktive Geschichte handelt von zwei griechischen Sklaven, die zu Römer-Zeiten in Astorga gelebt haben könnten. Diese Zusammenstellung von einzelnen Bildern finde ich interessant, mit den englischen Untertiteln zur Spanisch gesprochenen Erzählung aber auch anstrengend.

Auf dem Weg zurück kaufe ich einen Ensaladilla fürs Nachtessen und setze mich damit in den offenen Innenhof des Hotels. Diesen Gemüsesalat mit Thon hatte ich jetzt schon ein paar Mal und heute definitiv zum letzten Mal auf dieser Reise, denn trotz passender Zusammensetzung mit Gemüse- und Eiweissanteil ist er mir mit der Mayonnaise einfach zu mastig.

Wie üblich bereite ich mich für die Etappe von morgen vor, lege die Kleider bereit und packe den Rucksack soweit wie möglich. Als ich mich zum Schlafen lege, spüre ich eine unerklärliche Nervosität wegen der bevorstehenden Wanderung. Vielleicht aufgrund der Länge von 20 Kilometern, was bisher für mich eher obere Grenze war? Ich rede mir gut zu und überlege Alternativen: Ich habe den ganzen Tag Zeit dafür; ich kann und muss Pausen machen; mein Rucksack wiegt etwa ein Kilogramm weniger; im Notfall kann ich den Bus oder ein Taxi nehmen; im Notfall kann ich um Hilfe bitten, die ich sicherlich bekommen würde.

Stichworte zu Astorga:
- Ca. 10'000 Einwohnende (2023 und auch schon um 1950), etwa 94% davon spanische Staatsangehörige
- Ortsgründung vor über 2000 Jahren
- Bischofssitz des Bistums Astorga, wahrscheinlich das älteste Bistum Spaniens und eines der grössten, mit einem Katholik:innen-Anteil von ca. 96% der Einwohnenden
- Leicht erhöhtes Städtchen, das von Mauern aus der Römer-Zeit umgeben ist
- Kathedrale, Gaudi- und Römer-Museum

Von Astorga nach Rabanal del Camino

Donnerstag, 3.10.24: 19.2 km, 4¼ h Gehzeit, ca. 15-18°

Als ich um 8 Uhr losmarschiere, sind Muskeln und Knochengestell noch nicht ganz bereit dafür, der Kopf hingegen schon. Hinter Astorga fällt mir ein Wegstein mit Distanz-Angabe bis Santiago de Compostela auf: 260.x km. Bald einmal geht es vom Trottoir auf Kiesweg über. Ich gehe und gehe und denke, dass ich gut vorwärts komme. Da steht wieder ein Wegstein, diesmal mit der Aufschrift 258.x km, was bedeutet, dass ich noch nicht einmal zwei Kilometer weiter gekommen bin. Das demoralisiert mich gerade ein wenig. Ausserdem: wer ist denn auf die Idee gekommen, auf diese Distanzen Kommastellen anzugeben? Deshalb versuche ich, die unzähligen nachfolgenden Wegsteine so gut wie möglich zu ignorieren. Eine Distanzangabe alle 2 bis 3 Tage reicht mir vollkommen.

Dass der Weg lange Zeit neben oder nahe an der Strasse geführt ist, stört mich kaum, denn der Verkehr ist spärlich. Es beginnt leicht anzusteigen und rundherum wird es hügelig, immerhin liegt mein Übernachtungsort Rabanal del Camino 275 Höhenmeter höher als Astorga.

Entgegen der Prognosen empfinde ich die Temperatur heute als angenehm. Mit meinem Langarm-Shirt unter der Langarm-Bluse bekomme ich zu warm, deshalb wechsle ich bei einem Rastplatz auf das Kurzarm-Shirt. Nebel kommt auf und die Sonne ist nur noch als weisse Scheibe zu sehen. Die Stimmung ist wunderschön und wechselt mit jeder Minute. Ich fühle mich wie in einem anderen Universum auf diesem menschenleeren Platz, auf dem jemand mit Kies eine grosse Spirale gezeichnet hat und der nur wenig Meter von den vorbeiziehenden Pilgernden entfernt ist. Überhaupt empfinde ich die Landschaft heute als Augenweide: hübsch und lieblich mit Bäumen, Sträuchern und Heide, nur wenig Ackerbau, stattdessen Kühe auf Weiden und Trockenmäuerchen als Abgrenzungen. Thymiansträucher duften am Wegrand und rosa Erika leuchtet in der Sonne. Die Laubbäume beginnen auch hier, ihre Herbstfarben zu zeigen.

Ich komme durch Ortschaften, die sehr gepflegt auf mich wirken. Die Entscheidung, den weiteren Weg über das im Wanderführer empfohlene hübsche Dorf Castrillo de los Polvazares zu gehen, wird mir abgenommen. Ich sehe keine Schilder und merke erst ausserhalb, dass ich die Abzweigung im vorherigen Ort verpasst habe.

Bei der nächsten offenen Bar ist es Zeit für meinen Kaffee, denn heute will ich darauf achten, bestimmt genügend Pausen einzubauen. Als es Zeit für die nächste Pause ist, versuchen Angestellte, mich auf dem Weg abzufangen und in ihr Lokal zu lotsen. Das ist mir zu aufdringlich, weshalb ich weitergehe und stattdessen auf einem

Picknickplatz ausserhalb des Ortes mein mitgetragenes Sandwich esse. Das hilft, mein Magenknurren langsam wieder zum Verschwinden zu bringen.

Nach dem friedlichen Picknick wandere ich weiter über Land. Von fern sehe ich ein Kreuz auf dem Weg stehen. Die vor mir Wandernden halten an und sind ganz still. Was ist denn da, denke ich, vielleicht ein Mahnmal? Als ich hinkomme, bemerke ich hinter den Leuten jemanden an einem Tisch sitzen, der gegen Spende einen speziellen Stempel ins Credencial macht. Das scheint für die dort Stehenden Bedeutung zu haben, vielleicht ähnlich wie die Astkreuze in Gitterzäunen, die ich am Wegrand schon einige Male gesehen habe. Wie auch immer: Ich bekomme dadurch für eine Weile freie Bahn.

Die Angaben im Wanderführer haben für heute eine Gehzeit von 5½ Stunden ergeben. Ich brauchte bisher etwas weniger Zeit als angegeben, plante sicherheitshalber aber trotzdem drei Pausen in etwa 90-Minuten-Abständen ein. Effektiv dauert meine Wanderung nur 4¼ Stunden und ich merke mir für die weiteren Etappen vor, dass für 20 km je eine Kaffeepause und eine Essenspause genügen sollten.

Mein Übernachtungsort Rabanal del Camino war erst durch das verstärkte Aufkommen der Jakobsweg-Pilgerei, etwa ab 1991, wiederbelebt worden.[25] Heute gibt es mehrere Unterkünfte und Restaurants und sogar einen Kleinstladen, in dem ich einen Ersatzkugelschreiber finde, um mein Tagebuch weiterführen zu können. Im Restaurant neben meiner Herberge ist die Küche am Nachmittag durchgehend offen, was mich ungemein freut und mir erlaubt, um 17 Uhr einen Teller feiner Spaghetti zu geniessen. So kann ich um 19 Uhr am Abendgebet des Klosters teilnehmen und die gregorianischen Gesänge miterleben. Die kleine Kirche ist voll und die Stimmung feierlich. Neben den drei verbliebenen Mönchen entdecke ich Jens, der hier einen Ruhetag im Kloster eingelegt hat. Wir freuen uns über das

---

[25] Rabanal del Camino

unerwartete kurze Wiedersehen und erfahren, dass wir am nächsten Abend im gleichen Ort übernachten werden – ich werde ihn auf dieser Reise jedoch nicht mehr treffen.

 ## Von Rabanal del Camino nach El Acebo

Freitag, 4.10.24: 16.7 km, 4¼ h Gehzeit, ca. 15-18°

Ich frühstücke im Aufenthaltsraum der Unterkunft, den ich, wie auch die Küche, sehr gelungen finde. Im voll besetzten 6er-Zimmerchen hingegen wissen wir kaum, wo wir die Rucksäcke hinstellen sollen oder wo wir stehen können, um zum Beispiel den Schlafsack auszupacken oder das Necessaire hervorzunehmen. Das Bad ist klein wie für eine Person, die Dusche nicht abschliessbar und die Kleider nur ausserhalb der Duschkabine aufhängbar. Die fehlende Privatsphäre wird noch deutlicher, als jemand auf dem WC ist und eine dritte Person in die Duschkabine will, noch bevor ich hinausgetreten oder angezogen bin.

Wieder gehe ich etwa um 8 Uhr in der wunderschönen Morgendämmerung los. Heute steht mir mit 1504 m ü.M. der höchste Punkt des Camino Francés bevor. Bis dahin geht es über etwa 7.6 km 356 hm aufwärts. Nach meinem Übernachtungsort steigt es mehr an als gestern, aber nicht so stark, wie ich erwartet habe. Die erste Bar treffe ich nach 1½ Stunden an, was mir genau passt. Für einmal muss ich lange auf meinen Kaffee warten und zudem ist es Filterkaffee. Während meiner Pause höre ich dann mit, dass die Maschine am Vortag kaputt gegangen ist und die Wirtsleute nun improvisieren müssen. Da auf den verbleibenden gut 11 km bis zum Übernachtungsort kein weiteres Lokal auf der Wanderkarte eingezeichnet ist, stelle ich mich darauf ein und esse zum Kaffee auch eine Kleinigkeit. Picknick habe ich für heute nämlich nicht dabei. Bei meinem Aufbruch steht vor dem Lokal der Kleinbus eines Gepäcktransporteurs, aus dem Rucksäcke ausgeladen werden. Diese Busse sehe ich hin und wieder, wenn die Strasse in Sicht ist.

Die alpine Landschaft dieser Gebirgskette, den Montes de León, gefällt mir sehr. Buschland, Wald und Heide prägen das Bild und heute kommt mir der Geruch von Tannenharz und Wachholder in die Nase. Herbstzeitlosen leuchten lila im Gras und ich entdecke Pilze von klein bis gross. Der Untergrund wird immer gröber und felsiger. Nach etwa einer weiteren Stunde bin ich auf der Passhöhe beim Cruz de Ferro, dem Eisenkreuz, angelangt – einem symbolträchtigen Monument auf dem Camino Francés. Gemäss Wanderführer ist es schon seit langem Tradition, hier etwas niederzulegen zum Zeichen, dass man Altes loslässt, um unbeschwerter in die Zukunft zu gehen. Ich lege einen Stein hin, den schönsten, den ich heute Morgen gefunden habe. Beim Wandern habe ich dem Stein in Gedanken mitgegeben, was ich hinter mir lassen will. Vom Eisenkreuz weggehend schaue ich nur nach vorn, auch gedanklich: in die Zukunft meiner Wünsche. Was ich mit dem Stein zurück gelassen habe, gehört zum Vorher. Es hat mir geholfen, diese vergangene Zeit erfüllt leben zu können. Was kommt, wird ein neuer Lebensabschnitt mit vielen neuen Möglichkeiten sein.

Nach dem Pass geht es noch eine ganze Weile über die alpine Höhe weiter. Bald einmal höre ich auf einer Weide Kühe laut und lange muhen – es hört sich wie elendigliche Schreie an. Ich wünschte mir, dass der Bauer kommen und sich um sie kümmern würde. Einige Kurven weiter sehe ich, dass etliche Autos und Menschen da sind. Sie treiben die Tiere durch einen engen Bretterverschlag, wofür auch immer. Die Kühe schreien also, nachdem der Bauer sich um sie gekümmert hat. Dieses Erlebnis macht mich richtig traurig und ich bedaure die Kühe.

Der Weg hinunter zu meinem Übernachtungsort ist teilweise recht steil, ich würde ihn mindestens als Wanderweg oder beinahe schon als Bergwanderweg einordnen. Es macht mir Spass, schnell zu gehen und ich fühle mich richtig wohl dabei. Die Strecke ab Astorga gehört zu denen, die mir auf meiner Reise landschaftlich am besten gefallen. Vielleicht, weil es mich an schöne Alpen zuhause erinnert?

Eingangs El Acebo finde ich ein Restaurant mit dem Namen meiner Buchung. Ich trinke ein Fanta, bekomme dazu eine Nussmischung als Snack und realisiere erst nach einiger Zeit, dass ich für meine gleichnamige Herberge ans andere Ende des Dorfes gehen muss. Nach einigem Suchen finde ich den Eingang der Unterkunft und nach einiger Zeit erscheint auch die Empfangsdame. Wieder ist das Zimmer so mit Betten vollgestellt, dass die Rucksäcke dauernd ein wenig im Weg stehen. Die gewaschenen Kleider müssen über Stühle oder übers Balkongeländer gehängt werden und die Sanitäranlagen für Frauen sind nicht in angenehmer Distanz oder mit guter Beleuchtung erreichbar. Ob ich wohl anspruchsvoller werde? Eigentlich glaube ich das nicht. Dass wir für die Nacht nur vier Personen bei acht Betten sind, macht die Platzverhältnisse sicher angenehmer.

Für den Nachmittag buche ich eine halbstündige Massage. Der Masseur kommt zu spät, deshalb dauert sie nur zwanzig Minuten und entspricht nur wenig meinen geäusserten Bedürfnissen. Vielleicht erwarte ich ja einfach zu viel. Auf jeden Fall beschliesse ich, zukünftig Massagen auf Reisen sein zu lassen.

Das Pilgernachtessen bietet Auswahl und schmeckt mir. Wir sind zu fünft am Tischgespräch beteiligt. Innert Kürze werden die Hauptthemen abgehakt: Vorname und Herkunftsland, erster oder x-ter Camino, Startort und Startdatum insgesamt, Zielort und Feriendauer total, Tageskilometer heute und morgen mit Übernachtungsort morgen, Familienstand, Motivation und Arbeit zuhause. Dann schiesst jemand ein Foto von uns fünfen und verteilt es auf die Mobiltelefone der anderen. Die anderen vier sind vor dem Jakobsweg noch nie gewandert, sie halten sich aber zäh an die Standardetappen. Vor allem die erste Woche sei sehr hart gewesen, erzählen zwei von ihnen. Was die Runde für mich etwas aufheitert, ist die englisch ausgesprochene Redensart der Taiwanesin mir gegenüber: „No vino, no camino". Na dann, prost.

Wie und wo den Rest des Lebens verbringen

Beim Nachtessen erzählt die Taiwanesin mir gegenüber von sich. Sie ist 50 Jahre alt, alleinstehend und kinderlos. Seit Jahrzehnten arbeitet sie als Bankangestellte und lebt in der Stadt in einer Eigentumswohnung. Am Wochenende fährt sie stundenlang aufs Land, um dort ihre Mutter zu besuchen. Freundschaften in der Stadt hat sie nur wenige, auf dem Land verbringt sie die Zeit mehrheitlich mir ihrer Mutter. Auf dem Jakobsweg will sie nun herausfinden, wie und wo sie den Rest des Lebens verbringen möchte. Was es neben Arbeit und der Beziehung zur Mutter noch geben könnte. Sie will sich Gedanken machen, ob sie in die Nähe der Mutter ziehen will. Wie das mit der Arbeit gehen könnte. Was sie möchte, wenn ihre Mutter einmal nicht mehr leben würde.

 # Von El Acebo nach Ponferrada

Samstag, 5.10.24: 15.5 km, 3½ h Gehzeit, ca. 14-18°

In der Herberge ist das Frühstück um 7 Uhr inbegriffen. Danach mache ich mich wie gewohnt bereit zum Wandern und gehe los, als es noch dunkel ist. Stockdunkel. Zu dunkel für mich, um auf dem Wanderweg bergab zu gehen. Ein kurzer Check auf der Wanderkarte zeigt, dass ich die erste Viertelstunde auch auf der Strasse gehen kann. Das Mobiltelefon stecke ich mit eingeschalteter Taschenlampe in die Rucksackträgertasche, damit mich allfällige Autos sehen würden. Es hat dann aber gar keinen Verkehr. Als der Camino das erste Mal an der

Strasse sichtbar wird, folge ich ihm und brauche die Lampe schon bald nicht mehr.

Ich komme durch ein hübsches Örtchen. Hübsch ist natürlich relativ und möglicherweise sehe ich es zu romantisch. Die wohl Jahrhunderte alten Steinhäuser mit ihren Balkon-Vorbauten wirken gepflegt, sind vereinzeln sogar mit Blumen geschmückt – jemand fotografiert Geranien – und es gibt kaum zusammengefallene Gebäude. Aber die Häuser werden eiskalt sein, kaum beheizbar; neuzeitliche Sanitäranlagen kann ich mir nicht vorstellen; Eingangstüren sind am Boden nicht dicht und durch das Gefälle kann das Wasser bei einem starken Regen vom Strässchen her wohl direkt hineinfliessen; Fenster sind nicht abgedichtet und Dächer kaum isoliert: also hübsch vielleicht zum Anschauen, als gut erhaltenes Häuserensemble aus vergangenen Zeiten.

Nach dem letzten Haus geht es wieder in den Wald. Ich komme an diversen Wildschwein-Gräben vorbei. Für mein Gefühl hat es aber schon genügend Wandernde vor mir gehabt, so dass ich durchgehen kann, ohne laut singen zu müssen. Als es zwischendurch eben wird, nähere ich mich langsam dem Paar vor mir. Die beiden bleiben bei einer Abzweigung stehen und studieren die Karte, während ich an ihnen vorbei gehe. Sie nehmen dann denselben Weg wie ich und kurz vor dem nächsten Abstieg überholen sie mich in einem viel rascheren Tempo, als sie zuvor unterwegs gewesen sind. Ich staune, wie schnell sie nun plötzlich sind. Der Mann zieht bergab davon, aber die Frau verlangsamt direkt vor mir etwa auf halbe Geschwindigkeit. Als sie es realisiert, lässt sie mich wieder passieren. Der Mann merkt ein paar Kurven weiter dann auch, dass seine Frau das Tempo nicht mithalten kann und wartet dort auf sie. Für mich ist es erneut eine pure Freude, über die groben Steine und Felsen hinabzugleiten.

Eine Tafel am Anfang des nächsten Dorfes bezeichnet es als eines der schönsten Spaniens. Es fällt mir jedoch weniger wegen Schönheit auf, als zum Beispiel der vorherige Ort, sondern mehr wegen neuerer Einfamilienhäuser und diverser moderner Villen hinter massiven Zäunen.

Auch eine Sportanlage mit der Bezeichnung Fussball-Akademie fällt mir ins Auge. Auf der gegenüberliegenden Strassenseite steht eine alte Fabrik. Ein Schild zeigt den Neubau, der unter anderem mit Geldern der EU zur Förderung der Region gebaut werden soll. Auf alle Fälle frage ich mich, womit denn diese Villenbesitzenden ihr Geld verdienen und was bei ihnen lukrativer ist als in den bisherigen Ortschaften. Die Häuser und das Ortsbild sehen einfach ungewohnt aus.

Ich mache meine Kaffeepause bei einem Laden mit Getränken. Ausnahmsweise wird mir das Rückgeld nicht gegeben und ich muss dem Verkäufer nachgehen und es zurückverlangen.

Ab hier wird der Weg mehrheitlich auf dem Trottoir oder direkt auf der Strasse geführt. Mir gefällt dieser Abschnitt nicht besonders gut, auch wenn es nur wenig Verkehr hat. Auf einmal habe ich keine Mitpilgernden mehr in Sichtweite und befürchte, um meinen Zielort Ponferrada herumgeführt zu werden. Deshalb frage ich einen der wenigen hier anwesenden Menschen, ob ich mich noch auf dem Jakobsweg befände. Sie bejaht, was zumindest mich beruhigt, auch wenn ich vermute, dass der Grossteil der Camino-Gemeinschaft einen direkteren Weg genommen hat. Auch der Zugang zu Ponferrada spricht mich nicht besonders an: eher schmucklose Wohnblöcke aus früheren Zeiten, teilweise sogar am Zusammenfallen.

Über die grosse Zufahrtsstrasse komme ich in einen grösseren, gepflegten Neustadtteil, in dem sich auch mein Hostel befindet. Obwohl Betten in Mehrbettzimmern angeboten werden, bekomme ich eher den Eindruck eines gut funktionierenden Hotelbetriebs. Die Rezeption ist besetzt und Check-in schon vor 12 Uhr möglich. Die Einrichtung hat alles, was ich mir wünsche und das 6er-Zimmer mit Bad finde ich grosszügig bemessen. Mir scheint, als würden einige meiner Mitbewohnerinnen das erste Mal in einem Mehrbettzimmer übernachten. Sie gehen unter anderem mit Schuhen und Stöcken ins Zimmer und breiten sich über die Verhältnisse aus. Vielleicht haben sie ja erst wenig einschlägige Erfahrungen oder die eher locker gehandhabten Hausregeln wirken sich auf ihr Verhalten aus – für mich ist es gewöhnungsbedürftig.

Meine Stadtrunde beginne ich in der nächsten hübschen Bar – irgendwie könnte der Untertitel meiner Reise auch heissen: Mein Weg von Bar zu Bar. Hier passiert es mir zum zweiten Mal, dass mir das Rückgeld wie unbeabsichtigt nicht gegeben wird – heute ist scheinbar nicht der Tag für Rückgeld. Milchkaffee und Gipfeli sind tipptopp und stärken mich für den Besuch der Templerburg, eine Sehenswürdigkeit, die ich mir schon zuhause vorgemerkt hatte. Ich besichtige die schöne weitläufige Anlage, gemäss Prospekt eine der imposantesten Burgen Spaniens aus dem Bereich der mittelalterlichen Militär-Architektur, deren Entstehung durch den Templerorden ins Jahr 1178 zurückreicht. Bisher kannte ich die Tempelritter vage aus Abenteuerfilmen, aber nun schaue ich mich in einer ihrer Wirkungsstätten in echt um. Der Orden war im Jahr 1119 von Rittern gegründet worden, die am ersten Kreuzzug von 1099 teilgenommen hatten. Das erste Hauptquartier hatten sie im Tempel Salomos in Jerusalem eingerichtet, was diesem geistlichen Ritterorden später den Namen gab. Neben der Verpflichtung zu Armut, Keuschheit und Gehorsam bestand schon dort eine der Hauptaufgaben der Templer darin, Pilgernde zu beschützen. Bald einmal kam der Orden durch Schenkungen zu Landbesitz in Westeuropa. Er wurde eine internationale Finanzmacht mit bis zu 20'000 Ordensmitgliedern, die rund 9'000 Besitzungen von Jerusalem bis über ganz Europa hinweg verwalteten: einer der reichsten und einflussreichsten Militärorden seiner Zeit. Den Sitz in Ponferrada übernahm der Orden mit dem Auftrag, den Jakobsweg mit seinen Pilgernden zu schützen, was er mehr oder weniger durchgehend bis 1312 machte. In diesem Jahr klagte der Papst, wohl auf Druck des französischen Königs in der Hoffnung auf finanzielle und machtpolitische Vorteile, die Templer der Ketzerei und anderer schwerer Vergehen an und löste den mächtigen Orden auf.[26] Die Burg

---

[26] Templerburg Ponferrada, Tempelritter.

von Ponferrada wurde daraufhin bis Mitte des 19. Jahrhunderts von verschiedenen Herrschenden bewohnt und ausgebaut, um danach als Baumateriallager oder Weide zu dienen. Ich beschleunige meinen Rundgang, als es zwischen alter und neuer Burg zu nieseln beginnt. In einem modern umgebauten Raum mit Blick auf den grossen Burghof findet ein Zeichnungskurs statt, für mich eine schöne Verbindung von Vergangenheit und Gegenwart.

In der Altstadt nahe der Burg finde ich ein Restaurant für mein Mittag-Abend-Essen. Die Menükarte bietet Alternativen zu den sonst üblichen Gerichten und so wird meine Hauptmahlzeit Schweinsfilet-Medaillon an Roquefort-Sauce mit gebratenen Kartoffeln ein richtiger Genuss. Nach diesem üppigen Essen reicht mir dann am Abend ein Prussien mit koffeinfreiem Kaffee aus dem Getränkeautomaten im Essbereich der Herberge.

Von Ponferrada nach Villafranca del Bierzo

Sonntag, 6.10.24: 24.1 km, 5¼ h Gehzeit, ca. 15-19°

Mit der Japanerin im Bett über mir tausche ich mich über das heutige Tagesziel aus. Es ist für uns beide mit 24 km die längste bisherige Tagesetappe und wir wünschen uns gegenseitig Erfolg dabei. In der Nacht hat es geregnet, aber als ich losgehe, ist es nur noch wenig nass auf dem Weg. Ich komme an der Burg vorbei und bin hingerissen vom Bild, das sich mir bietet: Die Statue des Nazarener-Bruders vor der Burg in der blauen Stunde – eine Wucht. Diese Darstellung eines Menschen in einer schwarzen Tunika und mit spitzer Kapuze, einem Seil aus Espartogras um die Taille und einer Glocke in der Hand erinnert mich jeweils zuerst an eine rassistische Organisation. Die Statue zeigt jedoch die klassische Uniform der Königlichen Bruderschaft Jesus des Nazareners von Ponferrada, eine von mehreren dieser christlichen

Vereinigungen, welche die Prozessionen während der Karwoche durchführen.[27]

Durch Parkanlagen geht es aus der Stadt heraus und weiter über Trottoirs und Nebenstrassen. Rund um den Ort herum fällt mir eine starke Zersiedelung auf, es gibt kaum einen Wegabschnitt ohne eingezäunte Grundstücke mit Häusern und Gärten, wobei die Grünflächen oft sich selbst überlassen wirken. Da heute Sonntag ist, telefoniere ich schon in der Kaffeepause mit meiner Frau und freue mich über den Austausch. Danach komme ich durch zwei Dörfer, die sich gefühlt über Kilometer hinziehen. Auf einer Sitzbank esse ich meinen gestern fürs Nachtessen gekauften haltbaren Teigwarensalat zusammen mit angetrocknetem Brot, das von einem der letzten Essen übrig geblieben ist. An einer Abzweigung stehen einige Mitpilgernde und beraten sich. Ich lasse mich nicht beirren und folge den Pfeilen durch Hügel voller bildschöner Weinberge. Bald einmal gehe ich an den letzten zwei Mitwandernden vorbei und bin nun ganz alleine. Der Feldweg wird schmaler zum Eingang eines abgeschiedenen Dorfes hin (Valtuille de Arriba), wo Hunde hinter einem abgedeckten Gitterhag heftig bellen. Ich zweifle schon daran, ob ich noch richtig bin. Aber dann begegne ich Einheimischen, von denen mich unter anderen ein kleines Mädchen mit „Buen Camino" grüsst. Also alles gut, der Weg führt wirklich hier durch. Mir fallen viele Schäferhunde auf, in Gehegen oder an der Leine. Ausgangs Dorfs wird der Weg unbefestigt, matschig mit tiefen Spurrillen. Schon bin ich wieder alleine durch idyllische Rebberge unterwegs. Erst nach einiger Zeit sehe ich weiter vorne wieder einzelne andere Wandernde. Diese Strecke über Land ist etwa zwei Kilometer länger als jene der Strasse entlang. Sie hat mir jedoch sehr gut gefallen, auch wenn ich das Dorf wie aus der Zeit gefallen fand.

Wie schon seit Pamplona fallen mir auch heute in den Dörfern wiederholt Häuser auf, bei denen ich nicht sicher bin, ob sie noch

---

[27] Wikipedia: Ponferrada Bruderschaften

bewohnt werden. Die hölzernen Eingangstore und Fensterläden sind oftmals geschlossen und Balkone, Wände oder Dächer hängen schief herunter oder sind am Zusammenfallen. Inzwischen habe ich mich an das Bild gewöhnt. Ich frage mich aber immer noch oft, ob ein bestimmtes Haus wohl noch das Heim von jemandem ist.

In meinem Übernachtungsort Villafranca del Bierzo fällt mir nach der Kirche der Burgpalast der Markgrafen von Villafranca ins Auge, der mit seinen breiten Ecktürmen den Eindruck einer trutzigen Festung macht.[28] Mit Mobiltelefon-Navigation finde ich zu meiner gediegenen Herberge: Einzelbetten, Kleiderständer, Nachttische und Bettwäsche. Ich spüre die heutigen 24 km in den Beinen und brauche nach dem Einchecken zuerst einmal etwas zu trinken, bevor mir kalt wird und ich mich mit einer heissen Dusche wieder aufwärme. Morgen habe ich erneut 24 km vor mir, erschwert mit insgesamt 620 Höhenmeter Anstieg, der zuerst gemächlich und am Schluss lang und steil wird. Wie konnte ich im jugendlichen Übermut nur so etwas planen?

Der Herbergsleiter versprach Nachtessen im Haus. Erst als ich um 19 Uhr bereit stehe, teilt er mir mit, dass der Koch krank geworden ist. Die meisten anderen wussten es scheinbar schon vor mir. Als ich zu den beiden alternativen Restaurants des Ortes komme, sind sie nämlich voller Gäste, die ihre Bestellung aufgeben wollen. Es scheint ein unerwarteter Ansturm für die Lokale zu sein. Ich hätte nur noch im Aussenbereich Platz nehmen können, aber das bringe ich nicht über mich: Die voraussichtlich stundenlange Wartezeit in der fröstligen Kälte schreckt mich ab. Nur schon bis um 19 Uhr warten zu müssen, war für mich anstrengend gewesen. Ich habe es nur mangels Alternativen in Kauf genommen und wegen der Vereinbarung zum Nachtessen natürlich auch nichts anderes mehr gesucht. Also wechsle ich auf den Notfall-Plan: In der Herberge esse ich mein letztes trockenes Stück Brot, ein älteres Madelaine und Mandeln mit Rosinen.

---

[28] Offizielles spanisches Tourismusportal: Villafranca del Bierzo

Von Villafranca del Bierzo nach La Laguna

Montag, 7.10.24: 26.1 km, 5¾ h Gehzeit, ca. 15°

In der Nacht erwache ich mit Kopfschmerzen. Erst jetzt merke ich, dass ich am Vortag nach 17 Uhr gar nichts mehr getrunken habe. Sogar meine Pet-Flasche mit Wasser am Bett ist vergessen gegangen. Da aber die Trinkblase schon aufgefüllt ist und der Rucksack direkt neben dem Bett steht, kann ich mich dort bedienen.

Den Morgentee mache ich mit handwarmem Hahnenwasser, da die Bar geschlossen ist – er färbt sich kaum. Als ich etwa eine Viertelstunde später fertig bin, ist die Bar dann unerwarteterweise geöffnet – für mich leider zu spät. Als ich losgehe, entdecke an einer der nächsten Hauswände ein Blatt Papier, das auf einen Umweg wegen Bauarbeiten hinweist. Da ich fehlende Anschlussmarkierungen vermute, entscheide ich mich dagegen und wandere durch die Baustelle. Nur ist dort dann der Camino so schlecht markiert, dass ich ihn erst mit Ortung auf der Online-Streckenbeschreibung und dank anderen Pilgernden wiederfinde. Ausgangs des Ortes meine ich, im Dunkeln ein Camino-Schild auf der anderen Seite einer Brücke zu sehen. Ich gehe hin und sehe, dass etwas anderes geschrieben steht und ich auch hier wieder umkehren muss. Ich will heute auf keinen Fall die Berg-Route gehen, aber ich weiss nicht genau, wo sie beginnt oder wie sie beschriftet ist. Also bleibe ich mehrmals stehen und überprüfe meinen Weg: Ich weiss ja noch nicht, dass ich von einer solchen Abzweigung gar nichts sehen werde. Heute bin ich mit schlechter Laune aufgestanden und sie hat sich bisher nicht wirklich verbessern können.

Der Camino führt etwa die nächsten 20 km nur der Strasse entlang. Es geht neben dem Fluss und der Autobahn ein Tal hinauf, zuerst auf dem Trottoir einer Nebenstrasse, dann auf einem abgetrennten Seitenrandstreifen neben der Schnellstrasse und dann wieder auf dem Trottoir. Ich schliesse zu einer Brasilianerin auf und wir gehen für eine Weile gemeinsam. Sie erzählt, dass sie zuhause keine solche Wanderung unternehmen könnte. Die Gefahr vor Überfällen wäre viel zu gross. Wenn sie daheim aus dem Haus geht, dann nicht im Dunkeln und sie zieht keinen Schmuck an. Sicherheitshalber sollte sie aufgrund des Risikos bei sich die Strassenseite wechseln, anstatt direkt an dunkelhäutigen Menschen vorbeizugehen. Nur wünschte sie sich, keine solchen pauschalen Vorurteile wegen der Hautfarbe haben zu müssen. Jetzt geniesst sie es hier, ohne Befürchtungen eine lange Strecke wandern zu können. Sie sagt aber auch, sie freue sich auf das feine Essen bei ihrer Tante in London, das sie nach ihrem Jakobsweg erwartet. Bei der ersten offenen Bar verabschieden wir uns. Sie geht auch nach zwei Wanderstunden ohne Pause weiter, während bei mir Milchkaffee mit Gebäck und WC an der Reihe sind.

Auch danach fühle ich mich noch übellaunig. Wahrscheinlich ist das immer noch die Auswirkung des enttäuschenden gestrigen Nachtessens. Auf dem weiteren Weg beginnt es stark zu regnen und ich ziehe die Pelerine an, obwohl ich jeden Moment die Bar für meine nächste Pause erwarte. Ein paar Minuten später erreiche ich das Lokal und richte mich an einem Tischchen mit Blick auf Geldspielautomat und WC-Türe ein. Ich frage nach und kann ein Menü bestellen. Die Bezahlung ist schon erledigt, als ich sehe, dass das Licht in der Küche noch gar nicht eingeschaltet ist. Es dauert dann aber trotzdem nur eine gute Stunde, bis ich den Dreigänger mit der feinen Tarta de Camino abschliessen kann. Ich beobachte, wie verschiedene Einheimische bedient werden, währenddem ein Pilger versucht, seine Bestellung aufzugeben. Mir ist es vorher ebenso ergangen und es passierte mir auch in anderen Lokalen schon verschiedentlich, vor allem, wenn für die Bestellung mehr als ein Wort nötig war.

Bei meinem Aufbruch nieselt es nur noch, was mir natürlich auch besser gefällt: ein Vorteil meiner langen Pause. Der Weg steigt spürbar an bis Hospital, wo die Strasse einspurig wird und in den steilen Schlussanstieg zu meinem Übernachtungsort La Laguna übergeht. Trotz Ortsnamen ist klar, dass nicht mit Sandstrand und Meer zu rechnen ist.

177

Bald einmal kämpfe ich mich einen Wald- und Feldweg hinauf, der nasse Untergrund wird grob und felsig. Mein voller Bauch drückt ein wenig, aber meine Stimmung hat sich dafür mit dem Essen wieder normalisiert. Ich hoffe schon, die Herberge nicht verpasst zu haben, als ein Mitwanderer vor mir genau das nachschaut und mir mitteilt, dass wir sie noch vor uns haben. Um 15 Uhr komme ich nach einer anstrengenden Etappe endlich an. Trotzdem bin ich froh, dass ich einen guten Teil des Anstiegs schon hinter mir habe. Ich möchte ihn nicht morgen als erstes gehen müssen.

Bei der Unterkunft handelt es sich um eine Art Berggasthaus: Unten Bar/Restaurant und oben die Mehrbettzimmer mit Sanitäranlagen. Im und um den Ort herum streunen unzählige Hunde in der Grössenordnung von Schäfern herum. Sie bellen mich jedoch nicht an und ich fühle mich auch kaum bedrängt.

Mit Klaus aus Deutschland, den ich hier in der Unterkunft kennenlerne, nehme ich ein kleines Nachtessen ein. Am Tisch daneben sitzen ältere, englischsprachige, betrunkene und unangenehme Pilger. Sie überbieten sich gegenseitig mit anzüglichen und schlüpfrigen Bemerkungen uns gegenüber. Als Klaus und ich auf Unterhaltung in Deutsch wechseln, gelingt es uns, sie auszuschliessen und ich kann doch noch in Ruhe fertig essen. Draussen hören wir Kuhglocken lauter werden und können zuschauen, wie die Kühe vor dem Fenster durchgetrieben werden, mir wird richtig heimelig.

Heute bin ich 26 km oder knapp 6 Stunden gewandert. Ich befinde mich nun wieder auf 1150 m ü.M. und damit zirka 620 Höhenmeter über dem Startort Villafranca del Bierzo. Rund drei Viertel der Höhe bin ich auf den letzten 5 km hochgestiegen. Sogar beim Kajütenbett habe ich Höhenlage: mir wird das obere zugewiesen. Klaus im Bett unter mir empfiehlt mir, gleich bei der Buchung nach einem unteren Bett zu fragen, wie er es jeweils macht.

Rippen nicht gebrochen

Als letzte kommt gegen Abend eine Südkoreanerin in unser 5er-Zimmer. Bei einem Sturz hat sie sich heute die Rippen verletzt. Sie war im Spital und erzählt mir vom Bescheid, dass sie nichts gebrochen hat und dass sie sich in etwa fünf Tagen wieder erholt haben würde. Ich denke bei mir, dass sie vielleicht auch fünf Tage Ruhepause empfohlen bekommen hat, es wegen Übersetzungsschwierigkeiten aber nicht verstanden hat. Auf die Alp ist sie mit dem Taxi gekommen und für den nächsten Tag hat sie vor, die Tagesetappe von 24 km wie geplant zu gehen, als Zugeständnis an ihre Verletzung jedoch den Rucksack transportieren zu lassen. Sie kann sich ohne Hilfe nur mit Stöhnen setzen oder aufstehen, Rucksack heben, sich hinlegen oder sich im Bett umdrehen. Es scheint mir, als sei sie in ihrem geplanten Jakobsweg gefangen und ihre Selbstfürsorge sei inexistent. Ich biete ihr meine Hilfe an - von Notfallversorgung bis zu professionellen alternativmedizinischen Ratschlägen wäre mir verschiedenes möglich gewesen - aber sie lehnt ab. Als sie sich am nächsten Morgen im Bett aufsetzt, schreit sie laut auf. Bei meinem Abmarsch will sie noch ein wenig im Restaurant abwarten. Als letztes frage ich sie, ob ich ihren Rucksack für den Transport nach unten tragen soll, aber auch das will sie nicht.

Von La Laguna nach Triacastela

Dienstag, 8.10.24: 24.2 km, 5¼ h, ca. 8-12°

Heute frühstücke ich in der Bar der Herberge, denn ich habe keine Haferflocken mehr. Etwa um 8.15 Uhr gehe ich in die Morgendämmerung hinein, die jetzt schon deutlich später ist als zu Beginn meiner Reise. Die Wetterprognose verheisst Regen und Wind, deshalb versuche ich heute die Variante mit kurzen Hosen, Regenjacke und Pelerine. Weniger steil als gestern und nur noch knapp 2 km geht es hoch bis O Cebreiro, das seit dem 9. Jahrhundert für Pilgernde da ist.[29] Der Ort sieht wie eine mittelalterliche Pilgerstation mit grosser Kirche aus, ich finde die Restaurierung sehr gelungen. Jemand erzählte, dass Carfahrten hierhin unternommen werden. Zu sehen wäre die wohl älteste erhaltene Kirche am Camino Francés, eigentümliche Häuser und Herbergen und der Rundblick über die umliegenden Hügel – zumindest, wenn es nicht regnet. Ich habe leider meistens nur Sicht bis zu den nahen Wolken.

Vor dem Dorf habe ich die Grenze zu Galicien überschritten, was mir jedoch nicht weiter aufgefallen ist. Der Camino geht über einen neueren Weg weiter, der angenehm über die Kuppe führen könnte, aber mehrheitlich kurz und steil auf und ab geht. Er verlangt uns Wandernden richtig viel ab und ich wünschte, der Wegplaner müsste in seinem Leben noch unzählige Male mit schwerem Rucksack diesen Abschnitt begehen. Nach den ersten harten, kalten, windigen 1¼ Stunden im Nieselregen kehre ich zu einem wärmenden Kaffee ein. Die Barfrau und ein Gast scheinen ganz in ihr Gespräch vertieft, aber irgendwann kann ich bestellen und bezahlen. Als ich meine Pelerine überwerfe, steht die Barfrau dann aber plötzlich hinter mir und zieht den Überwurf über meinem Rucksack zurecht. Vorher kam ich mir eher ignoriert vor, aber wie es scheint, habe ich mich getäuscht.

---

[29] O Cebreiro

Nach weiteren harten, kalten, windigen 1¾ Stunden im Nieselregen wärme ich mich wieder in einer Bar auf. Ich bekomme einfach zu kalt an den Beinen und da die Temperatur gefühlt eher sinkt und es im Moment nur wenig regnet, ziehe ich die langen Wanderhosen über meine kurzen an. Wieder draussen, kommt zusätzlich Bodennebel auf und es beginnt erneut stärker zu regnen – meine langen Hosen werden sofort nass und kleben kalt an den Beinen.

Die Strecke zieht sich hin und weil ich wieder 24 Tageskilometer gehe, dauert es einfach auch lange. Nach weiteren 2 Stunden vor allem auf grobem Kies bergab komme ich in Triacastela in der Unterkunft an. Von den erwarteten drei Burgen sehe ich nichts, aber die Gebäude hier sehen teilweise recht modern aus, anders als in den bisherigen Dörfern.

Seit gestern Nachmittag bin ich erkältet: Wie auf einen Schlag hat mich in der Herberge der Schnupfen erwischt. Die heutigen Verhältnisse beim Wandern und die Kälte in der Herberge – die Heizkörper werden erst am Abend eingeschaltet – machen es leider auch nicht besser.

Um 16 Uhr öffnet der Laden und ich kann tatsächlich Nachschub an Haferflocken kaufen. Danach gehe ich in ein Restaurant mit durchgehend warmer Küche und professionellem Service, wie ich ihn schätze: ein richtiger Lichtblick. Innert Kürze bekomme ich das feine Tellergericht serviert.

Drei Tage hintereinander bin ich nun 24 und mehr Kilometer gewandert und dreimal hat sich die letzte Stunde mehr zäh als gefreut angefühlt. Heute wurde das Gefühl sicher noch verstärkt durch das Hudelwetter und die unzähligen, gefühlt überflüssigen Höhenmeter. Ausserdem komme ich natürlich später bei der Unterkunft an und die verbleibende Zeit genügt mir nicht, um mich gut erholen zu können. Noch schlechter wird es für mich, wenn dann noch etwas mit dem Essen nicht klappt. Nun habe ich zwei Tage mit jeweils nur etwa 10 Kilometern vor mir. Das kommt mir schon beinahe wie Ruhetage vor. Ausserdem erwartet mich morgen ein Einzelzimmer und damit eine gute Gelegenheit für die dringende nötige Wäsche. Ich kläre ab, dass ich morgen auch erst um 9 Uhr auschecken kann, um später als üblich aufzustehen und in aller Ruhe frühstücken zu können, wenn die anderen schon weg sind.

Zurück im Zimmer presse ich einige Akupunkturpunkte, um meine Erkältung zu behandeln. Dann lege ich mich früh ins Bett, lese noch ein wenig und schlafe dann.

 ## Von Triacastela nach Samos

Mittwoch, 9.10.24: 9.9 km, 2¼ h Gehzeit, ca. 10-13°

Ausschlafen klappt überhaupt nicht. Um 7.15 Uhr liegen die anderen vier im voll belegten Zimmer immer noch im Bett und machen keine Anstalten, aufzustehen. Es scheint ein Ausnahmetag zu sein, denn sonst sind um diese Zeit die meisten schon losgezogen. Deshalb ändere ich meinen Plan und gehe in den Aufenthaltsraum frühstücken. Als ich danach zusammenpacke, bin ich dann doch wieder die letzte – so schnell kann es gehen.

Ich zögere, bevor ich die Haustüre öffne, denn draussen regnet es. Da sagt einer der beiden Spanier hinter mir „adelante" (= vorwärts, später nachgeschaut), was ich als Aufmunterung verstehe und mir einen Schupf gebe. Draussen merke ich, dass ich den Kappenschlauch-Ohrwärmer und die Kapuze schon drinnen hätte anziehen sollen, denn es schüttet wie aus Kübeln und böt heftig. Innert Minuten sind meine Hosen ab den Oberschenkeln bis zum Saum nass und das Wasser fliesst von dort direkt in die Socken und Schuhe: es pflötschelt, wie ich es schon kenne. Nach etwa 20 Minuten merke ich, dass nun auch die Unterhosen – und damit auch die Shorts, mit denen ich warm behalten wollte – durchnässt sind. Ich muss mich mehrmals richtig gegen den Wind stemmen, so sehr weht es. Zuerst geht der Weg parallel zur Strasse, steht jedoch voller Wasser und der Feldboden daneben ist vollgesogen wie ein Schwamm, auf dem ich schon beim ersten Schritt ausrutsche. Deshalb wechsle ich auf den grosszügigen Randstreifen der Strasse, ein Auge auf die wenigen Autos gerichtet, meist Taxis, das andere Auge auf allfällige morsche Äste über

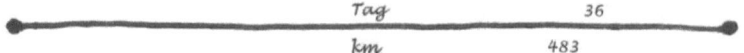

mir. Auf dem Asphalt sehe ich einen Feuersalamander. Ich schaue nicht nach, ob er tot ist, denn das hätte mich zu sehr deprimiert. Mir reichen die überfahrenen Frösche, die ich schon gesehen habe. Mein Weg über Samos ist die unüblichere Alternativroute, aber dass ich keine Mitwandernde sehe, finde ich doch aussergewöhnlich. Ich nehme eine erste geteerte, als Jakobsweg gekennzeichnete Abkürzung. Die zweite vermeintliche Abkürzung führt durch ein Dorf und schliesslich auf Forstwegen durch den Wald, was ich wegen der Windböen lieber vermieden hätte. Aber retour wieder zur Strasse hinauf ist mir zu anstrengend, deshalb lege ich einen Zahn zu und gehe weiter das Tal hinunter. Ein Baum ist umgekippt und statt auf dem Wanderweg muss ich hier über die Wurzeln und durch die frische Erde gehen. Heute sind scheinbar erst sehr wenig Pilgernde durchgekommen, denn ich sehe nur von etwa zwei Personen Spuren darin. Bei gutem Wetter wäre diese Strecke sicher hübsch gewesen.

Als ich vom Regen her nicht mehr befürchten muss, dass mein Mobiltelefon ersäuft, nehme ich es hervor und mache die ersten Bilder des Tages. Ich bin froh, als ich endlich wieder an die Strasse komme und folge dieser dann bis Samos. Das passt zu meiner Risikoeinschätzung und es ist mir wohl genug dabei, um kein Taxi nehmen zu müssen. Da hier keine Wegzeichen sind und das Wetter äusserst unwirtlich, kontrolliere ich per Mobiltelefon-Ortung meinen Standort. Schliesslich möchte ich auf direktem Weg zu meinem Übernachtungsort kommen. So erreiche ich nach 10 km und 2¼ Stunden kurz vor 11 Uhr das Kloster Samos, meinen ersten Halt im Ort. Schon der erste Blick auf die Anlage beeindruckt mich. Ich schaffe es gerade noch auf die 40-minütige 11-Uhr-Führung und lebe damit, dass ich drei Paar nasse Hosen, nasse Schuhe und Socken und nasse Ärmelränder habe. Denn schliesslich bin ich diese Alternativroute wegen der Besichtigung des Klosters gegangen, was nur mit Führung möglich ist. Die umfangreiche, gepflegte und schöne Anlage wirkt genutzt und belebt auf mich, aber auch wie ein Ruhepol. Beide Innenhöfe, ehemals für die Bevölkerung beziehungsweise für das Kloster, mit den Kreuzgängen und der geschmackvollen Bepflanzung in der Mitte, laden zu Gebet oder Meditation ein. Die Anlage wirkt von aussen sehr stimmig und das moderne Innere, das nach einem Brand wiederaufgebaut wurde, passt für mich ausgezeichnet dazu. Das Kloster ist mit Gründung im 6. Jahrhundert eines der ältesten und mit rund 11'000 m^2 eines der grössten in Spanien. In seiner Blütezeit bestand es aus 90 Mönchen, etwa 250 Schülern oder Menschen auf Einkehr und den Pilgernden in der Herberge. Von den heutigen 8 Benediktinern sehen wir nur wenig, dafür aber einiges von den Gebäuden.[30]

Nach der Führung wringe ich im gedeckten Zugangsbereich des Klosters meine Socken und Einlegesohlen aus und bin schon froh, als sie danach nur noch halb so nass sind. Für die zwei Stunden bis zum Zimmerbezug in der Herberge gehe ich in eine nahe Bar. Auf der Toilette kann ich schon einmal meine kurzen Wanderhosen ausziehen, damit eine Lage weniger nass und kalt an meinem Körper klebt. Ich beginne mit Milchkaffee und offeriertem Kuchen, meine Zeit zu überbrücken. Auf einmal setzt sich das koreanische Paar aus dem Zimmer von La Laguna neben mich. Sie erzählen, sie hätten die Besichtigung des Klosters leider verpasst und würden jetzt halt ohne nach Sarria weitergehen. Da hätten sie ebenso gut die deutlich kürzere direkte Strecke nehmen können. Ich bin froh, dass es mir nicht gleich ergangen ist, denn das Kloster finde ich wirklich sehenswert. Diese Alternativroute hat sich für mich gelohnt.

Wie üblich in den Bars läuft der Fernseher, hier einmal auf einem Sender über die Königsfamilie. Neben mir am Tresen gibt es deswegen teilweise intensive Diskussionen. Mir scheint, alle Einheimischen können mitreden, ob sie sich nun kennen oder nicht.

Als Mittagessen bestelle ich eine Ración Empanada aus der Vitrine. Aus Hunger esse ich zu viel von der Fleischpastete und leide den Rest des Tages unter Blähungen und Aufstossen.

---

[30] Kloster Samos

Mein Einzelzimmer hat nur ein einzelnes Fenster und dieses zum Gang hin, der seinerseits nach aussen Fenster hat. So habe ich Tageslicht im Raum und Blick auf die Badezimmertür, zu der der Gang führt. Für einmal ist die Wärmeregulierung beim Duschwasser nicht möglich. Es ist entweder zu heiss oder zu kalt und so bleibt mir jeweils etwa eine halbe Sekunde dazwischen, um zu duschen. Das dauert natürlich entsprechend länger. Beim Lavabo gibt es nur eiskaltes Wasser und das Bad ist zudem nicht geheizt. Heute kann ich nicht viel Verständnis für die Unterkunft aufbringen, sie scheint mir ärmlich und erbärmlich. Bei Fenstern und Türen klaffen offene Spalten und sie sind so verzogen, dass sie nicht richtig geschlossen werden können. Eine Heizung wurde im Haus nicht eingebaut und das bei einer durchschnittlichen Temperatur von plus minus 5 Grad von November bis März[31]. Lediglich ein kleiner Holzofen steht im Gang und in meinem Zimmer gibt es einen kleinen Elektroofen, wofür ich sehr dankbar bin. Aber Küche, Bad und die restlichen Räume sind unangenehm kalt. Immerhin befinde ich mich in einer Unterkunft, die in der Saison wohl täglich bis sechs Zimmer für 25-35 Euro vermietet. Das müsste doch wirklich reichen, um wenigstens die Fenster abzuschleifen, die Duschbrause zu reparieren und eine WC-Brille zu finanzieren. Die Dekoration ist hübsch, aber sie gibt nicht warm. Als ich dann noch eine Stinkwanze im Bad und eine Spinne am Hals finde, habe ich wirklich genug. Es wird Zeit, dass ich wieder heim komme.

Sobald der kleine Supermarkt um halb fünf öffnet, mache ich einen grossen Einkauf: Taschentücher, Kondensmilch, Pfirsichsaft, Dörrfeigen, Mais-Chips, Wein und alte Zeitungen zum Trocknen der Schuhe – die bekomme ich von der freundlichen Verkäuferin umsonst. Mein Nachtessen hat nur wenig mit ausgeglichener Ernährung zu tun, aber es ist erhältlich und ich habe mindestens das Gefühl, dass meine Verdauung es verträgt. Erster Gang: Pfirsichsaft, zweiter Gang: Chips und Wein, dritter Gang: Vollkornkekse von den beiden anderen Gästen,

---

[31] Wetter Samos

die in der Küche essen. Es sind befreundete Kanadierinnen, die vor kurzem in Pension gegangen sind und sich mit dem Jakobsweg einen Traum erfüllen. So verbringe ich eine kurzweilige Mahlzeit mit zwei Frauen, die zuhause Rehe und Hirsche im Garten und Bären in der Umgebung haben.

 ## Von Samos nach Sarria

Donnerstag, 10.10.24: 16.6 km, 3½ h Gehzeit, ca. 10-15°

Check-out wäre erst um 10 Uhr, aber schon um 6 Uhr weckt mich der Lärm, den die Reinigungskraft vor den Zimmern veranstaltet. Ich bin froh, kann ich nochmals eine Runde schlafen, denn der Sturmwind tost noch ums Haus und schlägt den Regen an die Fensterscheiben. Als ich vor 9 Uhr losgehe, hat sich das Wetter glücklicherweise ziemlich beruhigt. Der Weg führt zuerst neben der Strasse und am Fluss entlang, dann oft hübsch durch den Wald und zwischen Feldern durch. Am Boden liegen Kastanien und kleinere Äste, aber der Untergrund ist schon wieder gut begehbar. Zwischendurch guckt sogar die Sonne zwischen den Wolken hervor und Nebelbänke verbreiten eine mystische Stimmung.

Heute führe ich mehrfach ein ähnliches Gespräch, wenn ich an Mitwandernden vorbeikomme (sinngemäss aus dem Englischen): Ich grüsse mit „Hallo" - er/sie antwortet mit „Hallo. Wie geht's?" - ich: „Gut. Und dir?" - er/sie: „Besser als gestern. Bist du gestern gewandert?" - ich: „Ja. Und du?" - er/sie: „Mir war (Auswahl) Wind/Regen/Kälte zu stark, ich habe (Auswahl) den Bus/das Taxi genommen." Dass ich gestern so viele Taxis gesehen habe, war also wirklich weder üblich noch zufällig. Teilweise seien gar keine Taxis mehr verfügbar gewesen, höre ich von jemandem. Mir scheint, die Mehrheit sei die gestrige Tagesetappe nicht gewandert, ganz anders, als beim Unwetter bei Frómista.

Als nach 2½ Stunden ein Camping-Restaurant auftaucht, kehre ich sofort ein und staune: Es ist ein Lokal, wie es auch zuhause stehen

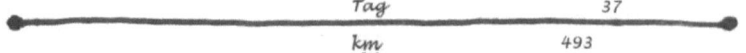

könnte, der Kaffee ist mit sofortigem Blickkontakt bestellbar und wird sogar an meinen sauberen Tisch serviert. Als ich dann noch feines Fleisch in der Kühltheke bereit liegen sehe, habe ich plötzlich das Gefühl, wieder in der modernen Jetzt-Zeit angekommen zu sein. Ein extremes Gefühl und damit auch ein Bewusstsein für meine andersartige Wahrnehmung der Umgebung vorher. Erst durch die Ortsangabe in meiner Reiseblog-App realisiere ich, dass ich bereits in einem Vorort von Sarria und damit schon nah bei meiner heutigen Unterkunft bin. Ich bin wie üblich den Wegzeichen gefolgt und auf direktem Weg zu meinem Zielort gelangt, anders als ich es mir gemäss Wanderführer eingeprägt habe. Deshalb habe ich auch vergeblich auf die vorgemerkte Bar gewartet. Beim Bezahlen bietet mir der Barmann von sich aus an, meinen Pilgerpass zu stempeln, da ich ja ab hier täglich zwei Stempel brauchen würde, um die Pilgerurkunde zu bekommen. Das überzeugt mich und so beginne ich ab hier, meinen Weg im Credencial nicht nur in der Unterkunft, sondern auch bei der Kaffeepause zu verewigen.

Bald komme ich in Sarria beim Hotel an und weil ich noch zu früh dran bin, gehe ich den Camino weiter, über den Burghügel und bis zum Ortsausgang, damit ich morgen flach starten kann. Ich wäre gerne noch weiter gegangen, aber ich habe keine Angaben zu Busverbindungen für heute zurück zum Hotel und morgen wieder zur Anschlussstelle gefunden.

Sarria ist der Ort, wo viele Pilgernde ihren Weg der letzten 100 km bis Santiago de Compostela beginnen. Mindestens diese Strecke muss zu Fuss gegangen und mit zwei Stempeln pro Tag im Pilgerpass belegt werden, wenn man die Pilgerstrecke bestätigt bekommen möchte. Mit über 13'000 Einwohnenden[32] ist Sarria eine recht grosse Ortschaft auf dem Camino Francés und mir fallen die vielen, auch moderneren Häuser sowie diverse Unterkünfte, Restaurants und Läden auf.

---

[32] Wikipedia: Sarria

In einem Restaurant in der Nähe des Hotels esse ich eine Pizza. Die Resten lasse ich mir für ein Picknick einpacken. Dass auch meine Frau heute mit einer Freundin Pizza essen geht, gibt mir ein gutes Gefühl von Verbundenheit.

Ich übernachte in einer schönen Unterkunft mit Self Check-in und Zahlenschlössern an der Tür. Das moderne Doppelzimmer mit eigenem Bad ist praktisch eingerichtet und im Aufenthaltsbereich steht ein Getränke- und Snack-Automat. Die Kehrseite dieser rezeptionslosen Betriebsart ist für mich, dass ich keinen Kontakt zu anderen habe und mir einzeln vorkomme.

Die regulierbare Heizung stelle ich höher als die eingestellten 19 Grad, denn zusätzlich zum dauernden Nase putzen muss ich jetzt auch husten. Ich vermag die passenden Akupunkturpunkte gar nicht mehr genügend stark zu pressen und zudem habe ich möglicherweise auch Temperatur. Wandern heute konnte ich ja gut, aber jetzt fühle ich mich eher krank. Mir kommt in den Sinn, eines meiner homöopathischen Mittel zu nehmen und das scheint umgehend zu helfen. Mein Körper entspannt sich und sinkt tief in die Matratze. Ich entscheide mich, morgen die letzten beiden Herbergsbetten in Einzelzimmer umzubuchen. Dann kann ich mich besser erholen - es sieht nicht mehr so aus, als wäre meine Erkältung bald vorüber.

 # Von Sarria nach Portomarín

Freitag, 11.10.24: 21.5 km, 4¾ h Gehzeit, ca. 10-14°

Auf den Strassen von Sarria fallen mir wieder Pilgernde auf, die mit Hilfe des Mobiltelefons den Weg suchen. Ich nehme an, dass sie hier frisch zu wandern beginnen und im gelben-Pfeil-Blick noch nicht so geübt sind – oder das Vertrauen in die Wegzeichen und die unzähligen anderen Pilgernden noch nicht so haben. Ab Sarria befinde ich mich in einem Pulk von meist Spanisch sprechenden Leuten, die aussehen, als würden sie hier und jetzt das erste Mal in ihrem Leben wandern. Die meisten sind in Gruppen unterwegs. Dazwischen sehe ich einige wenige, die einen regelmässigeren Schritt haben und auch den bisher üblichen Gruss „Buen Camino" erkennen. Auf einem ansteigenden Waldweg begegne ich drei Frauen, die für ein Gebet stehen bleiben und im Weitergehen dann den Rosenkranz beten. Sie versuchen mich zu überholen und merken erst mit der Zeit, dass sie den Schnauf dafür gar nicht haben. Es werden auch wieder häufig Wegsteine fotografiert, die hier teilweise alle paar hundert Meter aufgestellt sind und die Distanz nach Santiago de Compostela auf drei Kommastellen genau angeben. Tiefpunkt in Sachen Camino-Gesellschaft ist eine Horde spanischer, alter, lauter, extrovertierter, überspannter, aufdringlicher, männlicher Velofahrer. Irgendwann sind sie vorbei und vor mir sehe ich nicht mehr so viele Pilgernde, was mir wieder viel besser gefällt. Für morgen nehme ich mir vor, schon vor 8 Uhr loszugehen in der Hoffnung, mich vor der grossen Masse zu befinden.

Es beginnt zu regnen und ich ziehe die Pelerine an, etwa gleichauf mit Rosa aus Mexiko, mit der ich zusammen weitergehe. Ungefähr 14 km nach Sarria kommen wir zum 100-km-Markierungsstein. Ich laufe beinahe daran vorbei, denn ich sehe ihm das traditionell Besondere nicht gleich an. Zu viert machen wir abwechslungsweise Erinnerungsfotos voneinander. Irgendwie ist er für mich auch ein persönlicher Meilenstein, ähnlich wie die ersten gewanderten 100 km: Bis hierhin bin ich über 500 km gewandert und nun beginnen meine letzten 100 km auf dem Camino Francés.

Bei der zweiten Kaffeepause gibt mir Rosa noch von ihrem Schafkäse mit Honig zu probieren und nach 2½ Stunden trennen sich unsere Wege wieder.

Soll ich weiter studieren?

Ich mache die Bekanntschaft von Rosa aus Mexiko und erfahre wieder eine Lebensgeschichte. Sie erlebe hier Gefühle viel intensiver als sonst, erzählt sie mir. Sie steckt in ihrem Leben fest und ist unsicher, was sie weiter tun soll. Inzwischen etwa 40 Jahre alt, ist sie vor Monaten wieder bei ihren Eltern eingezogen und hat begonnen, Psychologie zu studieren. Sie hatte über Jahre einen guten Job. Als sie einen attraktiven Spanier kennenlernte, zog Rosa nach Spanien und die beiden heirateten. Ausser Haus arbeitete sie nicht mehr und an ihrem neuen Lebensort gelang es ihr nicht, für ihren Bedarf genügend Freundschaften zu schliessen und ein soziales Umfeld aufzubauen. Zu spät habe sie gemerkt, dass ihr Ehemann gar kein eigenständiger Mann, sondern ein Sohn geblieben sei. Seine Eltern seien bis zum Schluss seine erste Anlaufstelle gewesen, sogar was Anliegen ihrer Ehe betraf. So habe sie nach anderthalb Jahren die Scheidung eingereicht und sei wieder heim nach Mexiko gezogen. Mitgenommen von dieser Zeit mit seinen emotionalen Hochs und Tiefs konnte sie nicht zur Normalität von zuvor zurückkehren. Sie ging in eine Gesprächstherapie und entdeckte ihr Interesse an der Psychologie und an der Begleitung von Menschen. Ob ich denke, es würde eine ausserordentliche Begabung brauchen, um als Psychologin arbeiten zu können? Wie ich sie verstanden habe, will sie auf dem Jakobsweg herausfinden, ob sie ihr Studium weiterführen soll und ich hoffe, ich konnte sie mit meiner Erfahrung als TCM-Therapeutin dabei unterstützen.

Nach dieser sympathischen Begegnung geniesse ich es auch wieder, alleine zu wandern und nur meinen eigenen Gedanken nachzuhängen. Landschaftlich finde ich es heute abschnittweise richtig hübsch. Einige auf Pfosten stehende, schmale, gemauerte Häuschen mit vielen kleinen Öffnungen und Satteldach fallen mir auf. In einem davon sehe ich Reste von Maiskolben liegen.

Eigene Grenzen

Eingangs Portomarín führt der Camino eine Treppe hoch, über eine Brücke und durch ein Tor ins Dorf. Schon auf der Mitte der Treppe sehe ich oben einen älteren, hageren Mann am Brückenrand stehen und in die Knie sinken. Dann fällt er ganz zusammen und nur die Träger des Rucksacks, der sich auf dem Brückengeländer verfangen hat, halten ihn noch halb in der Luft. Sein Begleiter ruft um Hilfe und ich bin am nächsten. Gemeinsam schauen wir, wie wir ihn aus seiner Aufhängung befreien können. Er kommt langsam wieder zu sich und wir schaffen es, ihn zum Stehen zurückzubringen.

Sie könnten Vater und Sohn sein, der Sohn etwa in meinem Alter, der ältere Mann geschätzte 90 Jahre. Beide tragen wohl ihr ganzes Gepäck auf dem Rücken und ich gehe davon aus, dass sie wie ich ab Sarria gewandert sind.

Am nächsten Tag picknicke ich mit Blick auf den Camino und erkenne plötzlich das Tragegestell des Rucksacks wieder. Der ältere Herr scheint sich also wieder erholt zu haben und sein Schwächeanfall hat ihn nicht einmal dazu veranlasst, das Gepäck aufzugeben. Auch am Tag darauf begegne ich ihnen wieder. Sie scheinen etwa dieselben Etappenlängen zu gehen wie ich – ungefähr 21/25/28 km – und ich kann nur noch denken: Chapeau.

Mein Übernachtungsort Portomarín scheint mir zuerst nur wenig charmant, denn ich sehe vor allem eine Ansammlung von Hotels und Herbergen. Auch mein Zimmer in der Pension wirkt eher funktional, obwohl es mehr kostet als das schöne von gestern. Wie angedacht, buche ich wegen meiner Erkältung nun die restlichen Herbergen (Arzúa und O Pedrouzo) in Einzelzimmer um. So kann ich eher auf Erholung und gute Heizung hoffen.

Mitte Nachmittag, zur Zeit des lokalen Mittagessens, suche ich ein Restaurant. Ich finde ein gut besuchtes Lokal und bekomme einen Tisch. Erstaunlicherweise kann ich alles in Englisch bestellen und das Tellergericht ist richtig fein. Wie schon seit ein paar Tagen fühle ich mich nach dem Sitzen wie eingerostet und muss mir Mühe geben, trotzdem einigermassen geschmeidig aufzustehen. Wenn ich die Menschen um mich herum beobachte, dann haben einige von ihnen ebenfalls Schwierigkeiten, ohne weiteres vom Stuhl aufzustehen. Vor dem Fenster sehe ich sogar jemanden, der nur seitlich und unbeholfen hölzern die zwei Treppenstufen vor dem Lokal hinuntergehen kann.

 ## Von Portomarín nach Palas de Rei

Samstag, 12.10.24: 25 km, 5¼ h Gehzeit, bis ca. 22°

Ich starte um 7.45 Uhr bei eindrücklich dunkelblauem Himmel und brauche noch die Taschenlampe, denn zusätzlich zur Bewölkung geht der erste Teil der Strecke durch den Wald. Mein Plan scheint aufzugehen: Es sind weniger Menschen unterwegs als gestern früh und sie scheinen mir anhand von Ausrüstung, Geschwindigkeit, Rhythmus und Small Talk eher routinierte Wandernde zu sein. Der Camino führt auf und ab, über Felder und durch Wälder oder auf Strässchen und durch kleine Dörfer. Es ist Jakobsweg-Tourismus und Landwirtschaft zu sehen, teilweise gehen die Ausgänge der Kuhställe direkt auf die schmalen Dorfstrassen hinaus. Wie schon in den letzten Tagen ist viel grünes Land rundherum, aber es gibt nur wenige Blumen – ausser beim

Friedhof und in einzelnen Gärten oder Kübeln. Die gut sichtbaren Pilze sorgen hingegen immer wieder für Farbtupfer. Als erneut eines der eigenartigen Häuschen auftaucht und eine Einheimische in der Nähe ist, frage ich nach: Es seien Bauten, die zur Getreideaufbewahrung verwendet wurden und dank ihrer Stelzen und darauf liegenden Steinplatten einen Schutz vor Getreide fressenden Kleintieren boten. Dank der kleinen Schlitze in den Wänden wurde das Getreide genügend gut belüftet, um im feuchten Klima von Galicien nicht zu verderben. Diese traditionellen Getreidespeicher, Hórreos genannt, sollen heutzutage eher als wichtiges lokales Kulturgut angesehen werden, als dass sie für ihren ursprünglichen Zweck noch gebraucht würden. Ich habe einige davon stilvoll restauriert in den Gärten von Häusern stehen sehen, auffällig und bildschön. Es soll sie zum Beispiel auch in Navarra geben, aber dort sind mir keine aufgefallen.[33]

Wie schon ganz zu Beginn meines Jakobsweges ist es für mich auch hier wieder eine Herausforderung, bei den vielen und unterschiedlich schnell gehenden Menschen das eigene Tempo beizubehalten. Zusätzlich anstrengend finde ich es wegen der Hügel. Ich werde mehrmals von Gruppen in knapper Sportbekleidung (kurze Turnhosen und Flatter-Shirt) überholt, die ich für mich „Kampf-Walker" nenne: Mit hohem Tempo bergauf die Stöcke in den Boden rammen und den Körper hochwuchten. Was es nicht alles gibt.

Auf einmal fällt mein Blick auf Leggins, die mir bekannt vorkommen. Ich schliesse auf und sehe, dass es wirklich die Japanerin ist, die in Ponferrada das Bett über mir belegte. Im Nachhinein beglückwünschen wir uns gegenseitig für die lange Etappe ab dort, die wir beide gut gemeistert haben. Sie fragt, ob ich beim Unwetter auch gewandert sei. Sie selber habe ihre Etappe ebenfalls unter die Füsse genommen. Und dann höre ich wieder eine eindrückliche Lebensgeschichte und wie sie den Jakobsweg in der Hoffnung auf eine bessere Zukunft geht.

---

[33] Wikipedia: Getreidespeicher Galicien

Nur noch 5 Tage

Die 38-jährige Japanerin pilgert jetzt schon über einen Monat auf ihrem Jakobsweg und es dauert nur noch 5 Tage, bis sie in Santiago de Compostela ankommt. Sie sei noch zu keiner Entscheidung darüber gekommen, weswegen sie auf diesen Camino gekommen sei. Sie möchte ein einfacheres Leben führen.

Nach und nach erzählt sie mir davon. Neben zwei Freunden bin ich nun der dritte Mensch auf der Welt, der weiss, in welch verfahrener Situation sie mit ihrem Mann zuhause seit über einem Jahr schon lebt. Sie möchte, dass er auszieht. Bis jetzt konnte sie dies jedoch noch nicht mit ihm besprechen und mir scheint, ihm passe es gut so: einfach weiter mit ihr in ihrem Haus wohnen. Verfahren ist die Situation wohl mehr nur für sie. Erschwert wird die vollständige Trennung zusätzlich dadurch, dass die beiden zusammen ein Geschäft betreiben. Sie litt so sehr unter dieser Situation, dass sie aus Japan hierher auf den Camino kam. Mut wollte sie sammeln, um ihren Eltern von ihrer Situation zu erzählen, auch den Schwiegereltern. Und auch, dass sie keine Enkel mehr erwarten sollten. Aber sie möchte sie nicht traurig machen. Alle sind nett, auch ihr Mann, mit dem sie immerhin mehrere gute Ehejahre hatte.

Als ich nach der Kaffeepause wieder losgehe, bleibt sie noch sitzen. Sie macht zur Erinnerung an einen speziellen Moment ein Selfie von uns. Ich werde ganz traurig, weil wir wohl beide nicht sicher sind, ob sie ihre Wünsche fürs Leben wird realisieren können.

Zwei Stunden später setze ich mich auf die Bank vor einer Poststelle und esse die Pizza-Resten von Vorgestern. Eine Einheimische kommt zum Gebäude und schliesst nur kurz auf und zu, mir scheint, nur wegen mir. Ich spreche sie an und kläre ab, dass ich hier weiter essen kann und sie geht wieder. Das Wetter ist jetzt recht angenehm und ich versuche, für den letzten Wegabschnitt von heute noch einmal Freude aufzubringen.

Kurz vor 14 Uhr komme ich im Übernachtungsort Palas de Rei an, gehe an der Unterkunft vorbei und direkt zum nächsten Supermarkt. Obwohl an der Türe anders angegeben, sind die Angestellten schon am Zuschliessen: Heute wird Spaniens Nationalfeiertag gefeiert. Ganz schnell kann ich noch etwas einkaufen und entscheide mich für einen Liter Pfirsichsaft, den ich mit Hilfe der Angestellten finde. Am Telefon mit meiner Frau können wir nur noch lachen über den „zumo de pesce", nach dem ich in der Eile gefragt hatte. Vollkommen unverständliches Sprachwirrwarr, am ehesten wohl mit Fischsaft zu übersetzen. Ein halbes Wunder, dass sie mir das richtige Produkt zeigen konnte.

Nach elektronischem Check-in und Zimmerstunde mache ich mich auf die Suche nach einem Restaurant. Per WhatsApp habe ich von der Unterkunft eine Empfehlung erhalten, nur sind diese Lokale leider geschlossen. Ich finde eine Bar mit essenden Menschen, aber die Küche hat soeben zugemacht. Immerhin bekomme ich noch ein Getränk als Aperitif und kann Tagebuch schreiben. Heute bin ich 25 km gewandert. Ich bin stolz, dass ich es geschafft habe und dass es mir bis auf die Müdigkeit gut geht. Übers Internet finde ich dann doch noch ein Restaurant, in dem ich jetzt essen kann. Es gibt Nudeln Bolognese, Salat und Toastbrot. Wie beim Eintritt angekündigt, wird ein zweiter Gast an meinen Zweiertisch platziert.

Staatsangestellter in Taiwan

Mir gegenüber nimmt ein junger Taiwanese Platz. Wir stellen uns gegenseitig vor und eine lockere Unterhaltung entsteht. Er arbeitet als Staatsangestellter im Lagermanagement einer Ölfirma. In dieser Anstellung ist er praktisch unkündbar, was er sehr schätzt. Er verdient genug, um Ferien machen zu können. Seine letzte Beziehung hat vor einem halbem Jahr geendet. Deshalb ist er jetzt alleine für 12 seiner 15 Tage Jahresurlaub auf den Jakobsweg gekommen. In 6 Tagen wandert er von Sarria nach Santiago de Compostela. In Europa gibt es jedoch noch weitere Reisepläne, die er gerne verwirklichen würde: zum Beispiel Norwegen besuchen oder den Mont Blanc umrunden. Auch die drei Zinnen in den Dolomiten, die ich ihm als Möglichkeit für eine Rundwanderung vorschlage, gefallen ihm.

Als seine Bestellung kommt, klickt er dezent oben und unten eine Prothese von den Zähnen und packt sie in einem Tuch in seine Tasche. Essen tut er mit seinen echten Zähnen.

Wieder im Zimmer habe ich etwa eine Stunde nach dem Essen durchfallartigen Stuhlgang, leider. Obwohl das Bad auf dem Gang von zwei Zimmern benutzt wird, ist es jedes Mal frei, wenn ich es brauche. Auch wegen meiner immer noch starken Erkältung schlafe ich eher weniger gut.

Von Palas de Rei nach Arzúa

Sonntag, 13.10.24: 28.1 km, 6 h Gehzeit, ca. 12-23°

Am Morgen ist meine Verdauung immer noch in Aufruhr und nach zwei WC-Gängen bin ich erschöpft. Trotzdem versuche ich, mich möglichst auf die Freude am Wandern einzustellen, wie ich sie zu Beginn meines Jakobswegs ja wirklich täglich hatte, anstatt an die Anstrengung und Länge der heutigen Etappe zu denken. Oder daran, ob ich es wirklich schaffe. Denn ich schaffe es auf alle Fälle, Schritt um Schritt oder sonst mit Plan B. Dass die Freude nicht mehr automatisch da ist, merkte ich auch gestern beim Abschied von der Japanerin. Sie sagte, sie bleibe noch in der Bar, sie habe ja Zeit (17 Tageskilometer) und ich ging halt schon weiter, da ich 25 Tageskilometer vorhatte. Jetzt noch etwas an der Planung zu ändern macht für mich keinen Sinn. Ich habe mit heute noch drei Wandertage vor mir und wie meine Frau sagt, wäre es doch schade, jetzt nicht bis zum Ende durchzuziehen. Also stelle ich mich auf die heutige Etappe ein: mit 28 km die längste meines Jakobswegs.

Ich erwische die ideale Startzeit, um den Übergang von der blauen Morgenstunde zu einem Sonnentag zu erleben: Eine wunderschöne Stimmung wie nur wenige Male zuvor. Nicht einmal die Taschenlampe brauche ich heute. Die Landschaft gefällt mir, es ist hügeliger und wirkt weniger bäuerlich als am Vortag. Die abwechslungsreiche Strecke geht durch Ortschaften, auf Nebenstrassen über Wiesen und Felder und durch den Wald.

Beschwerden wirken sich unterschiedlich aus

Ich sitze mit Kaffee und Gipfeli im Festzelt einer Bar und bin mit meiner Pause beschäftigt. Das Pilger-Paar am Tisch vor mir macht sich bereit zum Weitergehen. Im Sitzen packt die Frau ihren grossen Rucksack, den sie auf dem Stuhl neben sich hat. Dann steht sie auf: Sie schiebt den Stuhl schwerfällig nach hinten, stützt sich mit den Händen auf dem Tisch ab, lehnt sich nach vorn und stemmt sich wie bei Liegestützen in eine stehende Position hoch. Dann macht sie zwei wankende Schritte und bleibt neben dem Tisch stehen. Inzwischen geht ihr Mann um sie und den Tisch herum, schliesst den Rucksack fertig zu und hält ihn der Frau an den Rücken, damit sie in die Träger schlüpfen kann. Der Mann zieht seinen eigenen Rucksack an und die beiden brechen auf, sie mehr schwankend als gehend. Ich schaue fasziniert zu und frage mich: Wie will die Frau wandern, wenn sie kaum aufstehen kann? Irgendwie klappt es, denn es dauert eine Weile, bis ich sie später überhole und ich muss zweimal hinschauen, denn ihrem nun gleichmässigen unauffälligen Schritt sehe ich die Mühe des Aufstehens nicht an.

Vor Melide, einem Ort mit rund 7'500 Einwohnenden, sehe ich Freizeitsportler joggen, ein inzwischen völlig ungewohntes Bild. Im Zentrum des Ortes ist viel los, obwohl Sonntag ist. Es gibt Gemüseverkauf ab Lastwagen, offene Läden und einen Markt. Die vielen Ansässigen auf den Strassen und in den Lokalen wirken aufgestellt und gefreut auf mich. In einer Bar am Weg mache ich nach etwa 14 km und gut 3 Stunden meinen zweiten Halt, ich bin also etwa in der Hälfte des Weges.

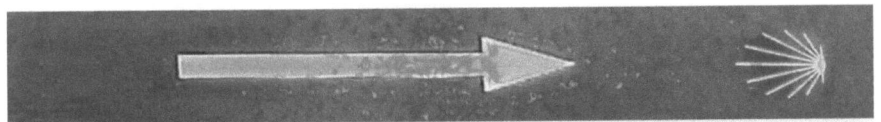

Unterschiedliche Leistungsgrenzen

Hügelauf überholt mich ein Paar in meinem Alter mit solcher Leichtigkeit, dass ich nur noch staune. Ich höre sie kaum atmen, sie plaudern und das Gewicht der grossen Rucksäcke sehe ich ihrem Schritt nicht an. Weiter vorne bleiben sie stehen und der Mann zieht seine Jacke aus. Darunter trägt er ein T-Shirt mit Aufschrift „Dublin Halbmarathon". Vielleicht hat er es ja als Teilnehmer erhalten? Auf alle Fälle kann eine Tagesetappe ganz unterschiedlich sein, gemessen an den sportlichen Leistungen, die man sonst erbringen kann. Ich bewege mich heute in meinem obersten Bereich, was Kilometer angeht. Die beiden hingegen sehen aus, als könnten sie locker auch schneller oder weiter unterwegs sein. Wenn ich es gewohnt wäre, Halbmarathon zu laufen, würde ich mit 28 km wandern wohl kaum an meine Leistungsgrenze kommen. Die beiden sind schon bald ausser Sicht. Ich hätte gerne noch gewusst, welche Aufschrift das T-Shirt der Frau hat.

Danach gehe ich ein Stück mit einem Franzosen. Es ergibt sich so, weil wir das gleiche Tempo haben. Er wollte nach seiner Pensionierung herausfinden, ob sein Körper zu einer Weitwanderung wie dem Jakobsweg noch fähig ist. Bisher waren sie zu zweit unterwegs, aber sein Kollege konnte heute nicht mehr wandern. Nach 800 km Camino musste er wegen Schmerzen, die seit drei Tagen immer stärker geworden sind, pausieren. Und das am drittletzten Tag ihres Jakobsweges. Der Kollege hätte es lieber anders gehabt. Er ist mit dem Taxi in die nächste Unterkunft gefahren, wo sie sich dann wieder treffen und für den nächsten Tag schauen. Bei einer Gaststätte kehrt der Franzose auf eine Mahlzeit ein und ich gehe weiter.

Nach weiteren 1½ Stunden überrede ich mich, nochmals für ein Fanta beziehungsweise ein Kas einzukehren und anstelle des Langarm-Shirts eines mit Kurzärmel anzuziehen – es ist richtig warm geworden. Wenn ich Essen sehe, wird mir immer noch leicht übel, deshalb lasse ich es sein. Auf dem letzten Abschnitt des Tages überhole ich Verschiedene zum dritten Mal, was sie teilweise zu erstaunen scheint, für mich aber Alltag ist. Ich laufe eher rasch, aber mache Pausen, teilweise auch längere.

Es hat mir heute geholfen, dass ich mich auf die Freude am Wandern konzentriert habe: Meine innere Haltung hat Wirkung gezeigt. Die Erkältung und der Durchfall haben mir unterwegs nur wenig ausgemacht. Dass ich die 28 Tageskilometer gut gemeistert habe und mein Schrittzähler auf über 40'000 gestiegen ist, macht mich stolz. Kurz vor 15 Uhr komme ich in mein schönes Hotelzimmer, lade das Gepäck ab und mache mich umgehend auf die Suche nach einem Restaurant. Ganz in der Nähe finde ich ein Lokal, das noch Mittagessen anbietet und bestelle mir ein Nachtessen, auf das ich Appetit habe und das ich normalerweise gut vertrage. Danach freue ich mich, für den Rest des Tages meine müden Füsse im bequemen Sessel des Zimmers hochlegen zu können. Es bleiben mir noch zwei Wandertage mit etwa 20 Tageskilometern bis Santiago de Compostela. Das sollte eigentlich gut machbar sein.

 # Von Arzúa nach O Pedrouzo

Montag, 14.10.24: 20.4 km, 4¼ h Gehzeit, ca. 15-20°

Der Wecker ertönt und ich freue mich auf die Zeit, wenn ich gar keinen Wecker mehr brauchen werde – etwa ab nächsten Donnerstag. Erkältung und Verdauungsbeschwerden spüre ich immer noch, aber ich habe trotzdem wieder ein wenig besser geschlafen. Auch die steifen Fussgelenke werden nach einigen Schritten wieder geschmeidiger.

Tag   41
km   584

Heute frühstücke ich vom Buffet, denn in diesem Hotel ist das Morgenessen inbegriffen. Eine grosse asiatische Reisegruppe übertönt fast alles im Essraum, deshalb setze ich mich zu den Westlern in den ruhigeren Wintergarten. Ich finde Tee und Cornflakes für mich und versuche, die herrschende Unruhe auszublenden.

Um 7.45 Uhr laufe ich los, zuerst im Ort mit Strassenbeleuchtung und dann im Wald, wo ich sicher noch etwa 20 Minuten die Taschenlampe brauche. Meine Startzeit ist ideal für mich, denn es sind erst wenige unterwegs.

Neid oder was?

Ein Mann, den ich im dunklen Wald überholen will, blendet mir mit seiner Stirnlampe unnötig lange in die Augen und sagt auf Spanisch, ich solle mich in Acht nehmen, es habe hier Wölfe. Dann will er wissen, ob ich Spanisch spreche oder dann wenigstens Französisch. Ich verstehe ihn relativ gut, aber sein Englisch reicht leider nicht soweit, dass er mein „Yes" begreifen würde. Er will scheinbar Kontakt und wird unleidlich, als ich weder Angst vor den Wölfen zeige noch als geeignete Gesprächspartnerin fungieren kann.

Ich verabschiede mich und lasse ihn hinter mir. Was er wohl mit seinen Bemerkungen bezweckte? Wollte er mir einfach Angst machen? Oder wollte er mich vor dem bösen Wolf beschützen, der hier Pilgernde überfällt? Wenn es das gäbe, hätte ich es sicher schon lange mitbekommen. Ich befinde mich auf einem stark frequentierten Weg und bezweifle, dass ein scheues Wildtier mir hier auflauert. Ausserdem wandere ich schon seit Wochen in Wolf- und Bärenland, wie ich zum Beispiel auf einem

Poster der Montes de León gesehen habe. Wollte er einfach Gesellschaft? Da wäre etwas Nettes sicher zweckdienlicher gewesen. War er neidisch, dass ich ihn überholen konnte? Ja, das kann ich mir vorstellen. Vor allem auch als ältere Frau und nicht einheimisch.

Eine kurze Strecke lang wünsche ich mir mehr Camino-Gesellschaft, als nur die vereinzelt aufscheinenden Lichtlein weit vor mir. Aber dieses Bedürfnis legt sich rasch wieder und ich geniesse die Stimmung des Tagesanbruchs.

Dieser Start im Dunkeln hat scheinbar gereicht, damit ich recht oft freie Bahn habe und gut in meinem Tempo unterwegs sein kann. Als nach 1½ Stunden eine offene Bar auftaucht und auch meine Verdauung sich nochmals meldet, mache ich meine Kaffeepause.

Der Weg ist häufig durch schönen Mischwald geführt, der sich mit angepflanzten Bäumen abwechselt. Dazwischen spriessen immer wieder viele und grosse Pilze hervor. Eine Wanderin trägt einen Steinpilz wie einen Schatz in ihren Händen. Ich frage nach und sie bejaht, dass sie ihn heute kochen wird.

Ein Spanier grüsst mich mit „Bon Camino". Schon mehrmals ist mir das „Bon" anstelle des „Buen" aufgefallen, aber ich war mir nicht sicher, deshalb frage ich bei ihm nach. Er kommt aus San Sebastian und bestätigt mir sein „Bon". Um weitere Feinheiten abzuklären, reicht mein Spanisch dann definitiv nicht mehr. Aber unterwegs ist mir in vielen Orten neben Spanisch eine weitere Sprache aufgefallen. Vielleicht kommt ja dieses „Bon" von einer davon.

Ich gehe an einer Restaurant-Terrasse mit einem Tisch voller Pilgernder vorbei, die plötzlich beginnen, mir zuzuwinken. Wir kennen uns nämlich schon vom Sehen und haben uns teilweise auch schon unterhalten, zum Beispiel nach Samos. Ein schönes Gefühl, dass mich hier jemand kennt. Vielleicht sprechen sie ja auch von mir, wie ich über andere sprechen hörte, eventuell: „Sieh da, der rasende Gartenzwerg geht vorbei" oder „die Schweizerin", denn seit Carrión de los Condes habe ich von niemand anderem aus der Schweiz mehr gehört.

Die weiteren 2¾ Stunden bis zu meinem Übernachtungsort O Pedrouzo wandere ich durch. Beim Dorfanfang komme ich an Cars von Tourenveranstaltern vorbei, die auf ihre Pilgernden warten. Auch unterwegs habe ich schon organisierte Gruppenreisen gesehen, etwa ein Verpflegungsauto, das unter dem geöffneten Kofferraumdeckel die Ankommenden bewirtete. Mir gefallen die verschiedenen Angebote, die es Menschen ermöglichen, auf irgendeine Weise ihren Jakobsweg zu gehen. Es muss ja nicht alleine und ab Pamplona sein.

In einer Bar vertreibe mir die Zeit bis zum Check-in. Die Strecke von heute hat mir von der Länge her gut gepasst. Ab Anfang war die Freude am Wandern da. Ich fühlte mich wohl mit der geplanten Distanz und es stellte sich mir gar nicht die Frage, ob ich an Grenzen kommen würde. Also ein sicherer Wert anstelle einer Herausforderung und damit eindeutig mehr Zufriedenheit für mich.

Insgesamt hat seit dem Start in Pamplona meine körperlich Fitness und Wandererfahrung stark zugenommen, denn ich kann jetzt 20 Tageskilometer locker wandern. Was meine intellektuellen Fähigkeiten angeht, merke ich jedoch auch eine Veränderung. Vorgestern erschreckte mich, dass ich bei einer Begegnung kaum mehr einen vollständigen französischen Satz hinbekommen habe. Meistens spreche ich ja Englisch, aber ich glaube auch da, dass meine Ausdrucksweise eher einfacher und der Akzent stärker geworden sind. Ausserdem weiss ich gar nicht mehr, wann ich mit den Lektionen meines Online-Spanischkurses aufgehört habe. Ich schätze, dies ist ebenfalls eine Auswirkung der Anstrengungen und auch der Länge der Reise, immerhin bin ich schon beinahe 6 Wochen in Spanien.

Um 15.30 Uhr suche ich etwas Warmes zu essen, was ich in diesem Ort jedoch nicht finde. Ich bin froh, dass ich wenigstens einen offenen Supermarkt ausfindig machen kann und entschliesse mich wieder für ein Chips-Nachtessen.

Die Nacht wird eher unruhig. Das Hotel ist ringhörig und es beherbergt etliche laute Spanier:innen, die mich mit ihrem Lärm trotz guter Ohrstöpsel mehrmals aufwecken.

Von O Pedrouzo nach Santiago de Compostela

 Dienstag, 15.10.24: 20 km, 4¼ h Gehzeit, ca. 15-20°

Heute ist mein letzter Wandertag auf dem Camino Francés und meine Gefühle sind gemischt. Der Tag beginnt wie gewohnt, eins ums andere, aber es ist auch Freude da, dass ich meine grosse Wanderung heute abschliessen werde.

Ich gehe etwa zur gleichen Zeit wie gestern los und benutze durch den Wald auch wieder die Taschenlampe. Bald beginnt es zu regnen, aber nur leicht, so dass die Pelerine genügend schützt. Auch wie gestern habe ich nur etwa alle 50 bis 100 Meter eine Gruppe Pilgernde vor mir. Ich komme am Flughafen vorbei und gehe, bis die Distanz nach Santiago de Compostela einstellig angegeben ist und ich somit die Hälfte der Tagesetappe hinter mir habe. Nach 2¼ Stunden kehre ich ein und bestelle Milchkaffee und Kuchen. Ich erschrecke ab dem Preis von 4.50 Euro für den Kuchen, der bisher für etwa 2 Euro zu haben war. Wie sehr habe ich mich doch an die hier üblichen Preise gewöhnt.

Auch heute ist es recht hügelig und oft führt der Weg über kaum befahrene Nebenstrassen. Beinahe eine Stunde lang ist ein ausgesprochener Motorenlärm hörbar. Ich vermute zuerst Motorsägen bei Waldarbeiten, aber dann eher ein Motorradrennen. Gemäss Internet gibt es in diesem Gebiet tatsächlich eine Autorennstrecke und auf den Strassen in der Nähe sehe ich viele parkierte Autos mit internationalen Nummernschildern. Der Weg führt aber auch an einer Holzfabrik vorbei, wo ein ganzes Stück angebauter Wald geerntet wird. Woher auch immer der Lärm kommt, irgendwann bin ich daran vorbei.

Mein Zielort kommt immer näher und beim Naherholungsgebiet Monte do Gozo ist dann die letzte Anhöhe erreicht. Hinter wartenden Cars finde

ich den nächsten Wegweiser: nun geht es den Hügel hinab. Noch etwa eine Stunde wandere ich durch wenig attraktive Vororte, bis ich zur Innenstadt von Santiago de Compostela komme. Pilgergesänge oder Gebetsgruppen sind nicht zu vernehmen und die Beschilderung ist hier so dezent, dass ich sie nicht erkenne und deshalb jemanden nach dem Weg frage. Die Kathedrale, mein Ziel von heute wie auch das Ziel meines Jakobsweges, sehe ich zum ersten Mal, als ich direkt dahinter stehe. Um die Ecke komme ich zur Plaza del Obradoiro, einem grossen Platz, umgeben von mächtigen alten Gebäuden und der eindrücklichen Westseite der Kathedrale. Auf diesem Platz versammeln sich viele Leute, die wie ich hier an einem Ziel angekommen sind. Ein nur Spanisch sprechender Pilger, den ich einige Male gesehen habe, fragt mich vollkommen erfreut, ob ich ein Bild von ihm mache. So fotografieren wir uns gegenseitig vor der tollen Kulisse.

Als nächstes möchte ich mir die Pilgerurkunde ausstellen lassen. Da ich nirgends eine Kolonne von Pilgernden sehe, die für etwas anstehen, frage ich einen der Wachleute bei der Kathedrale. Er weist mich genau an die richtige Stelle, zu einem unscheinbaren Gebäude zwei Strassen weiter, wo im Pilgerempfangsbüro die Pilgerbestätigung erstellt wird.[34] In einem der PCs gebe ich meine Angaben ein und bekomme einen Nummern-Zettel, mit dem ich kurz danach an einem der etlichen Schalter empfangen werde. Meine Angaben werden mit den Stempeln im Pilgerpass überprüft und ich erhalte je eine Bestätigung über die letzten 100 km und über die ganze Strecke ab Pamplona. Das Gespräch mit der Frau am Schalter führt mir vor Augen, dass ich vielmehr müde als vor Freude überwältigt bin, nun am Ziel angekommen zu sein. Die beiden Urkunden gefallen mir aber trotzdem sehr gut. Als ich für eine Besichtigung zur Kathedrale zurückkehre, überkommt es mich und ich muss kurz weinen. Nun bin ich am Ende einer langen Wanderung angekommen und die Anstrengung der vergangenen Tage löst sich

---

[34] Pilgerbüro Santiago

langsam auf. Schön, dass ich es geschafft habe und schön, geht es morgen heimwärts.

Den Rucksack gebe ich in einem Souvenirladen zur Aufbewahrung und sehe mir die Kathedrale an, für die nicht einmal Eintritt verlangt wird. Ich lasse mir Zeit für das grossartige Gebäude. In einer langen Kolonne gehe ich in der Krypta unterhalb des Hochaltars am Reliquienkoffer des Apostels Jakobus vorbei. Die Kathedrale beeindruckt mich nicht nur wegen des umfangreichen Baus aus verschiedenen Epochen und wegen der Innenausstattung, sondern auch durch ihren Sinn und Zweck als Pilgerstätte, die ich hier spüre.[35]

Für mein Mittagessen bekomme ich in einem feinen Restaurant einen Tisch. Das Lokal ist voll, der Service im Schuss und trotzdem werde ich vorzüglich bedient und erhalte ein feines Tellergericht.

Endlich ist dann Check-in-Zeit und ich kann mein Zimmer mit Blick auf die Kathedrale und die umliegenden schön zurechtgemachten grossen Paläste beziehen - das Bild ist posterreif. Noch einmal Zeit für Erholung, Tagebuch schreiben, duschen und telefonieren. Um morgen nichts dem Zufall zu überlassen, gehe ich schon einmal zur Flughafenbus-Abfahrtsstelle. Für die Rückreise hätte ich gerne noch frische Socken gekauft, aber ich suche in etlichen Läden vergebens danach, bevor es Zeit für die Pilgermesse in der Kathedrale ist. Auch wenn ich aus der Kirche ausgetreten bin, stellt diese Messe für mich doch den Abschluss meines Jakobswegs, des Camino-Gefühls und der Pilgergemeinschaft dar. Plötzlich regnet es nochmals heftig. In der Kolonne unter freiem Himmel werde ich überall ausser unter der Regenjacke nochmals durch und durch nass, bevor ich durch die Personenkontrolle durch bin und in die Kathedrale hinein kann. Drinnen erwische ich nur mit Glück noch einen Sitzplatz.

Nach Informationen und Einladungen zu deutschen, niederländischen und englischsprachigen Pilgergesprächen werden geschätzte fünfzig

---

[35] Wikipedia: Kathedrale von Santiago de Compostela

Vertretungen von Pilgergemeinschaften und Länderabordnungen begrüsst. Die Messe wird auf Spanisch gehalten und mit hinreissend gesungenen Chorälen untermalt. Als am Schluss auch an diesem Dienstag das Weihrauchfass geschwungen wird, freue ich mich sehr. Es ist ein Erlebnis, mitzuerleben, wie der grosse Behälter von Menschen durch die beiden Querschiffe gezogen wird und trotz der anfänglichen Bitte um Besinnlichkeit gibt es für uns aus dem Mittelschiff kein Halten mehr: Wir gehen nach vorn, um besser zuschauen zu können. Hier bin ich auch ganz nahe beim Auszug der Geistlichen, die diese Messe gehalten haben. Ich realisiere, welche Wichtigkeit dieser Messe gegeben wird, als der Bischof mit etwa zehn Priestern an mir vorbei zieht.

Stichworte zu Santiago de Compostela:
- Ca. 98'000 Einwohnende (2022), etwa 89% davon in Spanien geboren
- Ortsgründung Anfang 9. Jh. über römischer Nekropole und vorbestehendem Dorf, als Stadt wohl etwa ab 10. Jh.
- Hauptstadt der autonomen Gemeinschaft Galicien
- Altstadt als UNESCO-Weltkulturerbe anerkannt
- Einer der bedeutendsten Pilgerorte der katholischen Kirche
- Vom Pilgern und Jakobskult geprägte Stadt
- Bedeutende Kathedrale, Stadt, Kirchen, Museen

Reise von Santiago de Compostela nach Hause

Nach insgesamt 625 km in 142 Stunden bin ich auf meinem Camino Francés in Santiago de Compostela angekommen, wobei ich die letzten 13 Tage täglich weitergewandert bin. Ich weiss jetzt, wie sich Tagesetappen bis 28 km anfühlen und dass es mir in der Zwischenzeit mit 20 Tageskilometern wohl ist. Nun reise ich zufrieden, müde und viele Erfahrungen und schöne Erlebnisse reicher nach Hause.

Für mein Frühstück gehe ich heute in die nächste Bar – das Gepäck habe ich schon dabei. Noch einmal geniesse ich ein Getränk mit dazu offeriertem Gebäck und marschiere dann zur Bushaltestelle, um schon kurz darauf mit dem Bus 6A zum Flughafen zu fahren. Ich bin zu früh für Check-in, aber es gibt ein Restaurant, wo ich etwas trinke und darauf warte, dass ich meinen Rucksack aufgeben kann. Irgendwann komme ich an den Schalter und es ist definitiv, dass mein Check-in-Beleg in einem Wallet-App auf dem Mobiltelefon wirklich gültig ist. Die Umbuchung des Flugs hatte demnach geklappt, obwohl der Vorgang nicht vollständig abgeschlossen worden war. Durch die Personenkontrolle gehe ich in den Abflugbereich, wo ich meiner heutigen Hauptbeschäftigung nachgehe: Warten. Der Flug ist unauffällig und gegen Abend bin ich wieder zuhause bei meiner Frau und wie gewünscht zurück in der Normalität.

Teil 3: Abschluss und Gedanken zum Jakobsweg

Meine Wanderetappen in Kürze

Etappe	Distanz km	Gehzeit Std.	Wanderung	Total km	Total Std.
Pamplona	3.3	¾	Stadtgebiet	3.3	¾
Pamplona - Uterga	14	3¾	nass, kalt, matschig, Pass-Überquerung	17.3	4½
Uterga - Cirauqui	13.9	3½	über Land, ein kurzer steiler Anstieg	31.2	8
Cirauqui - Estella	15.7	4	über Land, inkl. ca. 2 Zusatz-km wegen nicht gesehenem Wegweiser	46.9	12
Estella – Villamayor d.M.	8.9	2½	teilweise durch Wald	55.8	14½
Villamayor d.M. - Sansol	18.6	4¼	über Land, Kieswege	74.4	18¾
Sansol - Logroño	22.2	5¾	oft Asphalt, auf und ab, kühl	96.6	24½
Logroño - Ventosa	18.2	4¼	über Land, auf und ab	114.8	28¾
Ventosa - Azofra	15.7	4	über Land, Hundegebell und Autolärm	130.5	32¾
Azofra - Grañón	22.3	5	oft parallel zur Strasse, ein grösserer Anstieg	152.8	37¾
Grañón - Belorado	16.8	4	auf Feldwegen oft entlang Strasse	169.6	41¾
Belorado - Villafranca M.d.O.	11.7	2½	mild ansteigend, über Land	181.3	44¼
Villafranca M.d.O. - Atapuerca ☆	19.2	4¾	starker Aufstieg, viel Wald, dann Hochebene	200.5	49
Atapuerca - Burgos	19.4	4½	zuerst steinig über Berg, dann oft Asphalt	219.9	53½
Burgos - Rabé d.l.C.	13.5	3	über Land, flach	233.4	56½
Rabé d.l.C. - Hontanas	18.1	4	schön, über Land, weit, leicht hügelig, Kieswege	251.5	60½
Hontanas – Itero d.l.V.	19.9	4½	meist Kieswege, teils neben kaum befahrener Strasse	271.4	65
Itero d.l.V. - Frómista	14.8	3½	meist Kieswege, teils entlang Kanal	286.2	68½
Frómista – Carrión d.l.C.	20	4	neben Hauptstrasse, aber wegen Unwetter nicht schlecht	306.2	72½
León – Villar de Mazarife	20.3	4¼	Stadtgebiet+Agglo, viel Trottoir und Strassenrand	326.5	76¾
Villar de Mazarife - Hospital d.O.	14.5	3	über Land, auf Kieswegen und Strassenrand	341.0	79¾

Hospital d.O. - Astorga	16.4	3¾		Nordroute: schön, hügelig, über Land und mit Wald	357.4	83½
Astorga - Rabanal d.C.	19.2	4¼	☆	langsam ansteigend, Kieswege, Buschland, gefällt mir	376.6	87¾
Rabanal d.C. – El Acebo	16.7	4¼	☆	alpine Berg-Überquerung, stark an-/absteigend, Stein-/Fels-/Kieswege	393.3	92
El Acebo - Ponferrada	15.5	3½		halb steinig bergab, halb Asphalt	408.8	95½
Ponferrada - Villafranca d.B.	24.1	5¼		viel Asphalt, Weinberge bei hügeligem Weg über Valtuille	432.9	100¾
Villafranca d.B. - La Laguna	26.1	5¾		viel Asphalt, der Strasse entlang, ansteigend, zum Schluss sehr steil	459.0	106½
La Laguna - Triacastela	24.2	5¼		Kies-/Steinwege, Weg oft kurz/steil auf und ab geführt	483.2	111¾
Triacastela - Samos	9.9	2¼		wegen Unwetter mehrheitlich auf Strassenrand, wäre sonst wohl hübsch im Wald	493.1	114
Samos - Sarria	16.6	3½	☆	oft hübsch im Wald und über Land, direkt nach Sarria	509.7	117½
Sarria - Portomarín	21.5	4¾		leicht hügelig, waldig, alpin, kleine Wege	531.2	122¼
Portomarín - Palas de Rei	25	5¼		recht hügelig, über Land, teils Strassen-Seitenstreifen	556.2	127½
Palas de Rei - Arzúa	28.1	6		stark hügelig, über Land, teils Strassenrandstreifen	584.3	133½
Arzúa - O Pedrouzo	20.4	4¼		hügelig, schön im Wald	604.7	137¾
O Pedrouzo - Santiago d.C.	20	4¼		hügelig, viel Asphalt	624.7	142

☆ Diese Etappen haben mir besonders gut gefallen.

Santiago de Compostela hat eine Bedeutung

Schon in der ersten Wanderwoche höre ich, dass der Ortsname „Santiago de Compostela" seine Bedeutung hat.

Santiago soll über die Verkürzung „San-Yago" vom lateinisch „Sanctus Iacobus" herkommen. Für Compostela bestehen verschiedene Erklärungen. Eine davon bezieht sich auf das lateinische „campus stellae", was „Sternenfeld" bedeutet und für mich tipptopp zu Wundern aus dem Mittelalter passt. Der Name könnte aber auch vom lateinischen „compostum" („Friedhof") herkommen, da die Stadt über einer römischen Nekropole gebaut wurde – als Erklärung deutlich weniger verspielt. [36]

Der Heilige Jakobus heisst also Jacob (hebräisch), Sanctus Iacobus (lateinisch), Sant'Iago, San-Yago, Sant Yago (auf einem Schild gesehen), Santiago (spanisch), Saint-Jacques (französisch), Saint James (englisch).

Die Compostela

Compostela ist nicht nur ein Teil des Ortsnamens, sondern auch der Name für eine Urkunde. Als „Compostela" wird die Beglaubigung der Pilgerschaft zum Grab des Heiligen Jakobus bezeichnet. Im Mittelalter wurde diese formelle Bestätigung anfangs in der Form einer Jakobsmuschel abgegeben, die nur in Santiago de Compostela ausgegeben wurde. Fälschungen kamen auf und schon im 13. Jahrhundert wurden fälschungssicherere Beweisbriefe abgegeben, aus denen die heutige Pilgerurkunde Compostela entstand.

Auch wenn das Pilgerempfangsbüro[37] die Wallfahrt im religiösen Sinn bestätigt – vereinfacht gesagt: Anstrengung und Busse anstelle eines angenehmen Urlaubs – bekam ich trotzdem eine Compostela. Für mich zeigt diese Pilgerurkunde neben dem religiösen Inhalt auch eine

---

[36] AnthroWiki: Santiago de Compostela
[37] Pilgerbüro Santiago: Compostela

gegenseitige Anerkennung des Engagements: Ich konnte dank der guten Wegbeschriftung und der umfangreichen Infrastruktur den Camino unbeschwert gehen und auf meiner Wanderung unterstützte ich die Anbietenden der Infrastruktur und vergrösserte die Bekanntheit des Weges. In der Compostela bestätigt mir der Dekan der Kathedrale von Santiago de Compostela, dass ich den Weg gegangen bin und wünscht „dem Pilger freudig den Gruss des Herrn und bittet ihn auf die Fürsprache des Apostels, dass der Vater ihm den geistigen Reichtum der Pilgerreise wie auch die materiellen Güter schenken möge"[38]. Auch ohne Zugehörigkeit zur katholischen Kirche gefällt mir dieser Gruss sehr gut.

Apostel Jakobus der Ältere

Die Jakobswege führen zum Pilgerort Santiago de Compostela. Sowohl die Bezeichnung dieser Wege wie auch der Name des Wallfahrtsziels sind entstanden, weil in der dortigen Kathedrale die Gebeine des Apostels Jakobus des Älteren verehrt werden.

Was hat es denn mit diesem Apostel auf sich? Wie sah das Leben des Apostels aus und wie und wann kamen seine Gebeine nach Santiago de Compostela? Das fragte ich mich, recherchierte dazu und gebe hier nachfolgend gerne weiter, was ich herausgefunden habe.

Im Neuen Testament finden sich Angaben zur Lebensgeschichte des Apostels Jakobus, unter anderem im Matthäus-Evangelium (datiert auf etwa 80/90 n. Chr.), wo die Berufung der ersten Jünger beschrieben ist:

Jakobus war wie sein Vater und Bruder Fischer am See von Galiläa. Jesus ging an diesem See entlang. Es gelang ihm, zuerst die Gebrüder Simon Petrus und Andreas und dann auch Jakobus und seinen Bruder Johannes zu überzeugen, ihm zu folgen. So wurden die vier als erste Jünger beziehungsweise als erste der zwölf Apostel berufen. Dieser Jakobus wurde der Ältere genannt, weil es unter den zwölf Aposteln noch einen weiteren Jakobus gab. Die Jünger begleiteten Jesus etwa

---

[38] Pilgerurkunde

drei Jahre lang bis zu seinem Tod am Kreuz, etwa um das Jahr 33. Nach seiner darauffolgenden Auferstehung hat Jesus seine Jünger aufgerufen, in alle Welt zu gehen und Menschen für seinen Glauben zu gewinnen.

Das meiste dieser Lebensgeschichte lässt sich nicht wissenschaftlich belegen, obwohl die Quellen zeitlich ja wirklich nah am Geschehen sind. Es ist also letztlich eine Frage des Glaubens.

Wie ging es denn nun weiter im Leben des Apostels Jakobus? Die „Legenda aurea", eine populäre Sammlung von Geschichten über Heilige (entstanden um 1263-1273), enthält unter anderen auch Legenden über den Apostel Jakobus. Diese Sammlung gehört zudem, wie das Jakobsbuch, zu den ältesten schriftlichen Quellen über die Jakobspilgerei im Mittelalter. Bildreich wird darin beschrieben, dass der Apostel Jakobus nach dem Tod von Jesus nach Spanien gegangen sein soll, um das Christentum zu verbreiten. Dabei soll er so wenig erfolgreich gewesen sein, dass er schon bald wieder nach Judäa zurückkehrte.

Ich frage mich, wie er gereist wäre. Wäre er über Land oder per Schiff gereist? Übers Meer mit den Römern? Bis zur Iberischen Halbinsel, weil die bekannte Welt da nicht mehr weiter ging? Wie hat er seine Reise bezahlen können? Den Hinweg könnte ich mir noch vorstellen, wenn er auf gut Glück einfach irgendwohin gereist wäre. Aber dann die Rückreise nach Judäa? Da steckt er irgendwo in Westeuropa, der mittellose Fischer Jakobus aus Galiläa, in einem unbekannten und wenig besiedelten Land mit rauen Sitten und wenig Reise-Infrastruktur: Wie kommt er denn da wieder nach Hause? Die Römer hätten wohl über die nötigen geografischen Kenntnisse verfügt, tendierten aber eher zur Christenverfolgung. Also inkognito? Oder mithilfe des Sonnenstandes Richtung Osten wandernd?

Meine zweite Frage betrifft die Verständigung. Als Einwohner von Judäa hat er vermutlich Aramäisch gesprochen, als Jude kann er möglicherweise Hebräisch gebetet haben und eventuell hat er Latein als Sprache der römischen Herrschaft gekannt. Wie soll er sich mit den Iberisch-sprachigen Iberern oder den Keltiberisch-sprachigen Kelten verständigt haben? Vielleicht auf Latein, denn auch die Iberische Halbinsel war ja römisch besetzt und kannte daher Latein als Amts- und zunehmend auch als Verkehrssprache. Nur: wenn ich sehe, wie schlecht manchmal in der Deutschschweiz trotz jahrelangen Unterrichts eine Verständigung auf Französisch möglich ist, habe ich meine Zweifel über gute Lateinkenntnisse bei der zu dieser Zeit wohl eher weniger gebildeten Wohnbevölkerung eines besetzten Gebietes.

Aber nochmals zurück zur Geschichte des Apostels Jakobus. Gemäss aktuellem Forschungsstand lassen sich scheinbar vor dem 7. Jahrhundert keine Indizien für einen Missionsaufenthalt des Apostels Jakobus in Spanien nachweisen.

In der Apostelgeschichte des Evangelisten Lukas (datiert auf etwa 90 n. Chr.), einem weiteren Teil des Neuen Testaments, steht geschrieben, dass der Apostel Jakobus um 44 n. Chr. in Jerusalem vom damaligen römischen Herrscher Herodes Agrippa I, König von Judäa und Samaria, als Christ verfolgt und hingerichtet wird. Nach römischer Gesetzgebung war es bei Todesstrafe verboten, seinen Leichnam wegzubringen und zu bestatten, er sollte Tieren zum Frass überlassen werden.

Heute wird die Schädelreliquie des Apostels Jakobus in der Jakobuskathedrale (armenisches Patriarchat) in Jerusalem verehrt. Heute werden die Gebeine des Apostels Jakobus in der Kathedrale von Santiago de Compostela (katholische Kirche) verehrt, die durch päpstliche Anerkennung als Grabeskirche des Apostels gilt.

Der Apostel Jakobus kam also etwa um 44 n. Chr. in Jerusalem ums Leben. Wie gelangten denn dann seine Gebeine von Judäa nach Spanien? Eine Legende zu dieser Reise ist in der „Legenda aurea" beschrieben, hier meine kurze Zusammenfassung davon: Jakobus' Jünger brachten seinen Leichnam heimlich auf ein Schiff ohne Steuerperson, das ein Engel Gottes nach Galicien geleitete. Die dort herrschende Königin war ihnen nicht wohl gesinnt. Erst durch verschiedene wundersame Ereignisse wurde sie bekehrt, gründete eine Jakobus-Kirche und lebte fortan als guter Mensch. Schön, nicht?

Der Jahrestag des heiligen Apostels Jakobus wird am 25. Juli gefeiert, dem Tag, an dem seine Gebeine nach Compostela überführt worden sein sollen. Er ist unter anderem der Schutzpatron der Pilger.[39]

Santiago de Compostela wird Pilgerort

Spätantike bis frühes Mittelalter. Nordspanien.

Im Jahr 380 war im Römischen Reich, zu dem auch Nordspanien gehörte, das Christentum zur Staatsreligion erklärt worden. Nach dem Zusammenbruch des Römischen Reiches im 5. Jahrhundert eroberten Westgoten, ebenfalls Christen, das Gebiet. Im Jahr 587 konvertierte der damals über fast die ganze Iberische Halbinsel herrschende westgotische König Rekkared vom arianischen Christentum zum Katholizismus. Von Nordafrika her gelangten im Jahr 710 die Berber auf ihren islamischen Eroberungszügen nach Spanien. Nach einer siegreichen Schlacht im Folgejahr nahmen sie von Süden her innert weniger Jahre die gesamte Iberische Halbinsel ein und vernichteten das Westgotenreich. In Nordspanien rebellierten im Jahr 718 jedoch Einheimische unter der Führung eines Adeligen erfolgreich gegen die Besetzung und konnten damit das christliche Königreich Asturien mit Hauptstadt Cangas de Onís (etwa 10 km von der Meeresküste entfernt) gründen. Damit hatte auch die sogenannte Reconquista, die Rückeroberung der Iberischen Halbinsel durch christliche Herrscher, begonnen. In den folgenden Jahrzehnten wurden weitere Gebiete Nordspaniens zurückerobert und das Königreich Asturien wurde grösser. Die Hoffnung auf den Beistand von Gott und der Glaube, Heilige mit ihrer göttlichen Macht rettend an ihrer Seite zu haben, unterstützte sie im Kampf. So gibt es eine Hymne aus dem Jahr 784/785, „O Dei Verbum", in welcher der Heilige Jakobus als Schutzpatron besungen wird.

---

[39] Quellen zum Kapitel „Apostel Jakobus der Ältere"

Ab 791 bis zu seinem Tod im Jahr 842 war Alfons II König von Asturien. Er war im Kloster Samos erzogen worden, jenes Kloster, das ich auf meiner Reise besucht habe.

Um 820-830 regierte also das christliche Königshaus von Asturien über Nordspanien. Es befand sich seit einem guten Jahrhundert im Krieg mit den islamischen Mauren, die das restliche Gebiet der Iberischen Halbinsel beherrschten.

Um 820-830 wurde in der Nähe von Solovio – heute Teil der Altstadt von Santiago de Compostela – von einem Eremiten das Grab des Apostels Jakobus entdeckt. Er informierte den Bischof und dieser wiederum König Alfons II, der nach einer Besichtigung den Bau einer Kirche zu Ehren des Apostels bauen liess – ein Vorgängerbau der heutigen Kathedrale. Der Fundort wurde Compostela genannt. König Alfons II und sein Gefolge gehörten dann auch zu den ersten bekannten Pilgernden, die sich auf den Weg zu den Reliquien nach Santiago de Compostela machten. Daraufhin nahm die Geschichte ihren Lauf.

Bei dieser Geschichte über die Entdeckung der Heiligen-Gebeine ist mir einiges nicht klar: Wie kam der Eremit denn auf die Idee, dass die Gebeine eines einfachen Grabes im Wald diejenigen des Apostels Jakobus sind? Wunderleuchten und Eingebung? Wie glaubwürdig wäre das heute? Weshalb geschahen dieser Fund und die umgehende Gründung eines Pilgerortes denn genau zu dieser Zeit?

Ich meine, daraus ergaben sich für das Königreich Asturien eindeutig positive Aspekte: die Stärkung des eigenen Glaubens mit einer Identifikationsfigur, die Entstehung von wehrhaften Städten, die Stärkung der Wirtschaft durch den Fremdenverkehr, die Ansiedelung von kampferprobten Ritterorden und die Stärkung der politischen Kraft über die katholische Kirche. Wenn die Entdeckung der Gebeine des Apostels Jakobus kein Wunder gewesen wäre, wäre es ein grandioser politischer Schachzug gewesen.[40]

---

[40] Quellen zum Kapitel „Santiago de Compostela wird Pilgerort"

Berechtigung als Pilgerort

Die früheste Anerkennung von Santiago de Compostela als Pilgerort kam möglicherweise nicht von einem Papst, sondern vom König. In einer alten Abschrift wird die Entdeckung der Gebeine des Apostels Jakobus beschrieben. Obwohl die Echtheit des Dokumentes heute angezweifelt wird, entnehme ich daraus den Befehl von Alfons II., dem damaligen König von Asturien, zu Ehren des Apostels eine Kirche zu errichten. Dieses Dokument ist ein Teil von „Tumbo A", einer Urkundensammlung aus dem 12. Jahrhundert und damit die früheste bekannte Quelle im Zusammenhang mit der rechtlichen Entstehung des Pilgerortes. Bei Tumbo A soll es sich um die ältesten und wichtigsten Dokumente im Archiv der Kathedrale von Santiago de Compostela handeln, denn es enthält – zusammen mit den 4 weiteren Tumbos – die Abschriften der offiziellen Dokumente der Diözese Santiago zwischen dem 9. und 17. Jahrhundert. In Tumbo A sollen die Pilgerprivilegien, die Konzessionen des Königshauses für die Kirche von Santiago de Compostela wie auch königliche Schenkungen und Zugeständnisse an die kirchliche Gemeinschaft zwischen dem neunten und dreizehnten Jahrhundert belegt sein, also ab der Entstehungszeit des Pilgerortes. Die Erhaltung dieses dokumentarischen Erbes war von grosser und grundlegender Bedeutung, da sich die Rechtsgrundlage der Kirche daraus ableitete. Deshalb begann der erste Erzbischof der Diözese Santiago im 12. Jahrhundert, diese Urkundensammlung auch rückwirkend zusammenzustellen. [41]

Zu Wallfahrtsorten pilgern

Zu einer Wallfahrt kann man wegen eines bestimmten Anliegens oder als Dank für etwas Geschehenes aufbrechen, um ein Gelübde zu erfüllen oder eine auferlegte Busse zu tun, sich eine Entwicklung im Glauben zu

---

[41] Quellen zum Kapitel „Berechtigung als Pilgerort"

ermöglichen oder um einen Ablass zu gewinnen. Nicht nur im Christentum, sondern auch in anderen Religionen werden Wallfahrten unternommen.

In Wallfahrtsorten können Heilige oder Reliquien um Fürsprache bei Gott gebeten werden. So kann im katholischen Glauben bei Anliegen zu verloren Gegangenem oder zu Ehe und Familie der heilige Antonius angerufen werden, dessen Reliquien wir in Padua besucht haben. Bei gesundheitlichen Beschwerden kann eine Wallfahrt nach Lourdes unternommen werden – wir waren dort überwältigt von der Kraft des Glaubens, die wir in den Pilgernden gespürt haben. In der Kapelle Notre-Dame de Grâce in Honfleur zeigten Miniaturschiffe und Bilder von ab Anfang des 16. Jahrhunderts, dass um den Segen für eine Schifffahrt nach Nordamerika und zurück gebeten wurde. Nicht zu sprechen von Rom und Jerusalem, den wohl wichtigsten Pilgerorten der katholischen Kirche.

Wie ist das denn mit Santiago de Compostela: Weshalb pilgerte man dorthin? Heutzutage können es verschiedene Gründe sein, seien sie religiös oder nicht, jedoch sicherlich auch, weil man den Weg an und für sich gehen möchte. Wie jedoch war das im Mittelalter, wo die Reise lange dauerte, der Weg anstrengend und gefährlich und die Rückkehr oder sogar das Überleben unsicher waren? Ich stelle mir vor, dass dazumal der Weg eher ein Mittel zum Zweck war: nämlich am Ziel in der Kathedrale von Santiago de Compostela einen Ablassbrief erhalten zu können. Denn mit einem Ablass konnte die Busszeit im Fegefeuer reduziert werden. Ablassbriefe konnten für sich selbst oder stellvertretend auch für andere, sogar für Verstorbene erworben werden. Mit der Wichtigkeit, die der Glauben im Mittelalter hatte, wäre das bestimmt ein guter Grund für diese Wallfahrt gewesen.[42]

---

[42] Quellen zum Kapitel „Zu Wallfahrtsorten pilgern"

Wofür nach Santiago de Compostela pilgern?

Für mich war pilgern auf dem Jakobsweg traditionell eine urkatholische Angelegenheit. Ich nahm an, dass man damit eine Vergebung aller Sünden bekommen würde – automatisch und per Pilgerurkunde. Deshalb wirkte die Begeisterung von Nicht-Katholik:innen für die traditionellen Pilgerrituale auf mich gewöhnungsbedürftig. Was will denn eine Atheistin oder ein Buddhist mit einer katholischen Sündenvergebung?

Im Verlauf meiner Reise und mit nachträglicher Nachlese kam ich den Antworten auf meine Fragen einen Schritt näher. Zum Beispiel, dass meine Annahme mit der Sündenvergebung und der Pilgerurkunde nicht zutraf. Oder dass das Konzept des Ablasses für mich kaum verständlich ist, obwohl ich katholisch aufgewachsen bin. Oder dass die früheren Pilgerinhalte für heutige Pilgernde nicht wichtig sein müssen, sondern dass der Jakobsweg heute eher aus einer inneren Vorstellung heraus oder auch gemäss Angaben eines Reiseführers begangen wird.

Hier eine Zusammenfassung meiner Recherche zur Motivation der Pilgernden auf den Jakobswegen.

Die Kirchgemeinde von Santiago erhielt aufgrund der Gebeine des Apostels Jakobus wohl anfangs 9. Jahrhundert von einer ermächtigten Person (eventuell vom König, normalerweise vom Papst) ein sogenanntes Pilgerprivileg, das sie dazu ermächtigte, den Pilgernden einen Ablassbrief als Beleg für einen Ablass abgeben zu dürfen. So konnte ab Entstehung des Pilgerortes nach Santiago de Compostela gepilgert werden, um für sich selber oder stellvertretend für jemand anderen einen Ablassbrief zu bekommen. Indem man das Pilgern auf sich nahm, zeigte man sich grundsätzlich für diesen Akt der Gnade würdig. Der Ablass in Santiago de Compostela war den europäischen Pilgernden genug Wert, dass sie die unsichere und lange Pilgerreise in den Nordwesten der Iberischen Halbinsel auf sich nahmen. Denn Ablässe hätten im übrigen Europa möglicherweise auch näher erpilgert oder gekauft werden können. Mit dem Ablass konnte die Busszeit im Fegefeuer reduziert werden, um die verbrieften x Tage rascher in den Himmel eintreten zu können. In Santiago de Compostela konnten die Pilgernden den Apostel Jakobus stellvertretend für Gott um die Erfüllung ihres Anliegens bitten – immerhin einer der stärksten möglichen Unterstützer zur Fürbitte, hatte er doch den Sohn Gottes die Jahre vor dessen Tod begleitet. Um einen Ablassbrief erhalten zu können, waren möglicherweise auch damals weitere Bedingungen zu erfüllen. Heute müssen nämlich – ungeachtet der Anreise – verschiedene Voraussetzungen dafür eingehalten werden: Zugehörigkeit zur römisch-katholischen Kirche, Beichte mit Absolution, Besuch der Kathedrale von Santiago, Besuch einer Messe inklusiv Kommunion und das Gebet zu einem vorgegebenem Anliegen.

Neben Teilablässen (Reduktion des Fegefeuers um Tage) existieren auch vollkommene Ablässe, also der vollständige Erlass des Fegefeuers. Im Jahr 1300 erlaubte der Papst anlässlich des römischen Heiligen Jahres ausserordentlicherweise die Abgabe solcher vollkommenen Ablässe. Im 15. Jahrhundert wurde vom Erzbischof von Santiago dann das Heilige Jahr eingeführt, vermutlich 1428 oder 1434. Seit damals gilt ein Jahr als heilig, wenn der 25. Juli, Jahrestag des heiligen Jakobus, auf einen Sonntag fällt. In diesen Jahren kann man – zumindest heutzutage – an jedem Tag einen vollkommenen Ablass erhalten, wenn die Zusatzbedingungen erfüllt werden. In den übrigen Jahren ist dies nur an wenigen Tagen möglich, unter anderem am 25. Juli.

Mir war nicht einmal bewusst gewesen, dass ich als Katholikin nach dem Tod nicht direkt in den Himmel gekommen wäre, sondern den Umweg durch das Fegefeuer hätte gehen müssen. Seit ich aus der Kirche ausgetreten bin, stehe ich sowieso ausserhalb dieser katholischen Glaubenskonzepte.[43]

---

[43] Quellen zum Kapitel „Wofür nach Santiago de Compostela pilgern?"

Der Pilgerort Santiago de Compostela entwickelt sich

Nach der Begründung des Pilgerortes Santiago de Compostela um 820-830 verbreitete sich die Jakobspilgerei unglaublich rasch und bald auch über die Pyrenäen hinaus. Im 9. Jahrhundert schienen die Pilgernden noch aus den näheren Gebieten gekommen zu sein, also zum Beispiel die Monarchen von Asturien mit Hof oder Bischöfe und Mönche aus der Nähe. Aber schon ab dem 10. Jahrhundert sind Pilgerreisen von Deutschland und Frankreich her dokumentiert. Die Informationen über die Wichtigkeit und Wirksamkeit des Pilgerortes Santiago muss sich also sowohl rasch als auch eindrücklich verbreitet haben. So gehörte Santiago de Compostela neben Rom und Jerusalem bald zu einem der drei wichtigsten Wallfahrtsorte und die Gebeine des Apostels Jakobus stiegen zu einem der wichtigsten Heiligtümern des Christentums auf.

Zu Beginn der Jakobspilgerei wurden hauptsächlich die nordspanischen Pilgerwege entlang des Meeres benutzt, bis anfangs des 11. Jahrhunderts der Camino Francés entstanden ist: ein Weg von etwa 800 Kilometern, der extra für die Pilgernden gebaut wurde. Mit Herbergen und Hospitälern, Kirchen und Klöstern wurde die Versorgung der Pilgernden sichergestellt. Die Strecke wurde teilweise über die alten römischen Strassen geführt und wo nötig, wurden Brücken gebaut. Wehrhafte Städte und Ritterorden stellten den Schutz der Pilgernden sicher. Ausserdem bot die mittelalterliche Vorstellung, dass Pilgernde von Gott gesandt seien, ebenfalls Schutz: Man sollte sie so respektieren und behandeln, als wären sie Jesus selbst.

Könige von Navarra, Leon und Kastilien förderten den Ausbau des Jakobsweges und versuchten sogar, Handwerkern und Fachkräften unter den Pilgernden mit Vorzugsrechten in Spanien zu halten. So stieg die Attraktivität des Weges und zusätzlich zur religiösen Bedeutung erlangte er auch Wichtigkeit als internationaler Handelsweg.

Als goldenes Zeitalter der Pilgerfahrten kann das 11. bis 13. Jahrhundert bezeichnet werden. Die Pilgernden kamen von der Iberischen Halbinsel und aus ganz Europa nach Santiago de Compostela – zu Fuss, zu Pferd oder per Schiff. Der Jakobsweg hob sich gegenüber Rom und Jerusalem vor allem wegen der ausgezeichneten Infrastruktur ab. Für die zunehmenden Pilgermassen stand in den Klöstern ein weitgespanntes Herbergsnetz und die Unterstützung der Königshäuser bereit. So konnten sie sowohl auf spirituelle und wie auch auf materielle Versorgung zählen. Die meisten Unterkünfte wurden mittels Spenden von den Königshäusern oder auch von Religionsgemeinschaften, kirchlichen Würdenträgern und Adelsfamilien finanziert. Die Könige konnten damit die christliche Tugend der Nächstenliebe ausüben und dem Heiligen Apostel Jakobus als Schutzpatron des Königreichs dienen.

Im 16. Jahrhundert gingen die Pilgerfahrten dann zurück. Gründe dafür waren unter anderem Religionskriege, die Inquisition und die Reformation. Die Reformatoren Luther, Calvin oder Zwingli kritisierten sowohl die immer stärkeren Auswüchse der Reliquienverehrung wie auch die Reliquienverehrung an sich.

Im 18. Jahrhundert sanken die Pilgerzahlen erneut, diesmal vor allem aufgrund der französischen Revolution und wegen Krieg in Mitteleuropa. Die zweite Entdeckung der Gebeine des Heiligen Apostels Jakobus im Jahr 1879 wurde mit einer päpstlichen Erklärung bestätigt. Sie führte zu einem neuen Aufschwung der Jakobspilgerei, der jedoch durch die zwei Weltkriege und den spanischen Bürgerkrieg zum Erliegen kam. 1950 zeigte die Gründung des ersten Verbandes der Jakobuspilger in Paris erneut steigendes Interesse an. 1962 erfolgte eine weitere Verbandsgründung in Estella. Auch die Feiern der Heiligen Jahre 1965 und 1971 verstärkten diesen Trend. Mit der Pilgerreise von Papst Johannes Paul II. und seiner Europarede am Hochaltar der Kathedrale von Santiago im Jahr 1982 gelang es endgültig, die Popularität der Jakobswege wieder anzukurbeln.

Ausgedrückt in der Anzahl von traditionell auf den Jakobswegen Pilgernden, wie sie heutzutage vom Pilgerbüro Santiago herausgegeben werden, zeigt sich diese Entwicklung folgendermassen[44]:

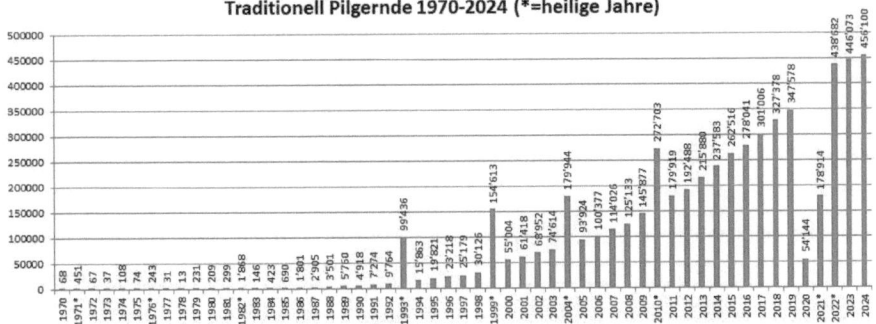

Traditionell Pilgernde 1970-2024 (*=heilige Jahre)

Wie kam Jakobus zu seiner Muschel?

Ein typisches Zeichen für Pilgernde auf dem Jakobsweg ist eine Jakobsmuschel, die ich oft hinten am Rucksack oder am Velo angehängt gesehen habe. Ich habe miterlebt, dass diese Jakobsmuschel benutzt wurde: Am Weinbrunnen von Irache hat das Paar vor mir einen Schluck Wein aus ihrer Muschel getrunken. Dies müsste jedoch eher ein neueres Ritual sein, denn der Weinbrunnen der Bodegas Irache existiert ja erst seit 1991.

Dass die Muschel als Trinkbecher mitgetragen wurde, kommt mir wenig praktisch vor, so flach wie sie ist. Da scheint mir der Flaschenkürbis, mit welchem mittelalterliche Jakobs- oder Pilgerstatuen oft dargestellt werden, viel geeigneter. Diese Kalebasse soll im Mittelalter das typische Trinkgefäß der Jakobspilgernden gewesen sein.

Zurück zur Jakobsmuschel, einer Kammmuschel: Sie ist schon lange ein Erkennungszeichen für Jakobsweg-Pilgernde. In den ersten Jahrhunderten wurde sie als formelle Pilgerbestätigung verwendet und als Andenken an die Pilgerschaft nach Hause mitgenommen. Im

---

[44] Quellen zum Kapitel „Der Pilgerort Santiago de Compostela entwickelt sich"

Jakobsbuch, der schon zuvor genannten mittelalterlichen Dokumentensammlung zum Jakobsweg, wird in einem Text über Ausrüstung und Verhalten der Pilgernden die Muschel als Zeichen für gute Werke genannt. Es heisst darin: „Die Pilger, die vom Grabe des hl. Jacobus zurückkehren, heften sie an Hut und Mantel und tragen sie zu Ehren des Apostels, zur Erinnerung an ihn und als Zeichen einer solch grossen Pilgerfahrt freudig in ihre Heimat zurück"[45]. Die Jakobsmuschel war den Menschen so wichtig, dass sie sie mit ins Grab nahmen. So weisen Funde in Gräbern aus dem Mittelalter auf Jakobsweg-Pilgernde hin und zeigen die Verbreitung des Pilgerwesens in Europa auf. Ich stelle mir vor, dass die Jakobsmuschel im Mittelalter auf dem europäischen Festland wenig verbreitet war und es deshalb auch ein ausserordentliches Symbol war.

Wie denn nun der Apostel Jakobus zur Muschel kam? Die Legende besagt: Ein junger Adeliger ritt dem Schiff entgegen, mit dem der Leichnam des heiligen Apostels Jakobus nach Galicien gelangte. Er ertrank im Meer, aber durch ein Wunder rettete der Apostel sein Leben. Als der von den Toten auferstandene Adelige wieder an Land kam, war sein Körper von Kammmuscheln bedeckt, die daraufhin Jakobsmuscheln genannt wurden.

Auf den Muscheln ist teilweise ein rotes Jakobskreuz aufgemalt: das Ordenszeichen des spanischen Ordens zum Helligen Jakob vom Schwert, dem Santiagoorden. Der im 12. Jahrhundert gegründete Ritterorden (1170 offiziell vom König von Kastilien gestiftet, 1175 vom Papst mit einer Bulle bestätigt) war vor allem im christlichen Teil der Iberischen Halbinsel tätig. Die Bulle enthielt die Ordensregeln mit der Hauptaufgabe, die Sarazenen zu bekämpfen. Sie kämpften also hauptsächlich um die Rückeroberung der von Mauren besetzten Gebiete auf der Iberischen Halbinsel. Hauptquartier des Ordens wurde mit Uclés ein Ort in Zentralspanien, der sich weit weg vom Camino Francés

---

[45] Herbers, 2018: S.51

befindet. Ab 1250 war der grösste Teil der Iberischen Halbinsel bis auf das Emirat Granada von den Mauren zurückerobert. Ab 1480 kämpften auch die Ritter des Santiagoordens um diesen etwa 50 Kilometer breiten Gürtel entlang der Mittelmeerküste und 1492 wurde er mit der Einnahme Granadas wieder christliches Hoheitsgebiet. Um 1500 dann, gebeutelt von Machtkämpfen und Skandalen, übergaben Päpste die Verwaltung und Grossmeisterwürde des enorm reichen Santiagoordens an die spanische Krone.

Dieses rote Schwertkreuz ist also das Logo eines Militärverbandes, der das Christentum gegenüber dem Islam verteidigt hat. Im geschichtlichen Kontext verstehe ich den Wert dieses und ähnlicher Orden. Europa würde heute bestimmt anders aussehen, hätte es sie nicht gegeben. Ich bin jedoch rückwirkend gesehen eher froh, habe ich dieses Kampf-Symbol nicht mit mir herumgetragen.

Und nochmals zurück zu den Jakobsmuscheln. Ich habe sie auf dem Camino oft gesehen: nicht nur bei Pilgernden, sondern auch bei Gebäuden aus dem Mittelalter bis in unsere Zeit, als Wegzeichen oder als Logo für Jakobsweg-Informationen.

Ich selber habe darauf verzichtet, eine Jakobsmuschel mitzutragen. Meine Entscheidung war vor allem dem Ultraleichtprinzip geschuldet. Wenn ich mich – frei nach Christine Thürmer – aus Gewichtsgründen fragte, ob ich den Weg ebenso gut auch ohne Jakobsmuschel gehen könnte, musste ich dies bejahen.

Nach Sarria sah ich einige Male ein Jakobsmuschel-Gericht auf der Speisekarte. Ich überlegte mir, die Muscheln zu essen und eine Muschelschale zur Erinnerung zu behalten. Es gab jedoch jeweils andere Gerichte, auf die ich mehr Appetit hatte und so liess ich auch diese Art von Jakobsmuschel-Andenken sein.[46]

---

[46] Quellen zum Kapitel „Wie kam Jakobus zu seiner Muschel?"

Allein, zu Zweit oder in der Gruppe

„Wenn du ans Ziel kommen willst, musst du den Weg allein gehen." wird im Jakobsweg-Film „Ich bin dann mal weg"[47] gesagt. Es ist eine Aussage, die ich für mich zuerst überlegen muss. Ich weiss, dass einige Wandernde am liebsten alleine unterwegs sind. Speziell auch auf dem Camino kann man seinen Weg alleine machen wollen, um seinem ausschliesslich persönlichen Ziel näher zu kommen. Als Paare oder in Gruppen könnte man abgelenkt sein. Auf der anderen Seite kann eine liebe Begleitung natürlich auch unterstützen und man kann ein gemeinsames Ziel verfolgen. Ich persönlich bin es seit Kindheit gewohnt, mit anderen zusammen zu wandern. Ich wandere gerne in Gesellschaft, trotz der Herausforderung, sich miteinander abstimmen zu müssen.

Für diesen Jakobsweg habe ich mich entschieden, allein zu wandern und ich bin auch dabei geblieben. Wenn es sich ergab, ging ich abschnittweise auch einmal mit jemandem zusammen. Sobald ich jedoch merkte, dass mir Gesellschaft oder Tempo nicht mehr entsprachen oder ich lieber wieder alleine unterwegs war, machte ich dies auch. Ich habe mich auch keiner Pilgergruppe angeschlossen, die Frage hat sich für mich nicht einmal gestellt. Aufgrund meines Startorts Pamplona und meiner individuellen Etappenlängen hat es sich nicht ergeben. Ich wollte meinen Weg ja auch alleine wandern und für mich stimmte es so.

Kaum einmal habe ich dieselben Mitpilgernden über mehrere Tage hinweg gesehen. Und wenn, dann eher zufällig, denn es wurde nicht viel über kürzere Etappen gesprochen. Als müsste man sich dafür schämen.

Unterwegs habe ich viele Paare oder Gruppen gesehen. Mir sind kaum Streitereien oder Unstimmigkeiten aufgefallen und ich habe keine Trennungen miterlebt. Klar braucht es gemeinsame Planung und Kompromisse, wenn mehrere zusammen gehen. Aber in welcher Konstellation auch immer unterwegs, ich sehe bei allen Vor- und Nachteile und Möglichkeiten.

---

[47] Kerkeling, 2016

Im eigenen Tempo gehen

Ab Beginn war klar, dass die Geschwindigkeit von uns Wandernden unterschiedlich ist. Ebenso klar war, dass wir uns mit unserem unterschiedlichen Tempo beeinflussen. Mehr oder weniger. Ich musste mich daran gewöhnen, dass vor und hinter mir Menschen gehen. Wenn ich an jemandem vorbeiging, empfand ich es als positiv. Wenn hingegen jemand mich überholte, konnte mir das einen Dämpfer verpassen.

Unterwegs sah ich vor mir beispielsweise mühsam Wandernde sich dahinschleppen; oder ich sah jemanden schlendern; oder eine Gruppe schien zu spazieren und in intensive Diskussionen vertieft zu sein. Nur bedeutete das überhaupt nicht automatisch, dass ich zu ihnen aufschliessen konnte. Eine Wandernde sah ich zwei Tag vor mir her humpeln. Ich konnte sie jedoch auch mit meinem gefühlt sportlichen Tempo nicht einholen. Ein älterer Herr mit grossem Rucksack, Kniebandage und Sandalen überholte mich hingegen problemlos. Es kann sein, dass ich für andere ähnlich langsam oder ungelenk wirkte. Mein inneres Gefühl von Sportlichkeit musste ja nicht mit meiner äusseren Erscheinung übereinstimmen.

Ich konnte weder aus der Kleidung noch aus dem Bewegungsmuster eindeutig auf das Tempo oder die Tageskilometer schliessen. Meine Bilder im Kopf passten oft nicht zu dem, was ich auf dem Camino sah. Und obwohl ich wusste, dass überholt zu werden überhaupt keine Rolle spielen müsste, machte es trotzdem etwas mit mir.

Mit der Zeit konnte ich besser damit umgehen, worüber ich froh war. Schliesslich wollte ich bewusst mein eigenes Tempo gehen und meinen Rhythmus finden. Wie einfach konnte ich dazu verleitet werden, auf die vielen Mitwandernden zu reagieren: einholen wollen, schnellere Geschwindigkeit übernehmen, überholen und rascher sein wollen, durch Pausen nicht wieder hinter andere zurückfallen. Mein Vorsatz half mir, beim Tempo immer wieder auf mich zu achten und meinen eigenen Weg zu gehen. Es brauchte einige Tage, bis es mir wohl mit meiner

Geschwindigkeit war. Ich wanderte vergleichsweise rassig. Bei Anstiegen wurde ich ein wenig langsamer, konnte aber dafür auf der Höhe direkt weitergehen. Bei Abstiegen hatte ich sogar zunehmend Freude daran, den Weg hinunter zu sausen. Meine Kaffeepausen dauerten hingegen verhältnismässig lang. Mit diesem Rhythmus ergab es sich oft, dass ich Mitwandernde zwei- bis dreimal pro Tag überholte. Ich schaute dann teilweise in erstaunte Gesichter, aber für mich war es mein gewohnter Wanderalltag.

Wer geht auf welchen Jakobsweg?

Wie beliebt sind denn nun die einzelnen Jakobswege? Wie viele Personen begehen sie und wie viele davon kommen aus der Schweiz? Wie sieht es mit Alter und Geschlecht der Pilgernden aus und beginnen wirklich so viele ihren Weg in Sarria?

Diesen Fragen ging ich nach und beantworte sie hier entsprechend der Angaben, die ich in den Online-Statistiken des Pilgerempfangsbüros von Santiago[48] gefunden habe. Die einzelnen Nennungen habe ich ab Grafiken oder Tabellen abgelesen und von Hand übertragen, um meine Auswertungen zu erstellen. [49]

Im Jahr 2024 wurde vom Pilgerempfangsbüro in Santiago de Compostela eine knappe halbe Million traditionelle Jakobsweg-Pilgernde registriert. Knapp die Hälfte davon beging den Camino Francés, gefolgt vom Camino Portugués, der sich zunehmender Beliebtheit erfreut.

---

[48] Pilgerbüro Santiago: Statistiken
[49] Wo die Gesamtanzahlen der einzelnen Kategorien nicht ganz mit dem Total der ausgewiesenen Pilgernden übereinstimmten, beziehen sich die Prozentzahlen auf das Total innerhalb der betreffenden Kategorie.

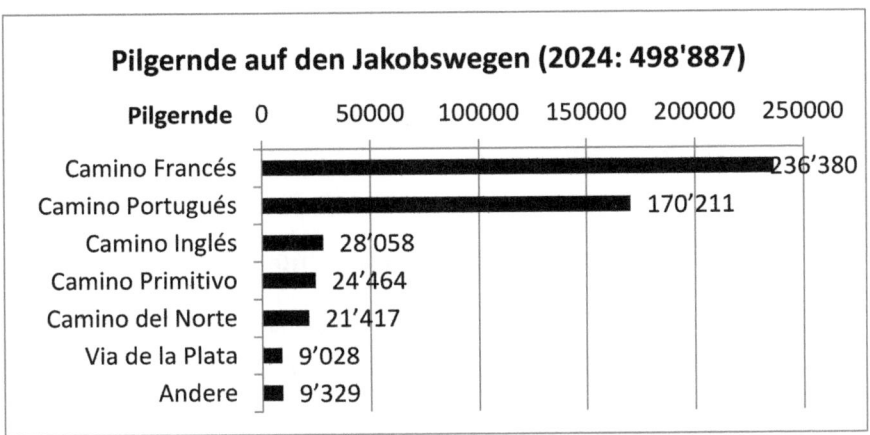

Pilgernde auf den Jakobswegen (2024: 498'887)

Pilgernde	
Camino Francés	236'380
Camino Portugués	170'211
Camino Inglés	28'058
Camino Primitivo	24'464
Camino del Norte	21'417
Via de la Plata	9'028
Andere	9'329

Schweizer:innen pilgerten mit zusammengerechnet 77% (2024) ebenfalls vorwiegend auf den Caminos Francés und Portugués. Dabei wird eine Umverteilung vom Camino Francés auf Camino Portugués deutlich: letzterer zählte 2024 mehr Pilgernde, als der bis dahin meistbegangene Camino Francés. Auch ich würde als nächsten Camino am ehesten den Portugués auswählen, denn ich habe viel Gutes darüber gehört, vor allem was die Landschaft auf dem Küstenweg angeht.

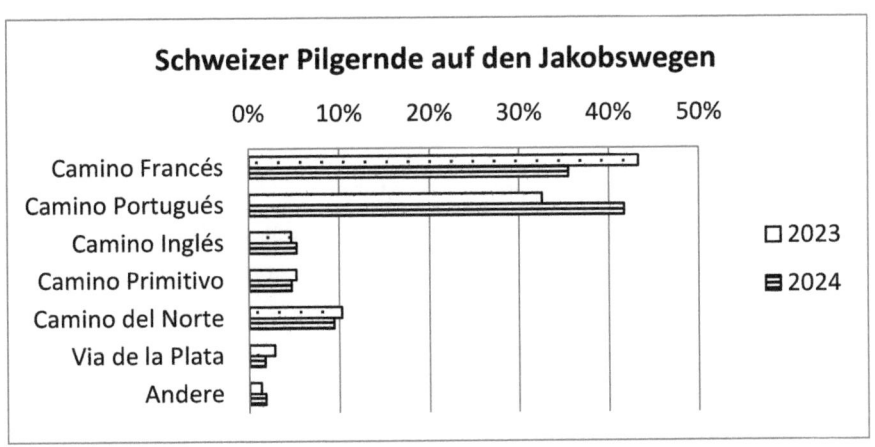

Schweizer Pilgernde auf den Jakobswegen

Die mit 44% weitaus grösste Gruppe von Pilgernden über alle Jakobswege hinweg stellt Spanien, gefolgt von den USA mit 8%. Die Schweiz befindet sich mit 1'907 Personen beziehungsweise 0.4% hinter Österreich und vor Ungarn.

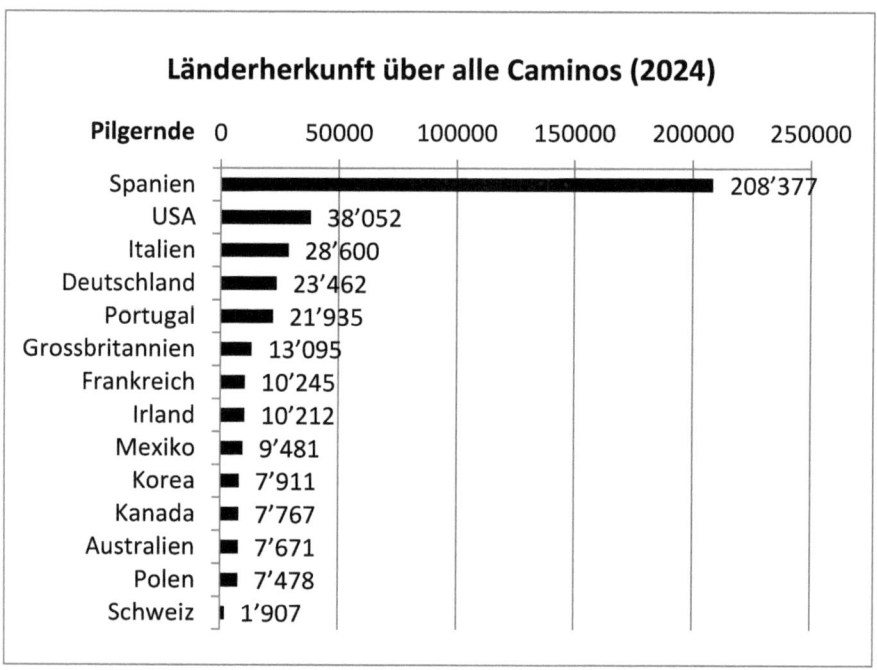

Länderherkunft über alle Caminos (2024)

Wenn ich die Pilgernden von 2024 mit den bereits publizierten Bevölkerungszahlen 2023[50] vergleiche, steht ebenfalls Spanien an der Spitze: 0.4287% der Bevölkerung hat 2024 gemäss Pilgerempfangsbüro einen Jakobsweg gepilgert. Prozentual zur Landesbevölkerung am zweitmeisten vertreten sind Pilgernde aus Portugal, gefolgt von Irland. Die Schweiz befindet sich mit rund 0.2‰ der Schweizer Wohnbevölkerung etwa gleichauf mit Polen, Kanada und Grossbritannien, hinter Deutschland und vor Korea oder Frankreich.

---

[50] Statista Datenbank

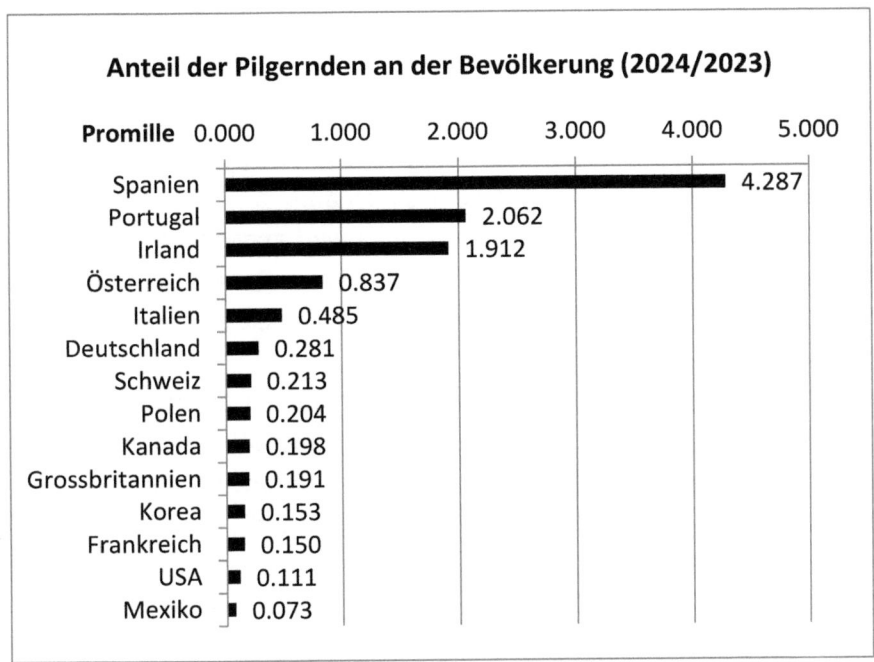

Anteil der Pilgernden an der Bevölkerung (2024/2023)

Promille	Wert
Spanien	4.287
Portugal	2.062
Irland	1.912
Österreich	0.837
Italien	0.485
Deutschland	0.281
Schweiz	0.213
Polen	0.204
Kanada	0.198
Grossbritannien	0.191
Korea	0.153
Frankreich	0.150
USA	0.111
Mexiko	0.073

Im September und Oktober 2024 wurden je etwa 35 Schweizer Pilgernde gezählt, die ab Pamplona oder schon von weiter her bis nach Santiago de Compostela unterwegs waren. Das ist eine übersichtliche Anzahl, gleichmässig verteilt nur etwas mehr als eine Person pro Tag, aber trotzdem würde ich erwarten, hin und wieder jemanden von diesen 35 zu sehen oder von ihnen zu hören. Umso schöner, dass ich mit zwei Schweizern in Carrión de los Condes Nachtessen konnte.

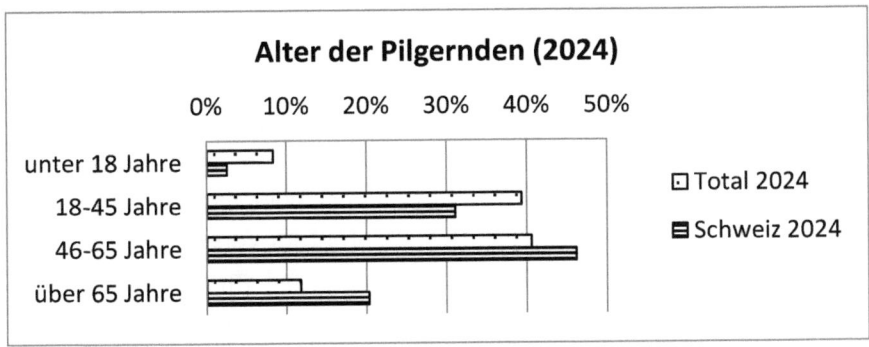

Alter der Pilgernden (2024)

□ Total 2024
▤ Schweiz 2024

233

Bei der Altersverteilung im Jahr 2024 ist zu sehen, dass Pilgernde aus der Schweiz älter sind als der Durchschnitt: Bei den über 45-Jährigen sind es 66% gegenüber von 52% bei den Pilgernden insgesamt. Die Geschlechtsverteilung entspricht hingegen dem Gesamtwert von 54% Frauen gegenüber 46% Männern ziemlich genau.

In den Pilgerstatistiken für das Jahr 2024 wird angegeben, dass 32% der Pilgernden in Sarria starteten und 65% davon Spanier:innen waren. Die spanischen Pilgernden gingen insgesamt mehrheitlich in Spanien los, 45% von ihnen starteten in Sarria.

In Saint-Jean-Pied-de-Port begannen nur 7% ihren Jakobsweg. Wenn man das Prozent von Roncesvalles dazu nimmt, starteten 8% ihren Jakobsweg in den Pyrenäen. 14% der dort Startenden stammen aus Spanien, was 2% der spanischen Pilgernden ausmacht.

Anders gesagt: Etwa ein Drittel aller Pilgernden startete 2024 seinen Jakobsweg in Sarria und ging die letzten 100 km auf dem Camino Francés. Etwa zwei Drittel dieser 151'092 Personen kam aus Spanien. Sarria war der beliebteste Startort für die spanischen Pilgernden, denn knapp die Hälfte startete von dort aus. Das bestätigt meinen Eindruck, dass es ab Sarria viele Pilgernde hatte und viele dieser Pilgernden aus Spanien kamen. Im Gegensatz zum Weg bis Sarria, wo die Spanier:innen deutlich in der Minderzahl waren.

Verpflegung unterwegs

Gutes Essen ist ein Genuss für mich.

Für meine Reise war ich aufgrund früherer Ferien in Spanien zuversichtlich, kulinarisch grundsätzlich gut versorgt zu sein. Aber klar war auch, dass die spanischen Essenszeiten zu spät für meine Gewohnheiten beziehungsweise für meinen Hunger sein würden. Also überlegte ich mir als Alternative zum Restaurant im Voraus verschiedene einfache und ausgewogene Mahlzeiten, die ich mit meiner Tasse, dem Kaffeelöffel und dem Sackmesser würde zubereiten und essen können.

Soweit die Theorie. In der Praxis kam es anders. Obwohl mir die Zubereitung von Mahlzeiten liegt, wurde die Verpflegung unterwegs zu einer grossen Herausforderung. Die Gründe dafür waren vielfältig: Fehlende Bars, Restaurants oder Läden; die Öffnungszeiten von Bars, Restaurants und Läden; Bars/Restaurants wahlweise ohne Essen, mit unbekanntem Angebot, mit unbekannten Speisen, mit Essen nur zu bestimmten Zeiten, Angebot das mir nicht verkauft wurde, nur schwer verträgliches Essen (fettig/frittiert/schwer/kaum Gemüse); wenig passendes oder auch nur vorstellbares Angebot in den Läden.

Auf jeden Fall war ich froh über mein Frühstück, das ich mir selber zubereitete: Schwarztee mit (Kondens-)Milch und Haferflocken. Zweifellos war es Zusatzgewicht im Rucksack, aber es gab mir die nötige Energie fürs Wandern und beruhigte bei Bedarf meine Verdauung. Der zweite kulinarische Fixpunkt des Tages war die Kaffeepause. Irgendwann kam ich an jedem Wandertag an der ersten geöffneten Bar vorbei, wo meistens auch andere Pilgernde einkehrten. Normalerweise war ich bis dahin bereits etwa anderthalb Stunden gewandert. „Café con leche" als Genuss pur, oft mit etwas dazu (bei mir meist Kuchen oder Croissant, bei andern auch Tortilla oder Sandwich).

Als zweite Mahlzeit gab es bei mir teilweise nochmals Kaffee, einige Male auch Picknick (zum Beispiel ein Sandwich, das jedoch immer auch ein Gewicht zum Mittragen war) oder dann nichts mehr bis zur Unterkunft.

Wie ich mit der Zeit feststellte, war eine Hauptmahlzeit eine bis zwei Stunden nach der Wanderung am idealsten für mich. Der Tagesablauf war dann also frühstücken, vor 8 Uhr loswandern, irgendwann zwischen 12 und 14 Uhr ankommen, Bett beziehen/duschen und dann essen. Wenn ich Glück hatte war ein Restaurant in der Nähe, das zwischen 14 und 15 Uhr Mittagessen anbot. An diesen Tagen konnte ich sogar aufs Nachtessen verzichten. Vielfach, vor allem auch in den kleineren Orten, gab es jedoch erst gegen 19 Uhr ein Pilgernachtessen und bis dahin zog sich die Wartezeit dann unglaublich lange hin.

Sauberkeit: Von wünschenswert bis über meine Grenzen

Um es vorwegzunehmen: Ein Hotel war schrecklich und ein Einzelzimmer wirklich schmutzig. Die meisten Unterkünfte waren für mich jedoch sauber genug, um mich hinsetzen oder den Schlafsack und die Kleider hinlegen zu können. Immerhin achtete ich in meiner Unterkunftsbuchungs-App auf eine gute Bewertung. In Hostels war für mich akzeptabel, dass die Menge der Übernachtenden bis zum Check-out am Boden oder in den Bädern Spuren hinterliessen.

Trotzdem ging jedoch nicht alles für mich. Bei den Wolldecken konnte ich mich vereinzelt nicht überwinden und habe sie dann einfach nicht benutzt. Auch das Geschirr in Küchen habe ich teilweise zuerst abgewaschen, bevor ich damit kochte. Aber sonst versuchte ich mich damit zu arrangieren, dass ich wohl erst zuhause wieder das Gefühl von wirklicher Sauberkeit haben würde. Zum Beispiel bei der Wäsche: Slips oder Socken, die mit Kaltwasser-Handwäsche nun wirklich nicht an meine üblichen Ansprüche herankamen. Oder das handtuchgrosse Duschtuch, das ich nicht täglich nach Gebrauch wusch. Oder der Dreck an Wanderhosen und Schuhen, für den ich eine gute Bürste gebraucht hätte. Ich genoss ab und zu den Luxus von Einzelzimmern mit Frotteetüchern und Privatsphäre und sonst gab ich mir Mühe, so gut wie möglich mit den Gegebenheiten klar zu kommen, mir scheint, recht erfolgreich.

Wetter

Auch andere wollten wie ich im Herbst auf dem Camino Francés einen verlängerten Sommer erleben – in meinem Reisejahr jedoch vergebens. Wie mir mehrmals bestätigt wurde, war der September 2024 ausserordentlich kühl. Das konnte ich nachträglich auch an Wetterdaten nachvollziehen.

Vom 4. bis 12. September befand ich mich in der autonomen Gemeinschaft Navarra. Wenn ich für diese Zeit die Höchst- und Tiefsttemperaturen von Pamplona mit langjährigen Mittelwerten (etwa 1980 bis 2016) für diese Tage vergleiche, komme ich auf folgende Angaben (ab Grafik abgelesen und von Hand übertragen):

	4.-12.9.2024	4.-12.9. Vorjahre	Differenz
Durchschnittliche Tiefsttemperatur	12.9 Grad	14 Grad	1.1 Grad
Durchschnittliche Höchsttemperatur	19.3 Grad	24.2 Grad	4.9 Grad

Also war es deutlich kälter als durchschnittlich in den Vorjahren: in den Morgenstunden um rund ein Grad und am Nachmittag um rund fünf Grad.

Zudem fiel in Pamplona im gesamten September 2024 mit 114 mm Niederschlag 248% der durchschnittlichen Menge der Jahre 1991-2020. Damit war es also auch nasser als normalerweise, obwohl ich in diesem Gebiet nur den starken Regen zu Beginn meiner Wanderung ab Pamplona miterlebte.

Die Kühle des Morgens zog sich gefühlt oft über den ganzen Vormittag dahin. Dies konnte ich im Nachhinein gut mit dem Tagesverlauf der Temperatur in Übereinstimmung bringen. Beispielsweise am Tag meines Wanderstarts in Pamplona (6.9.24): Das Wetter erreichte seine Tiefsttemperatur von zwölf Grad um 3.30 Uhr. Erst um 11 Uhr erhöhte sie sich um ein Grad und erst nach 13.30 Uhr stieg sie weiter an. Ich ging also vor 8 Uhr bei ungefähr zwölf Grad los und kam um etwa 12 Uhr in Uterga bei etwa dreizehn Grad an, es war am Mittag demnach immer noch etwa gleich kalt wie beim Start. Verglichen mit dem Durchschnitt von Vorjahren war die Tiefsttemperatur bei meinem Wanderstart etwa zwei Grad, am Tag sogar bis zehn Grad unter den Vergleichswerten. Bei meinem Aufbruch war es noch nicht taghell, obwohl die Morgendämmerung zwischen 7 und 7.30 Uhr angegeben wurde - vielleicht ja, weil es regnerisch war.

Auch in der autonomen Gemeinschaft La Rioja, wo ich vom 12. bis 17. September unterwegs war, waren die durchschnittlichen Temperaturen dieser Tage deutlich unter dem Wert von Vorjahren (Messstation Logroño): über vier Grad niedriger bei den Tiefsttemperaturen und knapp drei Grad niedriger bei den Höchsttemperaturen. Am Tag meiner Ankunft in Logroño (12.9.24) wanderte ich zum Beispiel um etwa 8 Uhr bei ungefähr fünfzehn Grad los und kam um etwa 13 Uhr in Logroño bei achtzehn Grad an. Verglichen mit Vorjahren war es an diesem Tag bis zu acht Grad weniger warm als normalerweise.

So erlebte ich schon im September in etwa die Temperaturen, die im Oktober normal gewesen wären oder umgekehrt gesehen wurde es für mich im Oktober auch nicht mehr viel kühler.[51]

Meseta

Die Meseta als weite Landschaft mit grossflächigen, abgeernteten Getreidefeldern und dürren Sonnenblumen begann für mich schlagartig an den Grenzschildern von La Rioja zu Kastilien-León und endete ebenso plötzlich am Grenzschild von Kastilien-León zu Bierzo. Ich nahm sie als eine oft endlos wirkende, gleichförmige Landschaft wahr, hellbraun in hellbraun, trostlos, windig, kaum Abwechslung für die Augen, eintönig und mit nur wenigen Bäumen.

In der Geografie wird ein über 200'000 km² grosses Hochland im Zentrum Spaniens als Iberische Meseta bezeichnet. Sie dehnt sich damit über zirka 40% von Spanien oder über knapp fünf Mal die Fläche der Schweiz aus.

Der Camino Francés verläuft über den nördlichen Teil der Nordmeseta, die sich ungefähr mit der autonomen Gemeinschaft Kastilien-León (ca. 94'000 km²) deckt. Das Plateau kann als ausgedehntes Sedimentbecken angesehen werden, das von robusten Bergrändern umgeben ist. Es liegt durchschnittlich auf einer Höhe von

---

[51] Quellen zum Kapitel „Wetter"

750 m ü.M. und ist geprägt von heissen Sommern und kalten Wintern. Die Nordmeseta ist unter anderem wegen der tollen Windverhältnisse das Gebiet mit der höchsten Windkraftproduktion in Spanien.[52]

Wie ein Mitwanderer mir erzählte, kann die Einöde des äusseren Jakobswegs ermöglichen, sich seinem inneren Jakobsweg zuzuwenden und sich dort gedanklich mit den persönlichen Anliegen zu beschäftigen. Also sozusagen das Positive darin zu sehen.

Mit meiner Busfahrt von Carrión de los Condes nach León habe ich sicher einen Teil dieser eintönigen Wegabschnitte entlang der Strasse ausgelassen.

Staat, autonome Gemeinschaften und Sprachen

Immer wieder kam ich an Schildern vorbei, die ein bestimmtes Gebiet ankündigten. Die Gebietsaufteilungen waren mir jedoch nicht klar und auch nicht, was es mit der Autonomie der Gebiete auf sich hatte. Deshalb habe ich mich nachträglich schlau gemacht. Nachfolgend steht, was ich herausgefunden habe.

Spaniens Staatsform ist die parlamentarische Erbmonarchie. Das bedeutet, dass der König im Königreich Spanien das Amt des Staatsoberhauptes mit vorwiegend repräsentativen Funktionen bekleidet und ein demokratisch gewähltes Parlament mit Regierungschef die Regierungsgeschäfte führt.

Spanien ist in 17 autonome Gemeinschaften und zwei autonome Städte aufgeteilt. Diese Gebietskörperschaften verfügen innerhalb ihres Gebietes über unterschiedliche Verwaltungs- und Finanzautonomie sowie über legislative und exekutive Befugnisse in verschiedenen Bereichen, die per Verfassung und Verträge festgelegt sind. Die autonomen Gemeinschaften sind mehrheitlich in Provinzen unterteilt, insgesamt 50 an der Zahl. Diese setzen sich aus Gemeinden zusammen.

---

[52] Quellen zum Kapitel „Meseta"

Auf meinem Camino Francés wanderte ich meines Wissens also durch die autonomen Gemeinschaften Navarra (= Bezirk Navarra), La Rioja (= Bezirk La Rioja), Kastilien und León (durch die Bezirke Burgos, Palencia, León) und Galicien (durch die Bezirke Lugo und A Coruña).

Vielfach sind mir Beschriftungen in zwei Sprachen aufgefallen. Neben dem kastilischen Spanisch gilt in Navarra teilweise auch Baskisch als Amtssprache, in Galicien auch Galicisch. Baskisch, Galicisch oder weitere lokale Sprachen werden gebietsweise auch in den anderen autonomen Gemeinschaften gesprochen, durch die ich gewandert bin.[53]

Ich muss mal...

Es ist nicht immer einfach, wenn man mal muss. Eher noch weniger, wenn frau mal muss. Oftmals hatte es über längere Distanzen keinen angemessenen Baumstamm am Weg, um sich in der Not dahinter erleichtern zu können und der Rucksack hätte den wenigsten genügend Sichtschutz geboten.

So sah ich nach Burgos eine Frau 200-300 Meter vom Camino weg auf einen einzelnen Baum oder noch weiter auf ein Wäldchen zugehen und war sicher, dass sie mal musste. Als ich auf der Meseta an Kreuzungen hohe Steinhaufen sah, fragte ich mich, ob diese als Sichtschutz für eine Notdurft aufgehäuft worden waren. Sie hätten von der Grösse her bestimmt diesen Zweck erfüllen können.

Für mich war beruhigend, dass in Lokalen durchwegs WCs zur Verfügung standen. Meistens handelte es sich dabei um Sitztoiletten, mit WC-Papier und Lavabo konnte gerechnet werden. Ausserdem half mir die Vorstellung, dass ich im Notfall mit meiner Pinkelröhre recht guten Sichtschutz fürs Pinkeln im Freien hätte.

---

[53] Quellen zum Kapitel „Staat, autonome Gemeinschaften und Sprachen"

Was hat sich bewährt?

Um mein Gepäck zusammenzustellen, habe ich Vorschläge aus dem Internet verwendet. Sie waren als Gedankenstütze hilfreich für mich und unterwegs vermisste ich bis auf zusätzliche warme Wanderbekleidung kaum etwas.

Vieles, was sich dabei hatte, bewährte sich: zum Beispiel die bequemen leichten Wanderschuhe (ca. 320 Gramm pro Schuh) oder die Wanderstöcke. Auch das Deodorant habe ich geschätzt, sowohl wegen meines angenehmeren Körpergeruchs als auch wegen der leichteren Waschbarkeit der Kleider. Wie ich meine Wertsachen und das Mobiltelefon handhaben wollte, überlegte ich mir im Voraus und war dann zufrieden mit meinen Lösungen. Während des Wanderns hatte ich das Mobiltelefon griffbereit in der Rucksackträgertasche, die leichte Hülle mit einem Gummifaden per Miniatur-Karabiner am Rucksackträger befestigt. Ohne Rucksack diente mir die kleine Umhängetasche für Mobiltelefon und Geldbeutel tipptopp. Mit der 1l-Trinkblase (meinem Wassersack) und Hahnenwasser war ich durchwegs gut bedient, so dass ich die Wasserreinigungstabletten nicht einsetzen musste. Auch das Mikrofaser Putztuch (25 Gramm) bewährt sich, um morgens Frühstücksgeschirr und Gesicht/Hände abzutrocknen. Danach konnte ich es gut aussen am Rucksack zum Trocknen anhängen.

Ich war aus Gewichtsgründen ohne Zweitbrille und somit auch ohne Sonnenbrille unterwegs. Wenn etwas mit meiner Brille passiert wäre, hätte ich mich langsamer durchgeschlagen müssen - ich sehe ohne Brille nur bis etwa 30 cm scharf - und hätte unterwegs für einen Ersatz sorgen müssen. Ich bin froh, dass dies nicht nötig war und würde es wieder gleich machen.

Für mich hat sich auch das eigene Frühstück bewährt, obwohl es relativ viel Gewicht bedeutete. Es war für mich so positiv, dass ich lieber zum Beispiel auf die Zweitbrille verzichtet habe.

Vor der Reise war meine Vorstellung vom „richtig pilgern", ich würde den Tag hindurch wandern und wenn ich genug gewandert hätte, eine Unterkunft suchen – eine Vorstellung, die sich schon bald erübrigte, da sie mir gar nicht entspricht. Ich habe meine Unterkünfte voraus reserviert oder gebucht und das hat sich für mich bewährt: So konnte ich ganz entspannt meine Tagesetappe wandern und am Zielort zu meiner Unterkunft gehen.

Was hat sich nicht bewährt?

Zum Duschen würde ich nächstes Mal ein grösseres Mikrofaser-Handtuch (60 Gramm, 40 x 64 cm) mitnehmen, damit es Saugkapazität für den ganzen Körper hätte und ich auch den Rücken bequem abtrocknen könnte – vorher zuhause ausprobieren wäre vorteilhaft gewesen.

Anstelle von Regenjacke und Pelerine plane ich, auf zukünftige Weitwanderungen einen Regenmantel mit Rucksackausstülpung mitzunehmen. So hätte ich nur ein einziges Kleidungsstück als Regenschutz. Eventuell würde ich sogar eine Rucksackhülle anschaffen, denn mit dem Plastiksack im Rucksack drin, in den ich Schlafsack und Kleider wasserdicht einpackte, kam ich nicht so gut zurecht.

Weil ich von überfüllten grösseren Orten gelesen hatte, plante ich vor allem zu Beginn meine Übernachtungen in kleineren Ortschaften. Dadurch erlebte ich wahrscheinlich mehr die Camino-Gemeinschaft und teilweise wohl auch weniger Mitpilgernde, aber es wäre mir sicher auch in den grösseren Zwischenstationen gut gegangen.

Schwierigkeiten

Rückwirkend gesehen waren die beiden grössten Schwierigkeiten auf meiner Reise die Kälte und die Ernährung. Die Kälte draussen machte mir das Wandern anstrengender, während die Kälte in den Gebäuden mich nicht genügend aufwärmen und erholen liess. Was mir als Ernährung während der Reise möglich war, passte nicht wirklich zu meinen Bedürfnissen. Es war für mich eine Herausforderung, die Verpflegung zunehmend passender für mich hinzubekommen und es gelang mir erst gegen Schluss der Reise, mich einigermassen mit den örtlichen Gegebenheiten zu arrangieren. Einen grosser Nachholbedarf für Gemüse habe ich jedoch mit heim genommen.

Daneben gab es kleinere Schwierigkeiten, die viel weniger grundlegend waren.

Die Kommunikation mit Einheimischen war teilweise schwierig. Das einfache Spanisch, wie ich es spreche, wurde oft nicht verstanden. Vielfach konnte mir auch nicht in einfachem, verständlichem Spanisch geantwortet werden. So wurde die Verständigung schwierig, da ich nur wenig und viele Einheimische ausschliesslich Spanisch sprechen. Einige Male hatte ich in Bars auch den Eindruck, dass sie die möglicherweise Fremdsprachigen dann lieber gar nicht bedienen.

Die Sauberkeit wurde relativ und ich musste mich auf die Möglichkeiten einstellen: bei Wanderungen (Staub, Dreck, Matsch, Rucksack am Boden), Kleider waschen, Sitzgelegenheiten irgendwo, Unterkünften oder Betten.

Betreffend Übernachten in Mehrbettzimmern war vor der Reise fraglich, ob dies für mich überhaupt gehen würde. Es klappte gut, war aber im Gegensatz zu Einzelzimmern anstrengender für mich.

Nur wenige Male hatte ich Mühe damit, nach einer Übernachtung den Einstieg in den Camino wieder zu finden. Auch Anlaufschwierigkeiten beim Wandern kamen nur selten vor. Es war eher der Wechsel vom beschaulichen alleinigen Wandern zu den wuseligen belebten Städten, der für mich einen Moment der Angewöhnung brauchte.

Beschwerden

Auf meiner Reise wurde ich mit zwei Themen konfrontiert, die ich als Beschwerden einordnen würde: eine Steifigkeit des Körpers und Verdauungsstörungen.

Zur Steifigkeit:

Nach längeren Tagesetappen verspürte ich immer wieder eine Steifigkeit im Körper. Sie trat vor allem nach einer Ruhepause wie zum Beispiel dem Restaurantbesuch nach dem Wandern oder auch am anderen Morgen auf. Dem mehr oder weniger ungeschmeidigen Aufstehen nach dem Essen zu schliessen, ging es vielen anderen ähnlich. Obwohl ich mir der Zeit immer mehr Wandertraining hatte, wurde es zunehmend schlimmer. Die Wander-Ruhetage verminderten die Beschwerden, obwohl mein Körper beim Wiedereinstieg manchmal eine kurze Anlaufzeit brauchte.

Nachträglich sammelte ich Informationen zu dieser Art von Beschwerden und fand eine mir plausible Erklärung mit Massnahmen zur Verminderung der Steifigkeit:[54]

Wenn zu wenig Sauerstoff für die benötigte Energie vorhanden ist, produzieren Muskeln als Abbauprodukt Milchsäure. Diese lagert sich ab und kann in den Stunden oder am Tag danach steife Muskeln und schmerzhafte Gelenke verursachen. Intensiver Ausdauersport ist ein möglicher Auslöser dafür und da diese Steifigkeit bei mir auftrat, habe ich beim Wandern wohl intensiven Ausdauersport betrieben.

Deshalb wird als erster Ratschlag genannt: Pause für die Muskeln. Ich persönlich kann mir auch muskelentspannende Creme, Massage oder ein warmes Bad vorstellen.

Der zweite Ratschlag: Dehnübungen. Aufwärmübungen vor dem Losgehen und Abwärmen (Cool-Down) nach der Wanderung. Ein

---

[54] Vitaminfit

beispielsweise 10-minütiges Abwärmen soll dem Körper erlauben, die angesammelte Milchsäure viel besser abzubauen.

Als dritten Ratschlag finde ich: Magnesium einnehmen. Magnesium soll dabei die Muskeln vor allem in der Entspannungsfunktion unterstützen.

Diese Ratschläge werde ich auf der nächsten Tour ausprobieren.

Zur Verdauung:

Meine Verdauung reagierte mehrmals mit leichtem Durchfall auf Mahlzeiten, die für mich zu fettig, zu deftig oder sonst unbekömmlich waren. Ich fühlte mich dabei jedoch nicht so schlecht, als dass ich von den Kohletabletten hätte einnehmen wollen. Lieber liess ich den Körper ausscheiden, was ihn belastete. Vielleicht hätte ich diese Beschwerden vermindern können, wenn ich auf möglicherweise heikle Gerichte verzichtet hätte. Nur: Was hätte ich denn dann im Restaurant gegessen?

Notfall-Apotheke

Normalerweise führe ich auf Reisen eine Notfall-Apotheke mit. Das tat ich auch auf meinem Jakobsweg, denn ich wollte alles dabei haben, um mich bei einem Notfall gut und rasch versorgen zu können.

Neben Wundheilsalbe, einem Gel für Insektenstiche, Kohletabletten, Schmerztabletten, Zeckenpinzette, Pflaster und Klebstreifen für Wunden sowie Tape mit Schere führte ich auch einen Trauma-Gel mit chinesischen Arzneimitteln (No1 von Dr. Zippelius) und fünf homöopathische Mittel mit (Arnica, Aconitum und 3 weitere passende).

Auch Wasserreinigungstabletten hatte ich dabei, brauchte sie aber nicht. Erst unterwegs besorgte ich Magnesium, das ich das nächste Mal schon von zuhause aus mitnehmen werde.

Glücklicherweise hatte ich keinen massiven Notfall. Aber auch wenn ich meine Mittel kaum gebraucht habe, würde ich jederzeit wieder dieses Zusatzgewicht in Kauf nehmen.

Kosten

Vor allem die kleineren Beträge beglich ich oft bar. Bargeld dafür bezog ich an Geldautomaten mit meiner Bankkarte, die ich auch für grössere Beträge, teilweise kontaktlos, verwendete - sie bot mir vorteilhafte Wechselkursbedingungen und tiefe Gebühren. Per Kreditkarte beglich ich die Übernachtungen in der Unterkunftsbuchungs-App.

Meine Ausgaben habe ich in eine Reisekasse-App eingetragen, deren Kategorien ich vorgängig auf meinen Bedarf anpasste. Die Zusammenstellung wollte ich später auch dazu nutzen, eine genauere Kostenschätzung für zukünftige Reisen machen zu können.

Mein 44-tägiger Spanien-Aufenthalt kostete mich inklusive An-/Rückreise und Ergänzung der Ausrüstung in Spanien 64 Franken pro Tag. Was insgesamt den grössten Kostenpunkt ausmachte, waren die Unterkünfte: dreiundzwanzigmal übernachtete ich in Herbergen und zwanzigmal in Einzelzimmern. Ich besuchte zwölf kostenpflichtige Sehenswürdigkeiten und einige freie Veranstaltungen. Durchschnittlich ass ich beinahe täglich eine Hauptmahlzeit in Herbergen oder Restaurants. Die restlichen Mahlzeiten deckte ich mehrheitlich mit dem Einkauf in Läden ab. Normalerweise kehrte ich mehrmals pro Tage für einen Kaffee oder ein anderes Getränk ein und gelegentlich auch für einen Aperitif.

Verglichen mit anderen Ferien war ich hier sehr günstig unterwegs.

	Kosten in Fr.	pro Tag	Anteil
An-/Rück-Reise Flug + Bus	331	8	12%
Unterkunft: 20xEinzelzimmer	*1'074*	*54*	*38%*
Unterkunft: 23xHerbergen	*360*	*16*	*13%*
Unterkunft insgesamt	1'433	33	51%
Telefon/Internet	17	0	1%
Unternehmungen: 1 Konzert + 12 kostenpflichtige Sehenswürdigkeiten	67	2	2%
Ausrüstung	86	2	3%
Essen: 38 Hauptmahlzeiten	503	11	18%
Essen eingekauft bzw. selbst gekocht	122	3	4%
Kaffee/Apéro	181	4	6%
Mitbringsel, Diverses	36	1	1%
Transport während der Reise (Bus)	28	1	1%
Total	2'804	64	100%

Was hat sich für mich verändert?

Meine wohl bedeutendste Veränderung hat sich mit der Erfahrung im Wandern ergeben. Ich bekam die Sicherheit, jederzeit umgehend zu Fuss auf einen längeren Weg losgehen zu können. Unter Umständen auch alleine. Ich weiss nun, wie sich verschieden lange Wanderetappen anfühlen können und wie es ist, nur wenige Ruhetage einzulegen. Auch was mir dabei Spass macht und was ich mir zumuten möchte.

Es gab auch kleinere Veränderungen, von denen die meisten wieder verschwanden. Ich hatte drei Kilogramm an Gewicht abgenommen, mein Ruhepuls war gesunken, meine Verdauung litt noch nach, an meinen Füssen hatte ich mehr Hornhaut und die Steifigkeit in Muskulatur und Gelenken nach Sport blieb noch eine Weile bestehen.

Insgesamt bekam ich Übung in Zuversicht: dass ein reserviertes Zimmer wirklich für mich freigehalten würde; dass ich auf dem richtigen Weg wäre, auch ohne dauernd Wegweiser zu sehen; dass das nächste offene Kaffee kommen würde; dass meine Gelenke der Etappe gewachsen wären; dass ich gut und sicher ankommen würde oder dass ich im Notfall ein Plan B umsetzen könnte. Ich hoffe, diese Zuversicht bleibt mir erhalten.

Schlusswort

Es war anstrengend, befriedigend, herausfordernd, konzentriert, manchmal gesellig, manchmal nur für mich, losgelöst vom Alltag oder sogar vom Leben daheim überhaupt, wie in einer Blase. Nur schon aufzubrechen war für mich eine grosse Herausforderung und brauchte Überwindung.

Die Herausforderungen nahmen im Verlauf der Reise sowohl in Grösse wie auch in Häufigkeit ab. Zuhause schien mir der Berg, den ich besteigen wollte, riesig. Ich konnte die Reise nur nach dem Motto von Sarah Marquis angehen: „Wenn man denkt, dass man etwas nicht schafft, muss man einen Schritt nach dem anderen machen."[55] Meinen ersten Meilenstein erreichte ich, als ich in Spanien ankam, dann in Pamplona, die erste Wanderetappe, die erste Herbergsübernachtung auf dem Jakobsweg, das erste Mal zwanzig Tageskilometer, die ersten 100 Kilometer auf dem Camino Francés. Gegen Ende der Reise forderte ich mich dann bewusst noch einmal: mit dreizehn aufeinander folgenden Wandertagen und bis 28 Tageskilometern, zusätzlich erschwert durch eine Erkältung in der letzten Woche. Ich schaffte es und weiss jetzt, dass es mir mit Etappen um die 20 Kilometer und regelmässigen Ruhetagen am wohlsten ist. Jedes erreichte Zwischenziel machte mich stolz und gab mir Selbstvertrauen für den nächsten Schritt. Ich weiss nicht mehr, wo ich 400 oder 500 Kilometer hinter mir hatte, aber nach 625 Kilometern auf dem Jakobsweg in Santiago anzukommen, gab mir ein unglaublich gutes Gefühl: Ich habe mein Ziel erreicht.

---

[55] Marquis

Wie gewünscht konnte ich mit dieser Reise einen stimmigen Abschluss hinter mein Berufsleben setzen und in die neue Zeit der Frühpensionierung hineingehen.

Mein grösstes Highlight betreffend Sehenswürdigkeiten blieb bis zum Schluss die Kathedrale von Burgos. Bei den Wanderetappen gefielen mir mehrere gut, am besten jedoch jene über die Montes de León.

Ich bin froh, dass ich mich aufgemacht habe und stolz, wie gut mir vieles gelungen ist. Es machte mich zufrieden, dass ich den Mut hatte, über den eigenen Schatten zu springen und meinen Jakobsweg zu gehen, so wie es für mich passte.

Jetzt freue mich zuerst auf ein paar Monate Erholung zuhause und dann auf die nächste Tour.

Literaturverzeichnis

AnthroWiki: Santiago de Compostela. Unter
https://anthrowiki.at/Santiago_de_Compostela (6.2.25)

Bevölkerungszusammensetzung, u.a. bei den Stichworten:
https://www.coe.int/en/web/interculturalcities/bilbao (13.12.24), usw.
https://www.foro-ciudad.com/burgos/burgos/habitantes.html#NacimientoEspana
(13.12.24),
https://citypopulation.de/de/spain/castillayleon/le%C3%B3n/24008__astorga/
15.1.25

Cambriels, Marie-Virginie und Clouteau, Lauriane (2023): Miam Miam Dodo:
Camino Francés. Éditions du Vieux Crayon.

Canal de Castilla. Unter https://de.wikipedia.org/wiki/Canal_de_Castilla und
http://www.canaldecastilla.org/ (12.1.25)

Catedral de Santiago (2024): Credencial del Peregrino (Pilgerpass)

Eurovelo. Unter https://de.eurovelo.com/ev3 (26.11.24)

Herbers, Klaus (Hrsg.) (2018): Libellus Sancti Jacobi: Auszüge aus dem
Jakobsbuch des 12. Jahrhunderts. Narr Francke Attempto Verlag.

Kerkeling, Hape u.a. (2016): Ich bin dann mal weg. Film.

Kirchmann, Peter: Jakobsweg-Webseite unter https://jakobsweg-lebensweg.de/
(ab 2024)

Kirchmann, Peter: Komoot-Collection, Camino Francés: Der beliebteste
Jakobsweg unter https://www.komoot.com/de-de/tour/1051185122 (ab Herbst
2024)

Kirchmann, Peter: Jakobsweg-Newsletter vom 14.04.24

Kloster Samos: Führung Kloster Samos vom 9.10.24

Liber Sancti Jacobi - Codex Calixtinus – Jakobsbuch. Unter
https://www.caminodesantiago.gal/de/entdecken-sie/ursprunge-und-
entwicklung/der-codex-calixtinus (3.2.25)

Marquis, Sarah: Artikel im Migros-Magazin vom 2.12.24

O Cebreiro. Unter https://de.wikipedia.org/wiki/O_Cebreiro und https://reisen-
nach-spanien.com/galicien/lugo-provinz/o-cebreiro (27.12.24)

Offizielles spanisches Tourismusportal: Villafranca del Bierzo. Unter
https://www.spain.info/de/reiseziel/villafranca-del-bierzo/ (21.2.25)

Pilgerbüro Santiago. Unter https://oficinadelperegrino.com/ (1.2.25)

Pilgerbüro Santiago: Compostela. Unter
https://oficinadelperegrino.com/en/pilgrimage/the-compostela/ (6.2.25)

Pilgerbüro Santiago: Statistiken. Unter
https://oficinadelperegrino.com/en/statistics-2/ (ab Okt. 2024 bis Feb. 2025)

Pilgerverbände: https://www.caminodesantiago.gal/de/entdecken-sie/die-
pilgerverbande-des-jakobswegs/die-pilgerverbande-des-jakobswegs

Pilgerurkunde: Pilgerurkunde Luzia Giger vom 15.10.24, Übersetzung mit deepl

Quellen zu Astorga:
Wikipedia Astorga (2025). Unter https://de.wikipedia.org/wiki/Astorga (15.1.25),
Wikipedia Bistum Astorga (2025). Unter
https://de.wikipedia.org/wiki/Bistum_Astorga (15.1.25)

Quellen zu Estella:
https://de.wikipedia.org/wiki/Estella-Lizarra (6.2.25),
https://www.spain.info/de/reiseziel/estella/ (6.2.25)

Quellen zu Pamplona:
https://de.wikipedia.org/wiki/Pamplona (24.11.24)

Quellen zum Kapitel „Apostel Jakobus der Ältere":
https://de.wikipedia.org/wiki/Evangelium_nach_Matth%C3%A4us (15.11.24),
https://www.uibk.ac.at/theol/leseraum/bibel/mt4.html (15.11.24),
https://de.wikipedia.org/wiki/Missionsbefehl (15.11.24),
https://jakobsweg.ch/de/eu/ch/pilgertheologie/impulse-fuer-
unterwegs/steinbruch/damals/pilgerlegenden/ (17.11.24),
https://de.wikipedia.org/wiki/Jakobus_der_%C3%84ltere (17.11.24),
https://de.wikipedia.org/wiki/Apostelgeschichte_des_Lukas (15.11.24),
https://www2.bistum-augsburg.de/heilige-des-tages/kalender/jakobus-der-
aeltere_id754655 (10.2.25),
https://de.wikipedia.org/wiki/St.-Jakobus-Kathedrale_(Jerusalem) (15.11.24),
https://de.wikipedia.org/wiki/Kathedrale_von_Santiago_de_Compostela
(17.11.24),
https://jakobsweg.ch/de/eu/ch/pilgertheologie/impulse-fuer-
unterwegs/steinbruch/damals/pilgerlegenden/ (17.11.24)

Quellen zum Kapitel „Berechtigung als Pilgerort":
https://catedraldesantiago.es/cultura2/ (10.2.25),
https://xacopedia.com/Tumbo_A (10.2.25),
https://www.turismo-prerromanico.com/home-b__trashed-2__trashed-
2__trashed-2-2/manuscritos/tumbo-a-de-la-catedral-de-santiago-

20131018021010/, Übersetzungen mit deepl (10.2.25),
https://www.turismo-prerromanico.com/home-b__trashed-2__trashed-2__trashed-2-2-2/en/manuscritos/tumbo-20131018192943/, Übersetzungen mit deepl (10.2.25),
https://de.wikipedia.org/wiki/Diego_Gelm%C3%ADrez (10.2.25).
Danke an die Kontakte von https://www.caminodesantiago.gal/de/inicio und https://catedraldesantiago.es/ für die Angabe von Webseiten, auch wenn ich die Beantwortung meiner Fragen vorgezogen hätte.

Quellen zum Kapitel „Der Pilgerort Santiago de Compostela entwickelt sich":
https://www.caminodesantiago.gal/de/entdecken-sie/ursprunge-und-entwicklung/von-den-ersten-pilgern-bis-heute (29.11.24, 24.2.25),
Santos Noya, Manuel: Die Pilgerfahrt nach Santiago. Unter https://www.auslandsseelsorge.de/pilgerseelsorge-santiago-de-compostela/die-pilgerfahrt-nach-santiago-von-manuel-santos-noya/
Die_Pilgerfahrt_nach_Santiago20966_von_Manuel_Santos_Noya.pdf (2.12.24),
https://de.wikipedia.org/wiki/Pilger (24.2.25),
https://de.wikipedia.org/wiki/Reliquie (24.2.25),
https://es.wikipedia.org/wiki/Camino_de_Santiago (24.2.25), wo als Quelle angegeben wird: estadísticas del archivo de la Catedral de Santiago de Compostela.

Quellen zum Kapitel „Meseta":
https://de.wikipedia.org/wiki/Iberische_Meseta (27.1.25),
https://es.wikipedia.org/wiki/Meseta_Norte (27.1.25),
https://www.iberdrolaespana.com/about-us/business-lines/onshore-wind-energy/castile-and-leon (27.1.25)

Quellen zum Kapitel „Santiago de Compostela wird Pilgerort":
https://de.wikipedia.org/wiki/Konstantinische_Wende (18.11.24),
https://de.wikipedia.org/wiki/Geschichte_Spaniens (18.11.24),
https://www.geo.de/magazine/geo-epoche/7210-rtkl-geschichte-spaniens-die-geschichte-spaniens-von-507-bis-1898 (18.11.24),
https://paeger-consulting.de/Wandern/html/geschichte-02.html (18.11.24),
https://www.auslandsseelsorge.de/pilgerseelsorge-santiago-de-compostela/die-pilgerfahrt-nach-santiago-von-manuel-santos-noya/Die_Pilgerfahrt_nach_Santiago20966_von_Manuel_Santos_Noya.pdf (2.12.24),
https://de.wikipedia.org/wiki/K%C3%B6nigreich_Asturien (17.11.24),
https://www.caminodesantiago.gal/de/entdecken-sie/ursprunge-und-entwicklung/von-den-ersten-pilgern-bis-heute (17.11.24)

Quellen zum Kapitel „Staat, autonome Gemeinschaften und Sprachen":
https://de.wikipedia.org/wiki/Spanien (27.1.25),

https://de.wikipedia.org/wiki/Parlamentarisches_Regierungssystem#Parlamentarische_Monarchie (27.1.25),
https://de.wikipedia.org/wiki/Autonome_Gemeinschaften_Spaniens (27.1.25),
https://www.spain.info/de/spanien-entdecken/fakten-spanien-gesellschaft-bevoelkerung/ (27.1.25),
https://de.wikipedia.org/wiki/Liste_der_Provinzen_Spaniens (27.1.25),
https://de.wikipedia.org/wiki/Galicien (27.1.25),
https://de.wikipedia.org/wiki/Navarra (27.1.25)

Quellen zum Kapitel „Wetter":
https://de.weatherspark.com/h/m/40695/2024/9/Historisches-Wetter-im-September-2024-in-Pamplona-Spanien#Figures-Temperature (8.2.25),
https://www.aemet.es/documentos/es/serviciosclimaticos/vigilancia_clima/resumenes_climat/ccaa/comunidad-foral-de-navarra/avance_climat_nav_sep_2024.pdf (8.2.25),
https://de.weatherspark.com/h/d/40695/2024/9/6/Historisches-Wetter-am-Freitag-6.-September-2024-in-Pamplona-Spanien#Figures-Temperature (8.2.25),
https://de.weatherspark.com/h/m/38787/2024/9/Historisches-Wetter-im-September-2024-in-Logro%C3%B1o-Spanien (8.2.25),
https://de.weatherspark.com/h/d/38787/2024/9/12/Historisches-Wetter-am-Donnerstag-12.-September-2024-in-Logro%C3%B1o-Spanien#Figures-Temperature (10.2.25),
Staatliche spanische Wetterdienste https://www.aemet.es/en/portada (6.12.24).
Besten Dank an den SRF Meteo Publikumsservice, der mich mit Angaben zu passenden Webseiten unterstützt hat. (Mail vom 5.12.24)

Quellen zum Kapitel „Wie kam Jakobus zu seiner Muschel?":
https://www.spanien-reisemagazin.de/reisetipps/weinbrunnen-am-jakobsweg-gratis.html (3.12.24),
https://pilginoshop.com/produkt/andenken-geschenke/schoenes-fuer-den-weg/calabaza/ (3.12.24),
https://de.wikipedia.org/wiki/Pilgermuschel (3.12.24),
https://de.wikipedia.org/wiki/Jakobskreuz (3.12.24),
https://de.wikipedia.org/wiki/Eroberung_des_K%C3%B6nigreiches_Granada (25.2.25),
https://de.wikipedia.org/wiki/Santiagoorden (3.12.24)

Quellen zum Kapitel „Wofür nach Santiago de Compostela pilgern?":
https://de.wikipedia.org/wiki/Ablassprivileg (27.11.24),
https://de.wikipedia.org/wiki/Fegefeuer (20.2.25),
https://de.wikipedia.org/wiki/Heiliges_Compostelanisches_Jahr (29.11.24),
https://www.caminodesantiago.gal/de/entdecken-sie-ursprunge-und-entwicklung/von-den-ersten-pilgern-bis-heute (29.11.24),

https://www.caminodesantiago.gal/de/entdecken-sie/ursprunge-und-entwicklung/das-heilige-jahr-compostelas (29.11.24)

Quellen zum Kapitel „Zu Wallfahrtsorten pilgern":
https://de.wikipedia.org/wiki/Pilger (27.11.24),
https://de.wikipedia.org/wiki/Fegefeuer (27.11.24),
https://www.caminodesantiago.gal/de/entdecken-sie/ursprunge-und-entwicklung/das-heilige-jahr-compostelas (24.2.25)

Rabanal del Camino. Unter https://de.wikipedia.org/wiki/Rabanal_del_Camino und https://www.csj.org.uk/refugio-gaucelmo (21.2.25)

Ragettli, Christina (2022): VON WEGEN. Allein auf der Via Alpina – 2363 Kilometer zu Fuss von Triest nach Monaco. Arisverlag.

Reisen nach Spanien: Jakobsweg. Unter https://reisen-nach-spanien.com/tag/jakobsweg (3.2.2025)

Reisewege-Plattform A. Unter https://www.rome2rio.com/ (diverse Male 2024)

Reisewege-Plattform B. OMIO.com

Santiago Ways. Unter https://santiagoways.com/de/ultreia-et-suseia-der-gruss-des-jakobsweges/#Bedeutung_und_Gebrauch_von_Ultreia_auf_dem_Jakobsweg (26.11.24)

Statista Datenbank. Unter https://de.statista.com/, z.B. https://de.statista.com/statistik/daten/studie/164004/umfrage/prognostizierte-bevoelkerungsentwicklung-in-den-laendern-der-eu/ (26.2.25)

Stiftung Atapuerca. Unter https://www.atapuerca.org/en/apartado/1989/sierra-de-atapuerca-sites (2.1.25)

Templerburg Ponferrada. Besuchsprospekt und Ausstellung der Burg (5.10.2024)

Tempelritter. Unter https://www.ziereis-faksimiles.de/wissenswelten/von-kunst-und-geschichte/das-geheimnis-der-tempelritter (24.1.25)

Thürmer, Christine (2022): Weite Wege wandern: Erfahrungen und Tipps von 45.000 Kilometern zu Fuß. Piper Verlag.

UNESCO Bildband Kunth Verlag (2020): Das UNESCO Welterbe. Monumente der Menschheit – Wunder der Natur

UNESCO Jakobswege: Frankreich. Unter https://de.wikipedia.org/wiki/Wege_der_Jakobspilger_in_Frankreich (3.2.25) und https://de.wikipedia.org/wiki/Welterbe_in_Frankreich (3.2.25)

UNESCO Jakobswege: Spanien. Unter https://whc.unesco.org/en/list/669 (3.2.2025)

UNESCO: Spanien. Unter https://de.wikipedia.org/wiki/Welterbe_in_Spanien (ab 2024)

Vitaminfit. Unter https://www.vitaminfit.eu/de/in-diesen-3-schritten-wirst-du-deine-steifen-muske.html (2.2.25)

Wetter Samos. Unter https://de.climate-data.org/europa/spanien/galicien/samos-343121/#climate-graph (28.1.25)

Wikipedia: Getreidespeicher Galicien. Unter https://de.wikipedia.org/wiki/H%C3%B3rreo (30.1.25)

Wikipedia: Kathedrale von Santiago de Compostela. Unter https://de.wikipedia.org/wiki/Kathedrale_von_Santiago_de_Compostela (1.2.25)

Wikipedia: Ponferrada Bruderschaften. Unter https://es.wikipedia.org/wiki/Hermandad_de_Jes%C3%BAs_Nazareno_(Ponferrada) (25.1.25), Übersetzung mit deepl und Google

Wikipedia: Santiago de Compostela. Unter https://de.wikipedia.org/wiki/Santiago_de_Compostela (15.1.25)

Wikipedia: Sarria. Unter https://de.wikipedia.org/wiki/Sarria (22.2.25)